Maria Roselli

Die Asbestlüge

Maria Roselli

DIE ASBESTLÜGE

Geschichte und Gegenwart einer
Industriekatastrophe

Rotpunktverlag

Der Verlag dankt den folgenden Organisationen und Stiftungen für die großzügige finanzielle Unterstützung:

Gewerkschaft Unia

MIGROS
kulturprozent

Cassinelli-Vogel-Stiftung

Alle Fotos (wo nicht anderes erwähnt): Maria Roselli

www.rotpunktverlag.ch

Umschlagfoto: Maria Roselli
Druck und Bindung: fgb • freiburger graphische betriebe • www.fgb.de
ISBN 978-3-85869-355-6
1. Auflage

Inhalt

Einleitung

Eine Industriekatastrophe unvergleichlichen Ausmaßes

Alle fünf Minuten stirbt auf der Welt ein Mensch an einem asbestbedingten Leiden. Zahlen eines Expertenberichts der Europäischen Union vergegenwärtigen die erschreckende Dimension der Asbestproblematik: Bis im Jahr 2030 werden allein in Europa an die 500 000 Menschen an Asbestkrebs sterben.[1] Dies obwohl in den meisten Ländern der EU die Verarbeitung und der Import des Materials schon seit mehreren Jahren verboten sind. Aufgrund der langen Latenzzeit des Asbestkrebses wird die Zahl der Opfer bis im Jahr 2025 gar kontinuierlich steigen, erst danach ist in Europa ein Abklingen zu erwarten.

Über Jahrzehnte galt Asbest wegen seiner Eigenschaften – er ist zum Beispiel praktisch feuerfest – als idealer Werkstoff und wurde deshalb auch als »das Mineral des 20. Jahrhunderts« bezeichnet. Ein eigentlicher Boom setzte in den 1950er-Jahren ein und erreichte in den 70er-Jahren, als Millionen Tonnen gefördert wurden und rund 3000 Asbestprodukte auf dem Markt waren, seinen Höhepunkt.

Doch die Wunderfaser hatte sich schon vorher als Killerfaser entpuppt. 1918 weigerten sich erste amerikanische Lebensversicherer aufgrund der bereits bekannten Asbestosefälle Asbest-Arbeiter zu versichern. In den 40er-Jahren war bekannt, dass Asbest Lungenkrebs verursachen kann, und zu Beginn der 60er-Jahre lieferten Wissenschaftler den Beweis, dass Leute, die dem Asbest ausgesetzt sind (Asbestexposition), mit hoher Wahrscheinlichkeit an dem bösartigen Mesotheliom (Brust- und Bauchfellkrebs) erkranken, dass also zwischen der Asbestfaser und dieser Krankheit ein Kausalzusammenhang besteht. Doch die Lobby der Asbestindustriellen ignorierte, verharmloste und unterschlug die wissenschaftlichen Erkenntnisse, sodass es noch Jahrzehnte dauerte, bis die Verwendung der Faser tatsächlich verboten wurde. Als erstes Land handelte Schweden, das bereits Mitte der 70er-Jahre ein partielles Verbot für asbesthaltige Baumaterialien einführte. Die

Schweiz und viele andere europäische Länder zogen erst 15 bis 20 Jahre später nach.

Doch auch auch heute noch ist Asbest das Arbeitsgift Nummer eins und verursacht weltweit den Großteil der arbeitsbedingten Krebsfälle. Seit über 30 Jahren setzen sich in vielen Ländern der Welt verschiedene Organisationen für ein Verbot der krebserzeugenden Faser ein, die Bilanz ist ernüchternd: Bisher hat erst knapp ein Viertel der Mitgliedstaaten der Weltgesundheitsorganisation WHO ein Asbestverbot ausgesprochen.

Heute setzen nebst Brasilien und der Asbesthochburg Kanada hauptsächlich asiatische Länder und Russland auf die »Wunderfaser«. Nahezu drei Viertel der jährlichen Asbestproduktion stammen aus Russland, China und Kasachstan. Im Jahr 2003 verbrauchten die asiatischen Staaten nahezu die Hälfte des weltweit geförderten Rohstoffes. Diese Entwicklung bahnte sich schon in den 70er- und 80er-Jahren an, als im Zuge der in Europa entfachten Diskussion um die Gesundheitsrisiken die Asbestmultis ihre Produktion insbesondere nach Asien verlegten.

Dass zumindest in Europa der Ausstieg geglückt ist, ist dem Zusammenspiel von drei Faktoren zuzuschreiben: die Diskussion Mitte der 70er-Jahre über ein Verbot in Schweden, die Prozesswelle in den USA und der wachsende Druck der Gewerkschaften. Diese drei Faktoren führten dazu, dass am 1. Januar 2005 endlich das Asbestverbot in allen Staaten der EU in Kraft trat. Ein volles Vierteljahrhundert hatte der Kampf gedauert, bis es endlich so weit war! Heute ist Asbest in Europa Synonym für die wohl größte Industriekatastrophe, deren Auswirkungen jedoch noch lange nicht ausgestanden sind und die in anderen Teilen der Welt noch voll im Gange ist. Laut der internationalen Arbeitsorganisation ILO sterben weltweit jährlich an die 100 000 bis 140 000 Menschen an Krankheiten, die durch Asbest verursacht worden sind. Immer stärker davon betroffen sind die Länder der ehemaligen Sowjetunion, aber auch China und das Schwellenland Indien.

Wie ist es möglich, dass gut hundert Jahre nach den ersten, alarmierenden medizinischen Erkenntnissen dieser krebserregende Werkstoff in den meisten Ländern der Welt noch immer legal verwendet und verkauft werden kann? Um die Gegenwart zu verstehen, muss man wie so oft in die Vergangenheit schauen. Denn was sich heute in Asien, Lateinamerika und Afrika abspielt, hat sich in Europa, der Wiege der Asbestindustrie, vor fünfzig Jahren genauso zugetragen.

Eine bedeutende Rolle spielte von Beginn an die Schweizer Industrie. Niederurnen im Kanton Glarus war nicht nur Hauptsitz der Eternit-Gruppe der Rheintaler Familie Schmidheiny, sondern über Jahrzehnte auch eines der internationalen Machtzentren der Asbestzement-Industrie: In den Zeiten der Asbesteuphorie kontrollierte die Schmidheiny-Holding Amiantus AG vom Glarner Industrieort aus Asbestzement-Werke in 16 Ländern mit rund 23 000 Mitarbeiterinnen und Mitarbeitern.

Und nicht nur dies: Das Kartell der Asbestzement-Produzenten, im Handelsregister eingetragen unter dem Namen Internationale Asbestzement AG (SAIAC), hatte ab 1929 seinen Sitz in den Büros der Eternit AG in Niederurnen. Erster Präsident der SAIAC war denn auch ein Schweizer, der Rheintaler Eternit-Besitzer Ernst Schmidheiny. Ein besonders dunkles Kapitel der Industriegeschichte schrieben die Asbestzement-Produzenten der SAIAC in Nazideutschland: In Berlin witterten sie das große Geschäft und scheuten während des Zweiten Weltkriegs nicht davor zurück, Zwangsarbeiterinnen auszubeuten. Ein besonders trauriges Kapitel der Geschichte, zu dem heute niemand mehr stehen mag.

Trist ist aber auch die Geschichte des Ausstiegs in der Schweiz. Kein Wunder, wurde das Thema Asbest in der Schweiz über Jahre verdrängt, denn hier gründete die Lobby der Asbestproduzenten noch 1978 einen »Arbeitskreis Asbest« mit dem Ziel, die öffentliche Meinung zu beeinflussen und auf die zuständigen Ämter einzuwirken, um die Auflistung von Asbest in der Giftklasse 1 zu verhindern. Dass das Verbot in der Schweiz erst zu einem Zeitpunkt in Kraft trat, als es der Industrie genehm war, ist dem erfolgreichen Wirken dieses »Arbeitskreises« zuzuschreiben – aber auch dem Zaudern der Schweizer Behörden und Ämter, namentlich der Schweizerischen Unfallversicherung SUVA, des Bundesamtes für Gesundheit (BAG) und des Bundesamtes für Umwelt, Wald und Landschaft (BUWAL).

Aber auch heute noch, gut 17 Jahre nach dem offiziellen Asbestverbot in der Schweiz, bleibt das krebserregende Material eine große Gefahr. Für Bauarbeiter ebenso wie für Dachdecker, Mitarbeiter von Sanierungsfirmen und selbst für Hobby-Handwerker. Denn kaum ein Haus in der Schweiz, das vor Anfang der 90er-Jahre erbaut wurde, ist frei von Asbest. Immer wieder stoßen nichts ahnende Arbeiter auf das tödliche Material und müssen in kontaminierten Räumen arbeiten, bevor die Bauleitung die SUVA einschaltet und die nötigen Maßnahmen für eine Asbestsanierung getroffen werden.

Laut SUVA sind zurzeit in der Schweiz 5000 ehemals asbestexponierte Personen in medizinischer Beobachtung, und jährlich registriert die Unfallversicherung 80 Neuerkrankungen.

Nach Jahren des Schweigens sind die Asbestopfer in der Schweiz nun bereit, mit ihren Geschichten an die Öffentlichkeit zu gelangen und Gerechtigkeit einzufordern. Seit 2002 gibt es in der Schweiz zwei Asbestopfervereine. Gegen vier Schweizer Unternehmen (Eternit, ABB, PSI und BLS) sind Strafanzeigen eingegangen, und es laufen verschiedene Untersuchungen. Doch das Schweizer Rechtssystem schützt die Unternehmen: Obwohl Asbestkrebs erst 10 bis 40 Jahre nach der Exposition ausbricht, gilt in der Regel eine Verjährungsfrist von 10 Jahren.

Ein Hohn für alle Opfer.

PS: Bei Drucklegung im Oktober 2007 hat die Rechtskommission des Nationalrats eine Motion an den Bundesrat überwiesen. Diese fordert, dass die Verjährungsfristen für Asbestopfer wesentlich verlängert werden: Künftig sollen die Ansprüche der Asbestopfer auf Schadenersatz und Genugtuung erst 5 Jahre nach Krankheitsausbruch verjähren – spätestens aber 50 Jahre, nachdem das Opfer mit Asbest in Kontakt gekommen ist. Wie der Bundesrat darauf reagieren wird, ist noch offen.

PPS: In den Tagen vor dem Gut zum Druck fiel zudem ein Entscheid des Eidgenössischen Justiz- und Polizeidepartements (EJPD) zum Rechtshilfeersuchen der Turiner Staatsanwaltschaft (vgl. S. 153): Die SUVA muss die Akten der 196 italienischen Arbeiter, die in schweizerischen Eternit-Werken Asbest augesetzt waren, den italienischen Untersuchungsbehörden übergeben. Die SUVA ließ verlauten, dass sie sich diesem Entscheid beugen wird.

I. Asbest – Eigenschaften, Geschichte, Verwendung

1. Der Stein des Anstoßes

Was ist Asbest?

Totalp, auf den ersten Blick ein unpassender Name für eine Alp mitten im traumhaften Parsenn-Skigebiet. Doch der Name hat es in sich: Totalp ist einer der etwa 50 Standorte der Schweiz, in denen Asbestgestein in der Natur vorkommt.

Während des Ersten Weltkriegs, als die Krieg führenden Mächte Asbest zum Blockadegut erklärten, suchte die hiesige Asbestzement-Industrie in den Schweizer Alpen nach neuen Extraktionsstätten. Abbauwürdige Vorkommen fanden sie schließlich in den Gemeinden Zeneggen (Wallis) und Sils Maria im Engadin. Schon bald stellte sich jedoch heraus, dass die Vorkommen vertalgt und für die Produktion von Asbestzement ungeeignet waren.

Der Engpass während des Kriegs dauerte nur kurze Zeit und die Industrie konnte bald wieder Asbest aus Kanada und Russland importieren und tat dies schließlich in rauen Mengen: In den Blütezeiten der Asbestproduktion, in den 60er- und 70er-Jahren, kamen jährlich an die 25 000 Tonnen der todbringenden Faser in der Schweiz zum Einsatz, rund 90 Prozent dienten der Herstellung von Asbestzement.

Doch was ist Asbest? Das griechische Wort *asbestos* (unzerstörbar, unvergänglich) bezeichnet die wichtigsten Eigenschaften des natürlich vorkommenden Minerals. Dabei handelt es sich nicht um ein bestimmtes, sondern vielmehr um die spezielle feinfaserige Ausbildung verschiedener natürlicher Mineralien, die sich teils den Schichtsilikaten (Chrysotil), teils den Kettensilikaten (Amphibole) zuordnen lassen. Chrysotilasbest, auch Weißasbest genannt, machte in den Blütezeiten des Asbestabbaus rund 94 Prozent der Weltproduktion aus. Auch heute noch wird fast ausschließlich Weißasbest abgebaut und verarbeitet.

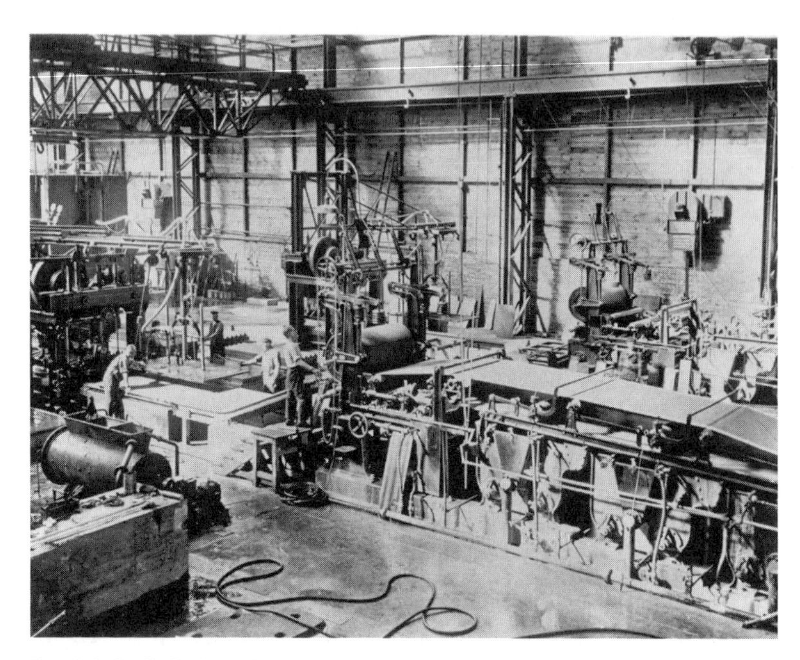

Eternit in Berlin Rudow. Die Produktionshalle in den 1960er-Jahren.
(Museum Neukölln)

Asbestarten und Anteile an der Weltproduktion (1976)

Asbestart (Synonym)	Mineralogische Einordnung	Anteil an der Weltproduktion
Chrysotilasbest (Weißasbest)	Faseriger Chrysotil	94 Prozent
Krokydolith (Blauasbest)	Faseriger Riebeckit	< 4 Prozent
Amosit (Braunasbest)	Faseriger Grunerit	< 2 Prozent
Tremolitasbest	Faseriger Tremolit	unbedeutend
Amianth (Aktinolithasbest)	Faseriger Aktinolit	unbedeutend
Antophyllitasbest	Faseriger Antophyllit	unbedeutend

Quelle: IWL Forum, 1992

Gemeinsam ist allen Asbestmineralen, dass die Fasern nicht nur unbrennbar (der Schmelzpunkt liegt bei 1500 Grad Celsius), hitzebeständig, wärmedämmend und weitgehend säureresistent, sondern auch fester als Stahldrähte gleichen Querschnitts und zugleich relativ elastisch sind. Diese einmalige Eigenschaftskombination macht das Material zum idealen Werkstoff für viele industrielle Anwendungen.

Die beiden häufigsten Amphibole Blauasbest und Braunasbest kommen in abbauwürdigen Lagerstätten vor allem in Südafrika vor und wurden früher vor allem zur Herstellung von Asbestzement gebraucht; inzwischen ist jedoch die Verwendung dieser Asbestart in den meisten Ländern der Welt verboten. Wirtschaftlich wichtiger war indes stets der magnesiumreiche Chrysotil.

Asbestverbrauch in Europa 1920–2000 (in Tonnen)

	1920	1950	1975	1990	2000
Europa	40 905	506 396	2 697 000	2 582 294	537 302
UdSSR bzw. Ex-UdSSR	1629	136 458	1 286 697	2 151 800	507 125
Großbritannien	21 199	107 606	137 487	15 731	244
Deutschland	6828	93 842	378 143	15 048	189
Frankreich	445	38 921	136 587	63 571	–
Europa (ohne UdSSR)	39 267	369 738	1 410 394	430 494	30 277

Quelle: HESA Newsletter, 2005

Weltweit werden heute noch jährlich 2,2 bis 2,4 Millionen Tonnen Asbest abgebaut. Insgesamt fand in den elf Jahren von 1994 bis 2005 keine Reduktion, sondern nur eine Verlagerung der Produktion in andere Länder statt.

Weltweiter Asbestabbau (in Tonnen)

Land	1994	1995	2004	2005
USA	10 000	9 000	–	–
Brasilien	175 000	170 000	195 000	195 000
Kanada	518 000	510 000	200 000	240 000
China	240 000	240 000	355 000	360 000
Kasachstan	300 000	300 000	347 000	350 000
Russland	800 000	800 000	875 000	875 000
Südafrika	95 000	95 000	?	?
Zimbabwe	150 000	145 000	150 000	100 000
Andere	122 000	120 000	110 000	80 000
Total	2 410 000	2 390 000	2 230 000 (ohne Südafrika)	2 200 000 (ohne Südafrika)

Quelle: U.S. Geological Survey, 2006

Von 1973, dem Jahr mit der weltweit höchsten Produktion (5,3 Millionen Tonnen), bis 2005 hat die Weltasbestproduktion insgesamt um 50 Prozent abgenommen. Die Reduktion ist eine direkte Folge der breiten Diskussion über den gefährlichen Werkstoff, die in vielen europäischen Ländern und in anderen Industriestaaten geführt wurde, und zog verstärkte Substitutionsanstrengungen nach sich. Bereits 1988 haben Kanada, die USA und Japan ihre Fördermengen auf etwa 35 bzw. 14 und 16 Prozent der Produktionsmengen von 1973 reduziert.

Dieser Entwicklung stand in den 80er- und 90er-Jahren aber eine dramatische Steigerung der Asbestförderung in den Schwellen- und Entwicklungsländern gegenüber. Brasilien und Indien verzeichneten in diesen Jahren einen Zuwachs um das Sieben- bis Achtfache. Heute sind es vor allem Staaten der ehemaligen Sowjetunion und China, die vermehrt auf das profitträchtige, aber tödliche Mineral setzen. China steigerte in den letzten zehn Jahren gar die Produktion um 50 Prozent von 240 000 Tonnen auf 360 000 Tonnen. Kleinere Produktionsstätten befanden sich im Jahr 2005 in Argentinien, Bulgarien, Kolumbien, Indien,

Iran, Serbien und Montenegro. In Südafrika und in Brasilien laufen derzeit Bestrebungen zum Ausstieg.

Mit Abstand am meisten Asbest wird heute in Russland produziert. So befindet sich eine der größten Minen in der russischen Stadt Asbest und trägt den Namen Uralasbest. Die Ausdehnung des Tagebaus soll 11,5 Kilometer lang, 1,8 Kilometer breit und 300 Meter tief sein. Die gesamte Fläche der Mine beträgt etwa 90 Quadratkilometer. Das Kombinat »Uralasbest« erzeugt im Jahr an die 450 000 Tonnen Weißasbest. Die Fabrik ist weitgehend automatisiert und in der Lage, 20 Millionen Tonnen Erze im Jahr zu verarbeiten.

Früher fand der Abbau vor allem unter Tage statt, in den heutigen Asbestminen wird dagegen vorwiegend im Tagebau gearbeitet.

Während die Vereinigten Staaten aufgrund des öffentlichen Druckes den Abbau – wohlgemerkt nicht die Einfuhr und Vermarktung – von Asbest ganz aufgegeben haben, gilt in den EU-Staaten seit dem 1. Januar 2005 ein generelles Asbestverbot.

Einschränkungen und generelles Verbot: Ländervergleich

Datum	Land
1975 (Bauelemente), 1986 (generell)	Schweden
1980 bzw. 1986 (Asbestzement)	Dänemark
1984	Norwegen
1990	Österreich
1991	Niederlande
1992	Finnland und Italien
1990 (Hochbau), 1993 generell	Deutschland
1989 (Hochbau), 1994 generell	Schweiz
1996	Frankreich
1998	Belgien

Quellen u.a.: Asbestos European Conference 2003 (Daten zu Schweden) und EuroGIP, 2006

Trotz Verbot weiterhin Asbestgefahr

Die meisten europäischen Länder haben bereits in den späten 80er- und in den 90er-Jahren eigene Verbote erlassen. In der Schweiz galt ab dem 1. März 1989 ein generelles Asbestverbot – allerdings mit einer Übergangsfrist insbesondere für Tiefbauprodukte wie Röhren bis zum 1. März 1994.

Doch mit den Verboten ist die Gefahr noch lange nicht gebannt – praktisch täglich kommen Bauarbeiter, Dachdecker, Deponiearbeiter, Zimmerleute, Elektriker und Arbeiter von Sanierungs- und Abbruchfirmen ungeschützt mit diesen gefährlichen Fasern in Kontakt. Sei es, weil sie Asbestzement-Bauteile nicht korrekt bearbeiten oder auf einer Baustelle unerwartet auf Spritzasbest stoßen.

Zudem stellt sich das Problem der korrekten Entsorgung des Bauschuttes. Und nicht nur das: Heute noch werden in der Schweiz jährlich mehrere Tonnen Asbest importiert. Laut dem Bundesamt für Umwelt, Wald und Landwirtschaft gewährt die zuständige Behörde – 17 Jahre nach dem Inkrafttreten des Verbotes – noch immer Ausnahmebewilligungen. Zurzeit sind es neun Firmen, die die Bewilligung haben, Asbest einzusetzen, wie Eduard Back von der Abteilung Stoffe, Boden, Biotechnologie des Bundesamtes für Umwelt (BAFU) auf Anfrage bestätigt. Acht der Ausnahmebewilligungen betreffen Firmen, die asbesthaltige Dichtungen herstellen, und bei der neunten handelt es sich um einen Hersteller von Diaphragmen für Wasserdruckelektrolyse-Anlagen. Die genauen Importmengen – im dreistelligen Kilogrammbereich für die Dichtungsfirmen und im zweistelligen Tonnenbereich für die Diaphragmenfirma – sind ebenso wie die Namen der Unternehmen streng vertraulich und werden vom BAFU der Presse nicht freigegeben.

Warum ist Asbest gefährlich?

Es sind nicht die chemischen Eigenschaften, welche die Gefährlichkeit von Asbest ausmachen, sondern Struktur und Größe der eingeatmeten Teilchen (Durchmesser unter 0,1 bis 2 Mikrometer[2], Länge 5 bis 100 Mikrometer). Diese Fasern haben die tödliche Eigenschaft, sich in mikroskopisch kleine Fibrillen aufzuspalten, gelangen somit als Schwebestoff in die Luft und werden eingeatmet. Die weitaus gefährlichste Asbestsorte ist der Blauasbest, denn die Fasern der Amphibolminerale sind wesentlich fester und steifer als die des Chrysotils. Bedingt durch die Größe respektive die Kleinheit der einzelnen Asbestfasern können diese das Filtersystem der Atemwege passieren und das Lungengewebe durchdringen. Im Verlauf der Jahre verursachen sie kleine Verletzungen, die dann zu Vernarbungen des Bindegewebes zwischen den Lungenbläschen führen. So kommt es in der Lunge zu Störungen bei der Sauerstoffaufnahme und CO_2-Abgabe. Das Ergebnis ist eine Reizung und Entzündung des Lungengewebes, was die Atmung behindert, Reizhusten und Auswurf verursacht und zu Krebs führen kann. Die gesundheitlichen Schäden werden erst viele Jahre später manifest.

Welche Krankheiten verursacht Asbest?

Medizinisch erwiesen sind heute hauptsächlich vier Formen von asbestbedingten Lungenkrankheiten, doch die Wissenschaft geht davon aus, dass es weitaus mehr sind (unter anderem Magen-, Darm-, Harnblasen-, Eierstock- und Kehlkopfkrebs):

Pleuraplaques entstehen, wenn inhalierte Asbestfasern durch die Lungen wandern und leicht aus dem Lungenfell herausragen. Bei jedem Atemzug reibt die Asbestfaser am Brustfell und führt so zu einer Entzündung. Das Gewebe reagiert mit einer Bindegewebeverdickung, welche auch verkalken kann. In diesem Krankheitsstadium sind meist keine subjektiv spürbaren Symptome vorhanden.

Asbestose entsteht durch die Inhalation von Asbeststaub. Die Krankheit manifestiert sich aber, wie alle asbestbedingten Erkrankungen, erst Jahre später. Die Latenzzeit der Asbestose ist meist zwischen 10 und 15 Jahren. Die Asbestose wird auch als Asbeststaublunge bezeichnet. Das Lungengewebe besteht aus rund 300 Millionen Lungenbläschen, welche den Sauerstoff aus der eingeatmeten Luft aufnehmen und an die roten Blutkörperchen weitergeben. Zwischen den Lungenbläschen liegt ein Bindegewebe, welches bei der Asbestose vernarbt. Dadurch werden auch die Lungenbläschen in ihrer Funktion gestört, sodass der Sauerstoff einen längeren Diffusionsweg zurücklegen muss und nur noch verzögert oder gar nicht mehr ins Blut kommt. Die Abwehrzellen der Lunge versuchen, die eingeatmeten Asbestnadeln zu entsorgen. Dadurch werden sie zerstört. Folge ist eine Vernarbung des Lungengewebes (Fibrose). Da die Asbestfasern nicht durch den Körper beseitigt werden können, bleiben sie zeitlebens in der Lunge und führen zu einem Fortschreiten der Vernarbung (Lungenfibrose). Diese kann zu einer schweren Lungenzerstörung (Wabenlunge) führen. Symptome sind Reizhusten, Kurzatmigkeit, Atemnot und Auswurf. Die Krankheit ist unheilbar. In 10 bis 20 Prozent der Asbestosefälle entwickelt sich ein Lungenkrebs oder ein bösartiges Pleuramesotheliom. Die ersten Todesfälle wegen Lungenasbestose tauchen anfangs des 20. Jahrhunderts in der medizinischen Geschichtsschreibung auf. Es dauerte jedoch bis Ende der 1920er-Jahre, bis die zunehmende Anzahl derartiger Erkrankungen in den Industriestaaten zur generellen Erkenntnis der gesundheitsschädigenden Wirkung der Asbestfasern führte.

Der **asbestbedingte Lungenkrebs,** in der Fachsprache Lungenkarzinom oder auch Bronchialkarzinom genannt, geht von den Zellen aus, welche die Atemwege in der Lunge auskleiden. Die Latenzzeit liegt durchschnittlich bei 25 Jahren mit einer Schwankungsbreite von 12 bis 37 Jahren.[3] Die wichtigste Ursache des Lungenkrebses allgemein ist das Zigarettenrauchen. An zweiter Stelle im Ursachenspektrum folgt eingeatmeter Asbeststaub. Laut Experten sind etwa 10 Prozent aller Lungenkrebsfälle auf eine Asbestexposition zurückzuführen. Asbestbedingter Lungenkrebs tritt ebenso häufig auf wie das Mesotheliom, wird aber meist nicht als asbestinduziert erkannt.[4] Lungenkrebs ist in der Schweiz die häufigste Krebserkrankung des Mannes. Bei Frauen liegt er an vierter Stelle. Im Jahr 2001 erkrankten in der Schweiz rund 2400 Männer und 800 Frauen daran. Etwa ab dem 40. Lebensjahr nimmt das Erkrankungsrisiko mit dem Alter zu; das Risiko korreliert außerdem direkt mit dem Tabakkonsum. Ein entscheidender Erkenntnisfortschritt in der Ursachenlehre des Asbestlungenkrebses liegt im Verständnis eines sogenannten »synkarzinogenen Kombinationseffektes« – das heißt, bei der Krebsbildung wirken zwei oder mehrere Faktoren gleichzeitig. Derartige Kombinationseffekte führen zu einer Verstärkung der krebserregenden Wirkung. So ist seit Jahrzehnten wissenschaftlich erwiesen, dass

Zigarettenrauchen die Wahrscheinlichkeit bei einem Asbest-Arbeiter, an Krebs zu erkranken, um das 50-Fache erhöht. Deshalb ist es bei der Prävention von asbestbedingtem Krebs von absoluter Wichtigkeit, die asbestexponierten Menschen vor diesem Effekt zu warnen. Asbestbedingter Lungenkrebs tritt aber auch bei Nichtrauchern auf. Symptome sind Husten, Bluthusten, Auswurf, Fieber, Atemnot, Schmerzen, Leistungsabfall, Gewichtsverlust und Nachtschweiß.

Das bösartige **Pleuramesotheliom** entsteht im Lungen-/Brustfell (Pleura) oder in der Auskleidung des Bauchraums (Peritoneum) und gehört zu den aggressivsten soliden Tumoren überhaupt. Etwa 80 bis 90 Prozent aller Pleuramesotheliome werden heute auf eine berufliche Asbestexposition zurückgeführt. Dabei können im Einzelfall – insbesondere bei Blauasbest – schon kurze Expositionszeiten von wenigen Wochen ausreichen. Im Prinzip kann schon eine einzelne Asbestfaser einen bösartigen Tumor auslösen. Das Risiko steigt mit der Dauer und der Menge der Faserbelastung, hängt aber auch von individuellen genetischen Faktoren ab. Das Mesotheliom hat eine Latenzzeit von durchschnittlich 30 Jahren.[5] Häufiges Hauptsymptom ist ein Pleuraerguss. Praktisch immer weisen Symptome wie Atemnot, Schmerzen (meistens in der Brust), hartnäckiger Husten oder Gewichtsverlust, selten auch Fieber, auf ein fortgeschrittenes Krankheitsbild hin. Die meisten bösartigen Pleuramesotheliome werden erst im fortgeschrittenen Stadium entdeckt. Aufgrund des flächenhaften Wachstums können sie auf Thoraxröntgenaufnahmen oder teils auch auf Computertomogrammen oft nicht eindeutig erfasst werden. Erst durch eine Spiegelung des Brustkorbs mit Entnahme einer Gewebeprobe kann die Diagnose gestellt werden. Die durchschnittliche Überlebenszeit beträgt 8 bis 12 Monate nach Diagnosestellung. Eine neuartige Behandlungsmethode, bei welcher der befallene Lungenflügel entfernt wird, gibt den Patienten eine Hoffnung, den Krebs zu überwinden. Das Pleuramesotheliom wird in den letzten Jahrzehnten immer häufiger diagnostiziert. Pro Jahr werden zurzeit in der Schweiz rund 70 Patientinnen und Patienten registriert, die daran sterben, was rund die Hälfte aller registrierten berufsbedingten Todesfälle bedeutet. Man muss jedoch aus verschiedenen Gründen davon ausgehen, dass nicht alle Todesfälle erfasst werden. Der Verein für Asbestopfer und Angehörige Schweiz sowie der Westschweizer Asbestopferverein CAOVA gehen von einer erheblichen Dunkelziffer aus, zumal die nicht berufsbedingten Asbesterkrankungen von der SUVA nicht erfasst werden. Da in der Schweiz das Asbestverbot anfangs der 90er-Jahre in Kraft trat, muss aufgrund der durchschnittlichen Latenzzeit von etwa 30 Jahren noch bis mindestens 2020 mit einer Zunahme der Todesfälle gerechnet werden. Die zuständigen Behörden rechnen in dieser Zeitspanne mit einer Verdoppelung der erfassten Todesfälle.

Der ursächliche Zusammenhang zwischen Asbest und Mesotheliom ist seit Beginn der 60er-Jahre wissenschaftlich erwiesen. Man rechnet mit 6 bis 11 Fällen pro 100 asbestexponierte Arbeiterinnen und Arbeiter, bei der übrigen Bevölkerung mit 1 bis 8 Fällen je Million Einwohner pro Jahr.[6] Hochrisikogruppen sind in der Schweiz ehemalige Spritzasbestisolierer, Arbeiterinnen und Arbeiter der Asbestzement-Industrie, Bauarbeiter, Zimmerleute, Elektriker, Garagisten, Angestellte der SBB-Werkstätten und Arbeiter von Sanierungsfirmen.

Weltweite Produktion und schweizerische Importe von Asbest zwischen 1910 und 1980

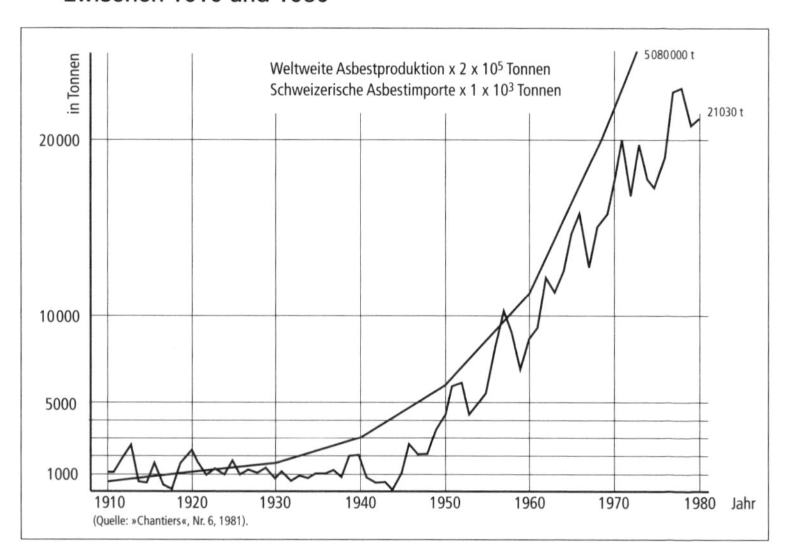

Quelle: Lochhead (Hrsg.), 1983

PORTRÄT

Hans von Ah

»Ich habe nicht mehr die Kraft, mich zu wehren«

»Im Vorfeld meiner Erkrankung, als die Asbestproblematik allmählich publik wurde, habe ich oft an die Zeit zurückgedacht. An die Jahre, als ich nach der Lehre mit diesem tödlichen Material in Berührung gekommen war. Ich hatte irgendwo aufgeschnappt, dass schon ein kurzer Kontakt mit Asbest Jahre später einen Krebs auslösen kann, und hoffte, dass es mich nicht treffen würde. Es war mir bewusst, dass ich völlig sorglos mit diesem Material gearbeitet hatte.«

Hans von Ah sitzt auf seinem Sofa im kleinen Reiheneinfamilienhaus in einem Außenquartier Oltens und erzählt von seiner Krankheit. Ein Leben lang hat der heute 70-Jährige hart gearbeitet und nun das: Zuerst hat er sechs Jahre vor der Pensionierung seine Arbeit verloren und dann kam die niederschmetternde Diagnose: Asbestkrebs.

Gemeinsam mit seiner Frau Erika führt er nun ein Leben am Existenzminimum. Das Geld der Pensionskasse hat er wenige Jahre vor dem Ausbruch seiner Krankheit in den Kauf des kleinen Eigenheimes investiert, und als dann auf einen Schlag die Arbeit und die Gesundheit weg waren, konnte der ehemalige Maschinenbau-Ingenieur auf keine Reserven mehr zurückgreifen. Seine Frau und er leben nun von der AHV und müssen für die Krankheitskosten Ergänzungsleistungen beziehen. »1000 Franken fallen monatlich für die Krankenkasse an. Weitere 1000 für die Hypothek und Nebenkosten sowie 300 für die Steuern. Da bleiben uns zum Leben noch 700 Franken im Monat«, rechnet der ehemalige Ingenieur vor. »Damit können wir keine großen Sprünge machen.«

Obwohl es sich bei der Krankheit des Rentners ganz klar um eine durch Asbest bedingte Berufskrankheit handelt, hat Hans von Ah keine Leistungen von der SUVA beantragt. Sein Hauszart sowie die regionale Krebsliga haben ihm zu verstehen gegeben, dass es praktisch aussichtslos sei, sich das Mesotheliom von der SUVA anerkennen zu lassen, zumal bei der Gewebeentnahme keine Asbestfasern gefunden worden seien. »Mir wurde gesagt, als Einzelperson hätte ich gegen die SUVA praktisch null Chancen. Was sollte ich tun? Ich habe keine Kraft mehr, mich zu wehren.«

Die Vergangenheit hatte ihn gut 45 Jahre nach seinem ersten Kontakt mit Asbest eingeholt: Als er im Herbst 2002 wegen einer leichten Reizung im Brustbereich zu seinem Hausarzt ging, war er auf die Diagnose nicht gefasst. Doch als das Wort Mesotheliom gefallen ist, hat Hans von Ah sofort verstanden: »Aha, jetzt hat es mich doch erwischt!« Bis dahin hatte er keine Schmerzen verspürt. Erst als ihm der Arzt die Diagnose stellte, realisierte der Rentner, dass er seit einiger Zeit einen physischen und psychischen Abfall gehabt hatte: »Ich machte zu dieser Zeit eigenartige Dinge, beispielsweise fuhr ich mit offener Hintertür in die Garage. Ich war immer müde und unachtsam. Im Nachhinein führe ich diese Ereignisse auf den Krebs zurück, das waren wohl Symptome meiner Krankheit.«

Eine Krankheit, die er höchstwahrscheinlich bei den ersten Anstellungen nach der Lehre, als Maschinenschlosser bei der Motorwagenfabrik Berna oder ein Jahr später in den SBB-Werkstätten in Zürich, eingefangen hat. In beiden Betrieben ist er mit Asbest in Berührung gekommen. Bei der Berna arbeitete von Ah im Frühjahr 1956 nur gerade drei Monate lang, zwischen der Lehre und der Rekrutenschule. Der 20-Jährige reparierte Lastwagen und musste vor allem die Kupplungen instand bringen, die damals noch asbesthaltig waren. »Die Kupplungsscheiben waren von der Beanspruchung lädiert. Sie hatten Rillen, die an der Drehbank nachgeschliffen werden mussten – das stäubte wie verrückt«, erinnert sich von Ah.

Nach der Rekrutenschule arbeitete er dann drei Jahre lang bis 1960 in den SBB-Werkstätten in Zürich. Von Ah ist sich sicher, auch dort den tödlichen Staub eingeatmet zu haben. Der junge Maschinenschlosser musste im Führerstand der Lokomotiven die Kupferleitungen mit Asbestschnüren umwickeln, um sie zu isolieren. »Ich wusste, dass die Schnüre aus Asbest waren, doch zu dieser Zeit wurde das Material hoch gelobt als exzellentes Isoliermaterial mit hoher Lebensdauer. Gewarnt hat uns niemand. Erst jetzt, nach dem Ausbruch der Krankheit, frage ich mich, ob vielleicht meine älteren Kollegen Bescheid wussten, denn niemand wollte diese Arbeit tun.« In den 60er-Jahren ließ sich Hans von Ah dann berufsbegleitend zum Maschinenbau-Ingenieur HTL ausbilden.

Seit vier Jahren lebt er nun ohne seinen linken Lungeflügel – und sein Leben hat sich radikal verändert: Atemprobleme machen ihm täglich zu schaffen, beim Gehen ist schon die geringste Steigung zu viel. Die Narbe schmerzt und verursacht permanente Schlafstörungen. Da ist nur selten eine Nacht, in der er durchschlafen kann. Über seine Krankheit spricht er mit Distanz. Er versucht, die Sache nicht näher an sich herankommen zu lassen, keine Emotionen zu zeigen. Das ist seine Strategie, damit die Krankheit ihn, wie er sagt, nicht unterkriegt.

Ein Ärzteteam des Berner Inselspitals hat Hans von Ah im April 2003 in einem mehrstündigen Eingriff die vom Krebs befallene linke Lungenhälfte samt Brustfell entfernt. Den Bronchienstumpf haben die Ärzte anschließend mit einem Muskellappen zugedeckt. Dem Eingriff war eine mehrmonatige Chemotherapie vorangegangen, um zu verhindern, dass der Krebs Metastasen bildete. Nach der Oparation wäre er fast an einer Infektion gestorben. Monatelang musste er Antibiotika schlucken. Der Magendarmtrakt ist durch die Einnahme dieser Medikamente stark lädiert und reagiert überempfindlich. Mit der Zeit hat sich daraus eine Lebensmittelunverträglichkeit entwickelt. Alles, was sauer ist, kann er nicht mehr richtig verdauen. »Ein Schluck Wein zum Anstoßen geht noch, doch danach muss ich passen.« Der psychische Stress und die Schmerzen waren für den kranken Mann zu viel. Vor allem die Rückenschmerzen waren nach dem Eingriff kaum auszuhalten. Das einzige Mittel, das die Schmerzen ein bisschen linderte, war die klassische Massage.

Nach der Operation war Hans von Ah in eine tiefe Depression gefallen. Der Ingenieur, der sonst so weltoffen und interessiert war, konnte kein Radio mehr hören, wollte nicht mehr fernsehen, keine Zeitungen lesen. Sogar seine Katze durfte nicht mehr in seine Nähe. Von Ah wurde beim geringsten Anlass aggressiv. Das bekam besonders seine Frau Erika zu spüren. Nach Monaten des Ringens hat er nun so etwas wie ein Gleichgewicht gefunden. Die Zeit, die ihm noch bleibt, möchte er möglichst in Ruhe verbringen. Einmal in der Woche gibt er zwei türkischen Kindern Nachhilfeunterricht und freut sich über jeden schulischen Erfolg, den sie stolz vermelden.

Hans von Ah ist Vater von zwei erwachsenen Söhnen, Urs und Peter, und am allerliebsten ist er mit ihnen zusammen, diskutiert stundenlang mit ihnen und sinniert über die Zeit in seiner Jugend, als er noch nicht wusste, was ihm die Zukunft bringen würde.

2. Der Mythos von der Wunderfaser

Von Karl dem Großen bis Marco Polo

Schon die alten Griechen und Römer staunten über die Eigenschaften dieses fasrigen Gesteins und hielten ihre Beobachtungen schriftlich fest. Immer wieder tauchte die wundersame Faser in den Schriften der alten Gelehrten, später in Reiseberichten auf. Die Kunde von der sagenhaften Faser hielt schließlich auch Einzug ins mündlich überlieferte Volkswissen, wo sie mit allerlei Zauberkräften ausgestattet wurde.

Strabon, ein griechischer Geograf, der um die Zeit der Geburt Jesu das Mittelmeer bereiste, berichtete als Erster über Handtücher aus einem merkwürdigen Material, die, wenn sie verschmutzt waren, zur Reinigung ins Feuer geworfen wurden. Rund fünfzig Jahre später berichtete Plinius der Ältere, ein römischer Gelehrter aus Como, in seiner 37-bändigen *Historia naturalis* über diesen Stoff. Er hatte Tischdecken aus Asbest, welches er »lebendiges Leinen« (linum vivum) nannte, gesehen und beschrieb königliche Leichentücher, die verhinderten, dass sich die Überreste des Körpers mit denen des Holzes vermischten. Im Jahr 90 erwähnte auch der weit gereiste Biograf und Philosoph Plutarch Netze und Kopftücher aus Asbest.

Die Faser wurde in den griechischen Texten zumeist Asbestos genannt, während die lateinischen Autoren den Namen Amiantus verwendeten.

Auch Karl der Große (742–814) soll im Besitz eines feuerfesten Tischtuches gewesen sein. Übermittelt wurde, er habe einst die Gesandtschaft eines kriegslüsternen Nachbarstaates zum Bankett geladen und nach dem Mal das Tischtuch kurzerhand ins Feuer geworfen. Als das Tischtuch unzerstört und gereinigt aus dem Feuer geholt wurde, seien seine Gäste überzeugt gewesen, dass er übernatürliche Kräfte besitze, und hätten ihrem Herrn von einem Krieg abgeraten.[7]

Der venezianische Händler und Gelehrte Marco Polo (1254–1324) sah auf seiner Reise Richtung Osten im Norden Chinas eine feuerfeste Wolle, die er Salamander nannte. In seinem Werk *Il milione. Die Wunder der Welt* schildert er unter anderem, wie der Stoff in einem Asbestbergwerk in China gewonnen wurde: »Nachdem man diese Faser, von der ihr gehört habt, aus dem Berg gefördert hat, klopft man sie. Sie hält zusammen und lässt sich spinnen wie Wolle. Wenn man sie gefördert hat, lässt man sie an der Sonne trocknen. Dann wird sie in einem großen Kupfermörser zerstoßen; dann wäscht man sie, und es bleibt diese Faser zurück, von der ich euch berichtet habe. Die Erde, die daran haftete, ist unbrauchbar. Dann werden diese Fasern, die der Wolle ähnlich sind, gesponnen, und man webt Tücher daraus. Und wenn diese Tücher fertig sind, sage ich euch, sind sie nicht sehr schön weiß. Aber sie legen sie ins Feuer und lassen sie eine Weile darin. Davon wird das Tuch blütenweiß. Und jedes Mal, wenn dieses Salamandertuch schmutzig und fleckig geworden ist, legt man es für eine Weile ins Feuer, und es wird wieder blütenweiß.«[8]

Im 17. und 18. Jahrhundert fand man auch in Zentraleuropa, in Italien und in den Pyrenäen, Asbestvorkommen. Der Rohstoff wurde wie schon in der Antike vor allem zur Herstellung von feuerfesten Geweben verwendet. Die 1660 gegründete Royal Society druckte in der von ihr herausgegeben Zeitschrift *Philosophical Transactions* erste wissenschaftliche Arbeiten über Asbest. Italien, wo man bereits ab 1808 versuchte, Asbest maschinell für die Herstellung von Asbestzwirn, -gewebe und -papier zu nutzen, gilt als eigentliche Wiege der Asbestindustrie.

Einzug in die Fabriken

Mit der Entdeckung und dem Abbau der sogenannten Chrysotilvorkommen (Weißasbestvorkommen) im kanadischen Quebec ab 1877 begann die Geschichte der industriellen Ausbeutung von Asbest. Vorausgegangen war in den Jahren 1866 bis 1876 die Entwicklung eines Verfahrens zum Spinnen, Zwirnen und Weben von Asbestfasern in Italien. Im Jahr 1871 erfolgte die Gründung verschiedener Asbestbetriebe mit dieser Textiltechnologie in England, in den USA, in Kanada und Südafrika.

Doch der eigentlich industrielle Durchbruch gelang 1899 mit der Herstellung von Asbestzement-Produkten im Nassmaschinenverfahren. Erfinder dieser Methode zur Produktion von Asbestzement-Platten war der österreichische Industrielle Ludwig Hatschek (1856–1914).

Der Österreicher, der ein eigenes Geschäft aufbauen wollte, kaufte die Maschinen einer Asbestspinnerei und übersiedelte von Linz nach Vöcklabruck, wo er eine alte Papiermühle erwarb. Dort experimentierte er mit Mischungen von Asbest und Zement und produzierte Platten auf Kartonpressen. Er unternahm zahlreiche Versuche, Asbest mit verschiedenen Bindemitteln wie zum Beispiel Asphalt und schließlich mit flüssigen Bindemitteln und Portlandzement zu verbinden. Schließlich fand er die entscheidende Mischung, wusste aber zu Beginn nichts damit anzufangen. Erst nach einiger Zeit kam er auf die Idee, sich auf die Produktion von Dachziegeln zu konzentrieren.

Er nannte seine Erfindung in Anlehnung an das lateinische Wort aeternus (ewig) Eternit. Ein genialer Name, der mit Sicherheit zum durchschlagenden Erfolg des Baustoffes beigetragen hat.

Die damaligen Arbeitsbedingungen in den Asbestwerken waren nach heutigen Maßstäben katastrophal. Die Arbeiterinnen und Arbeiter der Asbestfabriken versanken förmlich im Asbest. Die Sichtweite in den Fabrikhallen betrug durch den aufgewirbelten Staub nur wenige Meter. Dabei ist zu bedenken, dass eine Asbeststaubkonzentration von weniger als 1 Million F/m^3 (Fasern pro Kubikmeter Luft) mit bloßem Auge nicht wahrzunehmen ist. Die betroffenen Beschäftigten der Asbestfabriken starben häufig bereits nach wenigen Jahren – an Schwindsucht, wie die damalige Diagnose lautete.[9]

Ludwig Hatschek ließ seine Erfindung im Jahr 1900 patentieren; 1903 erwarb eine französische Gruppe sein Patent. Ein Jahr später sicherte sich auch eine Interessengruppe aus der Schweiz die Rechte zur Fabrikation des Baustoffes. Noch im gleichen Jahr öffnete die Eternit in Niederurnen ihre Pforten. 1920 erwarb die Industriellenfamilie Schmidheiny, die inzwischen im Ziegel- und Zementgeschäft groß geworden war, die Eternit von ihren Glarner Eigentümern.

Nahezu 90 Prozent des in die Schweiz importierten Asbests ist in den nachfolgenden Jahrzehnten von der Eternit zu Asbestzement-Produkten verarbeitet worden. 1957 eröffnete die Baustofffirma eine Zweigniederlassung in Payerne (VD). Asbest ist somit in der Schweiz unlösbar mit den Namen Eternit und Schmidheiny verbunden.

Mit Beginn der industriellen Nutzung der Faser zur Produktion von

Asbestzement kam es zu einem exponentiellen Anstieg des weltweiten Abbaus: Wurden 1910 weltweit 128 000 Tonnen Asbest abgebaut, waren es 1940 bereits viermal mehr, nämlich 600 000 Tonnen, und bloß 10 Jahre später, 1950, 1,2 Millionen Tonnen. Die Asbesteuphorie ließ auch in der zweiten Hälfte des 20. Jahrhunderts nicht nach: 1967 betrug der Abbau 3 Millionen Tonnen und auf dem Kulminationspunkt 1976 wurden weltweit 5 Millionen Tonnen gefördert. Danach kam es mit dem Inkrafttreten der ersten Verbote – Schweden war das erste Land, in dem ein Verbot schon Mitte der 70er-Jahre diskutiert wurde – zu einem Rückgang des Abbaus. Ab Beginn des neuen Jahrtausends verzeichnete die weltweite Asbestproduktion allerdings wieder eine leichte Zunahme von 2,06 Millionen Tonnen im Jahr 2001 auf 2,4 Millionen Tonnen im Jahr 2005.[10]

Auf dem Gipfel der Beliebtheit

Zu Beginn des 20. Jahrhunderts fand in den traditionellen Förderländern wenig bis keine Weiterverarbeitung statt. Die Veredlung des aufbereiteten Rohmaterials wurde vor allem in Ländern vorgenommen, die selbst über keine oder geringe Vorkommen verfügten, wie die USA und Deutschland. Als im August 1914 der Erste Weltkrieg ausbrach, stockte die Förderung zunächst, um dann wieder rasch zu steigen. Asbest war ein kriegswichtiges Material und wurde in Ländern ohne eigene Vorkommen zur Mangelware.

Nach dem Ende des Krieges setzte sich die Asbesteuphorie im zivilen Bereich fort, und die Asbestindustrie ließ keine Möglichkeit aus, sich selbst zu feiern: Der weltgrößte, amerikanische Asbestkonzern Johns-Manville pries 1939 auf der Weltausstellung in New York stolz den »Dienst des Minerals an der Menschheit«. Unter anderem zeigte ein lebensgroßer sprechender »Asbestmann« den Besuchern den Weg zum Stand des Unternehmens, und das gesamte Messegelände war von den Ziegeln bis zu den Leitungsrohren mit Asbest erbaut.

Die Asbesteuphorie ging in den 30er-Jahren so weit, dass die Nachfrage die weltweite Abbaukapazität zu übersteigen drohte. Ähnlich wie im Ersten verhielt es sich auch im Zweiten Weltkrieg: Asbest war für die

Kriegsindustrie von primärer Bedeutung. Da die militärischen Großmächte nicht über genügend Ressourcen im eigenen Land verfügten, suchten sie sich kurz vor Ausbruch des Krieges mit großen Mengen Asbest einzudecken.[11] Das nationalsozialistische Deutschland beschaffte sich ganze Schiffsladungen aus Minen in Südafrika und in Jugoslawien (siehe »Eternit-Offensive in Nazideutschland«, S. 78). Ähnlich erging es auch den Amerikanern. Zwar existierte bereits eine Vereinbarung zwischen den USA und der Sowjetunion zur gegenseitigen Lieferung von Asbest im Bedarfsfall, die der amerikanische Geschäftsmann Armand Hammer bereits 1918 mit dem Revolutionsführer Wladimir Iljitsch Lenin ausgehandelt hatte. Doch die US-Regierung misstraute dieser Abmachung. Obwohl die kanadischen Unternehmen sich bemühten, die Nachfrage der USA zu decken, wurde das Material in den Staaten nach Kriegsausbruch für zivile Anwendungen rationiert. Die Armee verbrauchte die Asbestfaser Tag für Tag tonnenweise für verschiedenste Zwecke: von Schiffsmotoren über Bauteile von Jeeps, an Fallschirmen herabschwebende Leuchtbomben und Panzerfäuste bis hin zu Torpedos. Selbst die Ärzte in den Lazaretten trugen leicht sterilisierbare Operationskleidung aus Asbestgewebe.

Nach Ende des Krieges löste dann die einsetzende weltweite Hochkonjunktur in der Baubranche die nächste Bedarfswelle aus und wieder wurden bedenkenlos Tausende von Tonnen dieses Materials verbaut. Die Ingenieure schätzten die Festigkeit und Feuerbeständigkeit des Asbestzements und setzten ihn entsprechend großzügig ein. Wolkenkratzer konnten nun in den Himmel wachsen, weil eine neuartige spritzbare Asbestversieglung gewährleistete, dass sich die Stahlkonstruktionen bei eventuellen Bränden nicht verziehen würden. Ein Glaube, der sich am 11. September 2001 mit der kompletten Zerstörung der Twin Towers als Irrtum erweisen sollte, denn diese waren mit Asbest isoliert.

PORTRÄT

Viktor Portmann

Der qualvolle Tod

Phil Portmann ist Arbeitssicherheitsexperte. Sein Vater Viktor Portmann ist an einem asbestbedingten Krebs verstorben:

»Bei welchen Arbeitgebern mein Vater überall mit Asbest in Kontakt gekommen ist, lässt sich heute nicht mehr mit absoluter Gewissheit feststellen. Mit Sicherheit hatte er aber schon in der Lehre mit dem tödlichen Stoff zu tun. Die Lehrlinge machten sich einen Spaß daraus, sich gegenseitig mit Asbesttüchern zu bewerfen wie mit Schneebällen. Eine Schneeballschlacht mitten in einer Karosseriewerkstatt! Was sich Jugendliche nicht alles ausdenken. Das war in den späten 50er-Jahren in der Karrosserie Hess, in Bellach bei Solothurn.

Mein Vater war ein passionierter Jäger, er sprach nicht gerne über seine Krankheit. Doch einmal hat er mir erzählt, in seinem Lehrbetrieb habe es diese Asbesttücher gegeben, die sie beim Schweißen als Brandschutz zum Abdecken der Schweißstellen benutzten. Die Tücher mussten zuerst ins Wasser eingelegt werden und ließen sich dann beliebig formen. Dass sie gefährlich waren, wussten die Lehrlinge nicht.

Auch später hat Vater immer wieder in Karosseriewerkstätten gearbeitet – bis in die 70er-Jahren waren die Bremsbelege der Autos aus Asbest. Deshalb können wir nicht so genau sagen, wo er sich den Krebs geholt hat.

Seine Leidensgeschichte begann im Dezember 2001, es fehlte nur noch ein Jahr bis zur Pensionierung. Er war mit seinen Jagdfreunden unterwegs, als er plötzlich keine Luft mehr kriegte. Das muss man sich mal vorstellen, immer wieder versuchte er ganz normal einzuatmen, doch er kriegte einfach keine Luft mehr. Ein paar Tage später ging er dann ins Spital. Sie behielten ihn gleich für drei Wochen dort. Drei Liter Wasser haben sie ihm aus den Lungen gezogen und eine Gewebeprobe entnommen. Zudem verschweißten sie das Brustfell mit der Lunge, damit sich kein Wasser mehr bilden konnte. Am Heiligabend durfte er wieder nach Hause. Er hatte den Arzt gebeten, ihm nicht vor Weihnachten die Diagnose zu stellen. Er wollte noch in Ruhe mit uns feiern.

Das Wort Asbest ist gleich zu Anfang der Besprechung gefallen. Meine Mutter, mein Bruder und ich begleiteten Vater im Januar 2002 ins Spital. Der Arzt vermutete, dass es sich um ein Mesotheliom handle. In den Gewebeproben selbst hatte er aber keinen Asbest gefunden, deshalb dachten wir, es sei vielleicht nicht so schlimm. Aber der Arzt riet uns dazu, den befallen Lungenflügel operativ entfernen zu lassen. Wir sträubten uns gegen einen solchen Eingriff. Was würde passieren, wenn später der Krebs auch noch den anderen Lungenteil befallen sollte? Den zweiten Lungenflügel kann man nicht operativ entfernen!

Genau so sollte es denn auch kommen: Exakt ein Jahr nach der ersten Hospitalisierung kam der erste Rückschlag. Wieder Atemnot, erneute Einlieferung ins Spital und erneutes Abpumpen von Wasser aus der Lunge. Im Januar 2003 kam dann der definitive Bescheid: Pleuramesotheliom. Wir konsultierten noch einen Krebsspezialisten in Solothurn. Dieser riet uns vorerst von einer Chemotherapie ab. Mein Vater habe einen atypischen Krankheitsverlauf, und solange der Gesundheitszustand stabil sei, mache die Chemo keinen Sinn. Deshalb entschieden wir uns abzuwarten. Das war auch deshalb möglich, weil es meinem Vater in den ersten zwei Jahren nach der Krebsdiagnose relativ gut ging. Wir machten uns tatsächlich Hoffnung, dass es nicht so schlimm sei. Im Nachhinein muss ich schon sagen: Wir wollten es einfach nicht wahrhaben und haben Vaters Krankheit so gut es ging verdrängt.

Ich hatte mich im Internet über den Verlauf der Krankheit informiert und in verschiedenen Foren mit betroffenen Menschen Kontakt aufgenommen. Die meisten dieser Betroffenen sind aber kurze Zeit nach der Diagnose verstorben. Deshalb habe ich mir Mut gemacht und gesagt, das kann gar nicht sein, dass Vater ein Mesotheliom hat, sonst müsste er schon längst tot sein. Vater hingegen arbeitete noch im Garten und ging auf die Jagd. Da konnte er doch nicht todkrank sein.

Im März 2004 verschlechterte sich sein Gesundheitszustand dann zusehends. Er spürte einen enormen Druck auf der Brust und hatte starke Schmerzen. Der Arzt sagte uns, man müsse jetzt mit der Chemotherapie beginnen. Doch schon im Juni kam die Hiobsbotschaft: Vater reagierte nicht auf die Behandlung, der Krebs hatte sich weiter ausgebreitet. Es hatten sich bereits Metastasen gebildet. Vater hatte am Hals ein enormes Geschwür. Wir fragten den Arzt, was das sei. Doch dieser sagte nur: Sie können es sich wohl selbst denken. Vaters Tumor muss riesengroß gewesen sein und hat ihm die Luftröhre zugedrückt. Um die Atmung zu erleichtern, wurde ihm ein Röhrchen am Hals eingesetzt, dennoch ging es ihm immer schlechter.

Ich finde es wichtig, dass man auch über das physische Leiden, über die Schmerzen der Asbestopfer spricht. Heute liest man in der Presse immer wieder Artikel zum Thema Asbest, doch meistens geht es nur um irgendwelche Prozesse, um rechtliche Dinge, um die Rolle der SUVA und um Geld. Die Zeitungen schreiben nur über Finanzen und Juristerei. Die immensen Schmerzen, die diese Menschen quälen, werden nie thematisiert. Dass dieser Tumor besonders brutal ist, wird einfach ausgeklammert. Dass die Betroffenen vor Schmerz schreien, sagt niemand. Man bekommt eine Diagnose und es ist ein hundertprozentiges Todesurteil. Was diese Menschen und ihre Familien durchmachen, ist unbeschreibbar. Zum Glück hat bei meinem Vater die letzte Phase der Krankheit nicht so lange gedauert … Er hatte immer wieder Angst zu ersticken. Einmal waren wir im Auto und plötzlich fing er an zu schreien, wie wenn ihm jemand den Lufthahn abgedreht hätte. Er geriet in Panik und wusste nicht, was tun. Wenn man solche Attacken hat, weiß man nur das eine: Die nächste wird bestimmt kommen und eines Tages wird man sie nicht mehr überleben. Der Arzt erklärte uns, der Asbest bilde eine Art Mauer um die Lunge, die mit der Zeit immer mehr zugedrückt werde.

Vater hat Höllenqualen durchgemacht, und ich will, dass man dies weiß. Zuletzt verschrieb ihm der Arzt Morphium. Das linderte den Schmerz, doch dafür begannen die Wahnvorstellungen. Er verlor die Kontrolle über seinen Körper. Einmal rief mich Mutter an, ich solle schnell kommen. Vater kam mir torkelnd im Korridor entgegen, er war geistig wirr und löste unkontrolliert Wasser. Durch das viele Liegen wurden seine Muskeln immer schwächer und er konnte kaum noch gehen. Zehn Tage nachdem wir ihn wieder im Spital eingeliefert hatten, starb er. Das war im Juni 2004.

In den Monaten, als es ihm noch besser ging, hat er versucht, alles zu regeln, damit Mutter nicht zu viele Probleme haben würde. Er ließ sogar noch den Dachstock isolieren. Vater war eben so, er wollte immer alles gut machen. Mit meiner Mutter sprach er nie über die Zeit nach seinem Tod, doch mit uns Söhnen schon. Meine Mutter weigerte sich, die Krankheit ihres Mannes wahrzuhaben. Wenn er hustete, sagte sie manchmal zu ihm: Hör auf zu husten, du hast doch gar nichts.

Seit Monaten schlage ich mich nun mit der SUVA herum. Als Vater krank wurde, übernahm die Unfallversicherung sämtliche Kosten und richtete zuerst ihm und später meiner Mutter eine Rente aus. Vaters Arbeitgeber hat den Fall bei der SUVA gemeldet. Das ging alles reibungslos. Doch als Vater einen Antrag auf eine Integritätsentschädigung[12] einreichte, stellte sich die Unfallversicherung quer. Vater stünde keine Integritätsentschädigung zu, weil er nicht genug lang überlebt habe, wurde uns in einem Brief ausgerichtet. Maßgebend für die Gewährung einer Integritätsentschädigung sei nicht die Überlebensdauer nach der Diagnose, sondern die Lebensdauer ab Beginn der Behandlungen. Da Vater erst wenige Monate vor seinem Tod mit der Chemotherapie begonnen hatte, stünde ihm keine Integritätsentschädigung zu.

Das ist eine völlig absurde Auslegung des Gesetzes! Wenn nötig, werden wir den Fall meines Vaters bis ans eidgenössische Versicherungsgericht weiterziehen. Die SUVA kann das Gesetz nicht einfach nach ihrem Interesse auslegen. Klar, für die Unfallversicherung geht es um sehr viel Geld, denn wenn sie meinen Vater entschädigen müssten, dann wäre das ein Präzedenzfall. Fortan müssten dann auch andere Asbestopfer mit demselben Behandlungsverlauf entschädigt werden. Die Renten können sie bezahlen, sie wissen ja, dass die Leute nicht lange leben werden. Das wird sie nicht in ein finanzielles Desaster bringen, doch die Integritätsentschädigung, das tut weh! Eine volle Entschädigung beträgt immerhin an die 80 000 Franken. Uns geht es um Gerechtigkeit, niemand kann behaupten, mein Vater sei während der Krankheit in seiner physischen Integrität nicht behindert gewesen!

Die Gefahr, die vom Asbest ausgeht, wird heute noch verkannt! Ich bin von Beruf Arbeitssicherheitsmanager und weiß aus Erfahrung, wie lasch man in vielen Firmen mit diesem Gefahrstoff heute noch umgeht. Dahinter steht einfach die Profitgier vieler Unternehmen. Sie machen es sich im Umgang mit diesem Material einfach zu leicht. Ein Arbeiter stellt seinem Arbeitgeber 40 bis 45 Jahre seines Lebens zur Verfügung. Da wäre es doch Pflicht des Arbeitgebers, die Leute zumindest gesund in die Pension zu entlassen! Ich habe gegenüber der SUVA eine mächtige Wut im Bauch: Eigentlich müssten sie nun wissen, wie gefährlich Asbest ist. Sie haben sicherlich viel aus der Vergangenheit gelernt, doch teilweise, so scheint mir, ist ihnen der Profit der Unternehmen noch immer wichtiger. Es braucht in der sonst so fortschrittlichen Schweiz dringend stärkere Gesetze, die den Schutz der Mitarbeitenden im Umgang mit Gefahrstoffen über die Profitgier der Unternehmen stellen. In den Betrieben müsste überall, wo sich noch das gefährliche Material verbirgt, seien es Asbestzement-Elemente oder beispielsweise Spritzasbest-Isolierungen, eine Tafel angebracht werden, mit dem Vermerk: Achtung Asbest. Nur so können die Arbeiter die notwenigen Sicherheitsvorkehrungen treffen. Und nur so könnten Vorfälle wie beispielsweise im Zürcher Globus verhindert werden. Dort stießen Bauarbeiter bei einem Umbau unerwartet auf Asbest und der ganze Laden musste vorübergehend geschlossen bleiben. Zudem braucht es dringend einen Asbestkataster, damit man in den Gemeinden und Kantonen weiß, in welchen Gebäuden es Asbestaltlasten gibt.

Vater ist nun seit drei Jahren verstorben, doch vielleicht lässt sich das Leiden anderer Menschen verhindern.«

3. Das »Mineral der tausend Möglichkeiten«

In den Blütezeiten der Asbestproduktion Mitte des 20. Jahrhunderts wurden weltweit über 3000 Produkte aus Asbest hergestellt. Aufgrund ihrer Eigenschaften und der damit verbundenen industriellen Nutzungsmöglichkeiten war die Faser als das »Mineral der tausend Möglichkeiten« bekannt. Sie hielt Einzug in den Alltag der meisten Familien: Toaster, Bügeleisen, Bügelbretter und Haartrockener wurden mit Asbest isoliert. Herzchirurgen verwendeten Asbestfäden; in der Zahnpasta diente Asbest als Poliermittel und Zigaretten enthielten Asbestfilter; die US-Post nutzte Postsäcke aus Asbestgewebe. Asbest wurde für Knöpfe, Telefonapparate und Elektroschaltkästen verwendet. Und viele dieser Produkte werden auch Jahrzehnte nach den ersten Verboten in den 70er-, 80er- und 90er-Jahren noch rege benutzt. Denn das Verbot, wo es überhaupt eines gibt, betrifft ja nur die Einfuhr, die Produktion und den Verkauf. So muss man davon ausgehen, dass asbesthaltige Alltagsprodukte wie beispielsweise Toaster und Haartrockner nach dem Verbot nicht einfach weggeworfen wurden, denn meist waren ja den Konsumentinnen und Konsumenten die Bestandteile der Produkte gar nicht bekannt. Tatsache ist zum Beispiel, dass heute noch in jedem zweiten Schweizer Haushalt die Elektroschalttafeln Asbest enthalten. Allein in Zürich werden die asbesthaltigen Zählerbretter auf 50 000 geschätzt.[13]

Wir stellen im Folgenden einige der industriellen Anwendungen vor, die für den technischen Fortschritt im letzten Jahrhundert bahnbrechend waren.

Schifffahrt

Die Anwendung von Asbest war ein entscheidendes Element in der Weiterentwicklung der Dampfschifffahrt. Als die ersten Dampfschiffe zu Beginn des 19. Jahrhunderts die Weltmeere befuhren, waren die Schiffbauingenieure auf der Suche nach einem Stoff, der isolierfähig und beständig gegen Hitze war und der die Schiffswände gegen die salzhaltige Seeluft schützte. Asbest erschien sehr bald als der ideale Werkstoff. Die langen Asbestfäden wurden zu Matten gewoben, die bis zu 50 Zentimeter dick waren und problemlos Temperaturen bis zu 600 Grad aushalten konnten. Mit diesen Matten konnten die Heißdampfrohre isoliert werden. Dies bedeutete nicht nur Schutz vor Brand- und Verletzungsgefahr, sondern auch einen geringeren Energieverlust und somit einen geringeren Kohlebedarf.

Der Erste Weltkrieg führte zu einem Boom des Schiffbaus, insbesondere des Kriegsschiffbaus. Die Munitionsmagazine in den Schiffen bildeten eine enorme Gefahr, denn selbst bei einem harmlosen Feuer konnte es zur Explosion kommen. Deshalb wurde Asbest tonnenweise als Isoliermaterial eingesetzt, zuerst in Form von Asbestmatten, später in Form von Spritzasbest.[14] Bis Ende der 60er-Jahre waren Asbestisolierungen auch auf Passagierschiffen eine Selbstverständlichkeit. Innert weniger Jahrzehnte hatte sich der Stoff weltweit und konkurrenzlos als Dämmmaterial in der Schifffahrt durchgesetzt. Das blieb nicht ohne Folgen: Kein anderer Wirtschaftszweig hatte später so viele Asbestopfer zu beklagen wie die Werftindustrie. Eine Studie des amerikanischen Wissenschaftlers W. J. Nicholson schätzte 1981 die jährlichen Tumoropfer aus dem Bereich Schiffbau und Reparatur für die USA auf über 2700 Fälle, und die italienische Marine beklagte 2006 eine neue »Kriegsfront«: Über 500 Marinesoldaten seien aufgrund von Asbestexposition in den Kriegsschiffen der italienischen Flotte ums Leben gekommen.[15]

Isolierungen von Dampfmaschinen

Seit Mitte des 19. Jahrhunderts hatte man versucht, die Leistung der Dampfmaschinen zu steigern, indem man den Dampf überhitzte. Zwar gelang es 1856, einen geeigneten Überhitzer zu bauen, doch dessen Dichtungen waren den Temperaturen von 260 Grad nicht gewachsen. Dem Engländer Richard Lloyd glückte ein Jahr später die Konstruktion einer Stopfbüchsenpackung auf Asbestbasis. Stopfbüchsen dienen zum Abdichten von hin- und hergehenden oder umlaufenden Stangen in Maschinen.

Doch die zukunftsweisende Erfindung Lloyds wurde zuerst auf Eis gelegt, da die Schmierstoffe, die zur Schmierung des Dampfzylinders verwendet wurden, sich bei hohen Temperaturen zersetzten. Nachdem die Dampfmaschinen technisch weitgehend ausgereift waren, ging man 1890 nochmals daran, deren Leistung durch Dampfüberhitzung zu steigern. Diesmal erfolgreich: Die organischen Schmieröle wurden durch Mineralöle ersetzt, die Temperaturen von über 350 Grad standhielten.

1866 erprobte man erstmals Asbestformkörper für die Wärmedämmung. Die Isolierung der Dampfkessel und Rohrleitungen war in der Weiterentwicklung der Dampfmaschinen wichtig, um den Einsatz der Heizenergie zu senken und damit eine höhere Effektivität zu erreichen.

Die Heißdampftechnik fand im Eisenbahnbau die weiteste Verbreitung. Die Heißdampflokomotive setzte sich durch, und erst mit ihrem Einsatz war die Eisenbahn den Anforderungen der Industriegesellschaft gewachsen.[16] Die geglückte Weiterentwicklung der Dampfmaschinen brachte Asbest in den Ruf eines Supermaterials.

Garne, Pappen und Asbestgewebe mit Kautschuk

1871 entstand in Frankfurt am Main die erste deutsche Asbestfabrik unter dem Namen Asbestwerke Louis Wertheim. 1878 folgte bereits ein zweites Werk: die Sächsische Asbestfabrik G. und A. Thoenes in Radebeul bei Dresden. Beide Firmen produzierten Garne und Stopfbüchsenpackungen. Für die Herstellung von Asbestgeweben benutzte man eine Methode, die in Italien schon gegen Ende des 17. Jahrhunderts entwickelt worden war. Bekannt ist, dass die feuerfesten Stoffe für die Herstellung der Kleidung von Hochofenarbeitern und Feuerwehrleuten verwendet wurden. In den Gummiwerken Metzeler & Co. in München wurden 1883 erstmals Asbestgewebe mit Kautschuk vermischt und zu Schürzen und Gewändern verarbeitet, die in den Gießereien zum Schutz gegen spritzenden Metallguss und Hitze getragen wurden. Die ebenfalls feuerfesten Asbestpappen fanden eine sehr breite Anwendung: von Einlegesohlen für Gießereiarbeiter über Beschichtungen für Türen bis zur Isolation von Dampfkesseln.

Filter für die Chemie- und Getränkeindustrie

Ende des 19. Jahrhunderts wurden Asbestfilter sowohl in der chemischen Industrie als auch in der Getränkeindustrie eingesetzt. Der Weißasbest vermochte dank seinem Absorptionsvermögen kleinste Teilchen und Mikroorganismen aus Flüssigkeiten aufzunehmen. Besonders in der Getränkeindustrie wurden Asbest-Filtertücher verwendet, weil sich Wein, Süßmost und Bier mit diesen Filtern schneller klärten als mit den herkömmlichen Zellulosefiltern. In der Schweiz wurde der Einsatz von Asbestfiltern erst anfangs der 80er-Jahre verboten. Bis zu diesem Zeitpunkt galt in der Schweiz Asbest als nützlicher Stoff in der Lebensmittelherstellung und war als solcher explizit in der Lebensmittelverordnung aufgeführt.

Eine besonders groteske Verwendung von Asbestfiltern gab es im Zweiten Weltkrieg: In Millionen von Gasmasken wurden damals Filter aus dem besonders gefährlichen Blauasbest eingesetzt.[17]

Brems- und Kupplungsbeläge

Auch in der Reibmaterial erzeugenden Industrie setze sich Asbest aufgrund seiner Hitzebeständigkeit und Festigkeit sehr schnell durch. 1896 wurde in England ein Verfahren zur Herstellung von gewobenen Bremsbändern erfunden. Die Deutschen machten es den Engländern 1920 nach und schufen in Coswig bei Dresden formgepresste Brems- und Kupplungsbeläge. Asbesthaltige Bremsbeläge wurden im gesamten Schienen-, Straßen- und Luftfahrzeugsektor eingesetzt. Dass diese spezielle Anwendung von Asbest sehr verbreitet war, widerspiegelt sich heute noch in der Opferstatistik: Unter den Asbestopfern befinden sich unerwartet viele Garagisten und Automechaniker.

Spritzisolationen aus Asbest

Spritzasbest ist eine lockere Verbindung von Asbestfasern und/oder künstlichen Mineralfasern, die mit Wasser und allenfalls mit Klebemittel vermischt unter Druck aufgespritzt werden. Nach dem Trocknen ergibt sich so eine weiche Schicht, die man mit bloßem Finger lösen kann.

Druck oder schwaches Ritzen zerstören diese Schicht von einigen Zentimetern Dicke, lösen ihren Zusammenhalt und ermöglichen sehr schnell die Freisetzung von Fasern. Spritzasbest gilt daher als besonders gesundheitsgefährdend.

Schon 1900 hatte man eine Verwendungsmöglichkeit für die feinsten Fibern gefunden, die sich bei der Aufarbeitung nicht vom Muttergestein lösen ließen. Die Gesteinsreste wurden gemahlen, etwas Kalk, Gips oder Zement und Wasser hinzugefügt, und schon war der Asbestmörtel zur Anwendung bereit; meistens brauchte man ihn für den Wandputz. Um 1920 entwickelten die englische Firma J. W. Robert Ltd. und die amerikanische Smith & Kanzler Corp. ein Verfahren, das ermöglichte, die Asbestzement-Masse direkt auf die zu isolierenden Flächen aufzuspritzen. Diese neue Methode erlaubte eine fugenlose Verkleidung selbst von unebenen Flächen. Besonders zur Isolation von öffentlichen Gebäuden setzte sich der Spritzasbest in den USA rasch durch; dort gab es denn auch bereits um 1950 einen eigentlichen Spritzasbestboom. In Deutschland wurde Spritzasbest hingegen erst in den 70er-Jahren populär.

In der Schweiz ist diese Technik während zirka 40 Jahren bis etwa Mitte der 70er-Jahre angewandt worden. Die Schweizer Behörden haben nie ein Spritzasbestverbot verfügt. Bis wann genau diese Isolierungstechnik üblich war, ist deshalb nicht genau festgehalten. Bekannt ist, dass einige Schweizer Spritzasbestfirmen nach Ende der Anwendungen ihre Betriebe in Sanierungsfirmen umwandelten und somit ihr Geld fortan damit verdienten, dass sie die lebensgefährlichen Beläge, die sie jahrelang versprüht hatten, nun fachgerecht wieder entfernten.

Wie viele Gebäude in der Schweiz mit Spritzasbest isoliert wurden, ist nicht bekannt. 1985 erstellte das BUWAL (Bundesamt für Umwelt, Wald und Landschaft), zuhanden der Kantone, aufgrund der Abrechnungen dreier großer Spritzasbestfirmen eine Liste. Insgesamt waren darin rund 4000 Spritzasbest-Gebäude erfasst. Es handelte sich insbesondere um öffentliche Gebäude wie Schulen, Sporthallen und Spitäler, aber auch Warenhäuser, Cafés und Banken. Es war somit Sache der Kantone, über eine eventuelle Sanierung zu entscheiden.

Auf der Liste waren beispielsweise folgende Gebäude aus Zürich aufgeführt: »Abdankungshalle des Friedhofs Sihlfeld, Tonhalle und

Kongressgebäude, Radiogebäude, Fernsehstudio, ETH-Hauptgebäude, ETH Hönggerberg, Neubau des Tages-Anzeigers, Stadtspital Triemli, Kantonsspital, Kinderspital, Schweizerische Nationalbank, Elektrizitätswerk, Krypta Allerheiligen-Kirche«[18] und so weiter.

Je nach Zustand der bespritzten Flächen kann die Gesundheitsgefahr für die Benützer dieser Gebäude erheblich sein. Aber damit nicht genug: Bei Umbauten und beim Abbruch der Gebäude können Unmen-

Gemeinde	Gebäude	Belags-fläche m²	Belags-dicke mm	Asbest-gehalt	Art der Appli-kation	Ort der Appli-kation
Fehraltorf	Turnhalle Schulhaus Hinterer Heiget		20	4	1	9
	Textildruckerei E. Schellenberg	120	15	2	4	9
Illnau-Effretikon	Schreinerei Jegen	200		2	9	9
	Turnhalle Oberstufenschulh.	345		2	1	9
	Volvo	60		4	9	9
	Mefag	244		4	9	9
	Moos Hallenschwimmbad	50		4	9	9
	Migros	50		4	9	9
Lindau	Innenwandisolierung Färberei Kunert	70	20	2	9	2
Pfäffikon	H. Staub, Heizungen	22	20	4	8	9
	Aufstockung Lagerhaus Günther & Walker		20	4	9	9
Zürich	Abdankungshalle Friedhof Sihlfeld	122	7	4	9	2
	Werkzeugmaschinenfabrik	82	25	4	9	1
	Cinébref AG	43	20	4	9	2
	Versammlungssaal Hofacker	25	25	4	9	2
	Tonhalle u. Kongressgeb.	112	15	4	9	4
	Studio 9, Radiogebäude	84	15	4	9	4
	Radiogebäude	92	25	4	9	1
	Radiogebäude	66	15	4	9	1
	Radiogebäude	34	15	4	9	1
	Tonhalle- u. Kongressgeb.	63	20	4	9	1
	Tonhalle- u. Kongressgeb.	138	12	4	8	8
	Katholische Sekundarschule	107	30	2	2	9
	Zwischenbau Zürich-Vers.-Ges., Genferstrasse 6	700	30	2	2	9
	Unterricht Zentralgeb. ETH Hönggerberg	357	35	2	3	9
	Unterkellerung AS-EU ETH Hönggerberg	480	35	2	3	9
	Umbau u. Erweiterung Geschäftshaus Frawa AG	150	30	2	2	9
	Geschäftsh., Bleicherweg 30	980	25	2	2	9
	Energiezentrale, prov. Verflüssigungszentr.	220	20	2	1	9
	Einstellh., Winterthurerstr.	175	15	2	4	9
	Neub. SBG, Bleicherweg 30	610	20	2	9	9

Buwal-Liste mit den Spritzasbest-Gebäuden, 1985

gen von Fasern freigesetzt werden, die nicht nur eine Gefahr für die beteiligten Arbeiter sind, sondern auch für die Anwohner der Baustellen.

Vier große Spritzasbestfirmen und einige kleinere teilten sich den Markt in der Schweiz. Bekannt sind heute nur noch die Namen der damals führenden Firmen. Bernhard Hitz Söhne (verwendete Produkte: Limpet und Pirok; abhängig von Turner and Newall, GB), Schneider & Co. AG (verwendete Produkte: Cafco und Silbestos), CTW-Spray AG (verwendetes Produkt: Asbestosspray; abhängig von Asbestos Corporation, USA), Siegfried Keller (verwendetes Produkt: Afrajetamiante).[19]

Asbestkarton

Asbestkarton unterscheidet sich von Spritzasbest dadurch, dass er dichter und stärker verleimt ist. Er ist daher zwar fester als Spritzasbest, kann aber mit einem bloßen Nagel aufgekratzt werden und ist deshalb sehr gefährlich. Auf dem Bau wurde Asbestkarton vor allem als Brandschutz eingesetzt, beispielsweise in Heizräumen, Werkstätten und den Schalttableaus der Elektroinstallationen. In den Wohnräumen ist Asbestkarton meist unter dem Fenstersims angebracht worden, um den hölzernen Sims gegen die Wärme des Heizkörpers zu isolieren. Pical-Platten aus Asbestkarton waren dreimal leichter als Asbestzement und deshalb auch einfacher zu handhaben. Ihre Verarbeitung vor Ort (Bohren und Sägen) und der Abbruch sind aber erheblich gefährlicher.

Asbestzement

Wie bereits erläutert, patentierte Ludwig Hatschek seine ersten Asbestzement-Platten im Jahr 1900 unter dem findigen Namen Eternit. Ursprünglich war die Erfindung der Asbestzement-Platten dafür gedacht, die herkömmlichen Dachziegel zu ersetzen, denn ein Eternit-Dach wog nur ein Fünftel eines herkömmlichen Ziegelbelages. Bald erkannte man aber, dass mit den Asbestzement-Platten ein eigenständiges Bauelement gefunden worden war, verwendbar als Wandverkleidung, Wellplattendach, Fußbodenbelag und für die Herstellung von Fertigbauteilen. Feuerfestigkeit, gute akustische Eigenschaften, Witterungsbeständigkeit und leichte Montage wegen des geringen Gewichts waren die besonderen Vorteile des neuen Baustoffs. Im Rohrleitungsbau setzte sich das Asbestzement-Druckrohr vor allem als Trinkwasser- und Abwasserleitung durch, da die normalerweise in den Trink- und Abwässern gelösten Stoffe die Oberfläche der Asbestzement-Rohre nicht anzugreifen schienen.

Schon bald setzte ein weltweiter Boom der Asbestzement-Produktion ein. Nachdem die Eternit-Gesellschaften bereits 1903 in Deutschland und Frankreich und im darauffolgenden Jahr auch in der Schweiz zu produzieren begonnen hatten, kamen allein im Jahr 1910 zehn weitere Staaten als Produktionsstandorte dazu, darunter Russland und die USA. Immer größer wurde weltweit der Anteil der Asbestzement-Produkte an der gesamten Asbestproduktion.

Es gibt Hunderte Produkte aus Asbestzement, die wichtigsten sind:

- Flache Platten für Dächer und Fassaden (ab 1900)
- Gewellte Dachplatten (ab 1910)
- Wasserrohre (ab 1928)
- Blumenkisten (ab 1939)
- Kanäle für Heißluftheizungen (ab 1948)
- Emaillierte Platten für Fassaden (ab 1963)

Um den wirtschaftlichen Erfolg dieses Baustoffes zu verstehen, muss die Baugeschichte jener Zeit näher betrachtet werden. Der Asbestzement gehört zu den ersten zusammengesetzten Materialien (Verbundwerkstoffe), die die Industrie gegen Ende des 19. Jahrhunderts hervorgebracht hat. Unter Verbundwerkstoffen versteht man eine enge und dauerhafte Verbindung von zwei oder auch mehreren Materialien. Die Erfindung dieser zusammengesetzten Materialien stellte für die Industrie eine eigentliche technologische Revolution dar.

Der Asbestzement ist nur eine Anwendung dieses Prinzips, welches die Fachleute zu schwärmerischen Kommentaren veranlasste: »Mit dem Auftauchen von Verbundwerkstoffen tritt die Technik in ein neues Stadium auf ihrem Weg zu einer Neuordnung der Materie und zur Loslösung von den Anfangsmaterialien der Natur. Ausgehend von den wichtigsten Stoffklassen hat man dank der Chemie und der Legierungstechnik alle möglichen Materialien hergestellt. Doch man blieb eingezwängt in den Mauern der Stoffklassen, von denen man ausging. Es gab das Metall und es gab plastische Materialien. Heute sieht man, dass man verschiedene Stoffklassen kombinieren kann. Es war natürlich von größtem Interesse, diese widernatürliche Ehe zustande zu bringen, um die Vorteile der verschiedenen Materialfamilien zu vereinen.«[20]

Aus den synthetischen Verbindungen entstanden gänzlich neue Arten von Material, die die wissenschaftliche Literatur mit Verwunderung zur Kenntnis nahm. Seit Urzeiten hatte man beispielsweise versucht, den Ton zu verbessern, indem man Stroh und als Füllmaterial Kies oder Sand beigab, doch das Material blieb brüchig. Der Durchbruch gelang erst durch die Verbindung von Zement und den Füllstoffen Kies und Sand zu Beton. Dieser wurde 1824 entdeckt. Ein künstlicher Stein, eine revolutionäre Erfindung. 1860 ging man einen Schritt weiter und begann metallische Verstärkungen einzubauen, um die Zugfestigkeit zu verstärken: Das war die Geburt des armierten Betons oder Eisenbetons. Ende des 19. Jahrhunderts gab es einen eigentlichen Boom in der Erfindung der zusammengesetzten Materialien: 1863 tauchte das Linoleum auf (von *linum* für Flachs und *oleum* für Öl; Leinöl war das Bindemittel, Jute die Verstärkung und Korkpulver das Füllmaterial); in der Metallverarbeitung ersetzten die Legierungen die reinen Metalle Eisen und Blei, die zuvor verwendet worden waren; im Hoch- und Tiefbau verdrängte der Eisenbeton schnell die reinen Materialien Stein oder gebrannter und ungebrannter Ton. So sind aus Maurern, Stein-, Marmor- oder Schieferhauern, die Ziegel oder Bausteine bearbeitet hatten, Einschaler, Eisenleger und Betonierer geworden.[21]

Die neuen Verbundwerkstoffe zogen Kapitalisten an, die an Investitionen interessiert waren. Zum Zeitpunkt der Erfindung des Asbestzements hatte der Eisenbeton alle traditionellen Baumaterialien mit Ausnahme der Elemente zur Dach-, Fassaden-, Wand- und Bodenbedeckung schon ersetzt. Die Erfindung des Asbestzements war damit ein Volltreffer, denn in diesen Bereichen sollte nun der Asbestzement zum Einsatz kommen. Da Eisen rostet, muss es im Beton immer mit einer genügend dicken Schicht Zement geschützt sein. Die Dicke dieser Schicht bestimmt die Mindestdicke einer Betonplatte. Das ist bei Asbestzement nicht so, denn die Asbestfasern korrodieren nicht. Es reicht bereits eine sehr dünne Zementschicht, dass Asbestzement-Platten auch nur wenige Millimeter dick sein können – und dies machte den Erfolg dieses Baustoffes aus. Auch die relativ arbeitsintensive Herstellung dieses Materials konnte damit wettgemacht werden. Dieser Baustoff birgt nicht nur die bekannten gesundheitlichen Risiken, er ist zudem in seiner Verarbeitung relativ aufwendig. Da die Rohmasse eine große Festigkeit aufweist, kann sie nur schlecht in eine Form gegossen werden. Man muss sie deshalb in einer Schablone formen, nachdem man sie zuvor wie Kuchenteig ausgewallt hat. Das Ausschneiden der Teile war in vielen Asbestzement-Werken, wie beispielsweise in der Eternit im italienischen Casale Monferrato, wo Hunderte Asbestopfer zu beklagen sind, eine typische Frauenarbeit. Danach wurden die verschiedenen Produkte durch Hämmern in die richtige Form gebracht.

Umso wichtiger war die richtige Vermarktung dieses Produktes. So verstand es die Asbestzement-Industrie von Anfang an, mit unzähligen Publikationen und Kursen die Architekten und Ingenieure an sich zu binden. In dem 1983 in der Schweiz erschienenen Buch *Eternit: Asbest und Profit* wird diese Anbindung sehr plausibel erläutert: »In der üblichen Architektenausbildung wird die Materialkunde vernachlässigt. Architekten und Baumeister stützen sich weitgehend auf die Eternit-Publikationen ab, mit denen sie überschwemmt werden. Diese sind gratis und ihre Qualität unerreicht. Sie bleiben unwidersprochen, denn für die Bauwirtschaft gibt es in der Schweiz keine unabhängige wissenschaftliche Zeitschrift, die weitverbreitet ist und den Stand der Technik wiedergibt. Ausländische Zeitschriften gibt es zwar, aber sie werden wenig gelesen. Es besteht ein krasses Missverhältnis zwischen den Mitteln, die Eternit für Publikationen und Ausbildungskurse ausgibt, und den Mitteln, welche die Berufsverbände der Baubranche (wie etwa der Schweizerische Ingenieur- und Architektenverein SIA) oder die Technischen Hochschulen aufwenden.«[22]

Zur Vermarktungsstrategie gehörten auch die vielen Kurse für Handwerker, wie sie beispielsweise von der Eternit in der Schweiz angeboten wurden. So bildete etwa die hiesige Eternit im Zeitraum von 1919 bis 1954 2500 Dachdecker aus[23] und offerierte in 33 Jahren 230 Gratiskurse zu 6 Tagen.[24]

II. Medizinische Erkenntnisse und ihre Verhinderung

PORTRÄT

Rita Feldmann

Quälende Zweifel

»Leberzirrhose. Mein Vater, Emil Noser, starb an einer Leberzirrhose. Das sagten uns die Ärzte des Kantonsspitals und so steht es auch in den Berichten der SUVA. Doch die Zweifel sind geblieben.

Vor allem seit auch meine Mutter gestorben ist, denn bei ihr lautete die Diagnose: Mesotheliom, ein Asbestkrebs. Eigenartig, denn der Verlauf der Krankheiten von Vater und Mutter war identisch.

Und jetzt hat mein Bruder Pleuraplaques, was erwiesenermaßen auch vom Asbest kommt. Da versteht es sich von selbst, dass Angst und Zweifel aufkommen.

Mein Vater starb 1989. Er hatte 1944, als 14-Jähriger, bei der Eternit in Niederurnen begonnen und stets in den schlimmsten Abteilungen gearbeitet – dort, wo es am meisten Staub gab, wo die Asbestzement-Platten geschliffen wurden. Erst später kam er in die Spedition. Er ist mit 59 gestorben. Offiziell, wie gesagt, an einer Leberzirrhose. Doch diese Krankheit gibt es vom Trinken oder von einer Gelbsucht, und mein Vater war weder Trinker noch hatte er je Gelbsucht gehabt. Im Spital sagten sie uns, da er keine Gelbsucht gehabt habe, komme das bestimmt vom Alkohol. Das ist, gelinde gesagt, absurd, denn erstens hatte er nicht das Geld zum Trinken, und zweitens hätten wir es gemerkt. Wir lebten zu zehnt, sieben Geschwister, die Eltern und die Großmutter, in einer 4-Zimmer-Wohnung, da hätten wir doch gemerkt, wenn wir einen Alkoholiker in der Familie gehabt hätten. Wir gingen deshalb zum Oberarzt und sagten ihm, wir ließen uns das nicht bieten. Als dann der offizielle Bericht kam, stand darin, es könne sein, dass Vater eine Gelbsucht gehabt habe, ohne dies zu bemerken. Genau so formulierten sie es. Damit war der Fall für das Kantonsspital abgeschlossen und erledigt – und auch für die SUVA. Im Bericht der SUVA stand, er habe zwar eine leichte Asbestose und Pleuraplaques gehabt, doch schlussendlich sei er an einem Leberversagen gestorben. Mag sein.

Die Beschwerden meines Vaters begannen, als er vierzig Jahre alt war. Er hatte Atemprobleme und Wasseransammlungen und musste von da an immer Medikamente schlucken. Diese haben ihm wohl die Leber kaputt gemacht. Vaters Krankheit und sein Tod wurden von der SUVA nicht als Berufskrankheit anerkannt, und somit erhielt Mutter auch keine Rente. Wir haben damals nicht weitergekämpft, weil Mutter das nicht wollte. Doch die Zweifel sind mir geblieben.

Richtig hoch kam mir die Geschichte des Todes meines Vaters gut zehn Jahre später, als dann auch Mutter erkrankte und offiziell an einem Mesotheliom, einem Asbestkrebs, starb. Denn Mutter und Vater hatten dasselbe Krankheitsbild und denselben Krankheitsverlauf. Vater war ein starker Raucher, das war wohl dafür ausschlaggebend, dass die Krankheit bei ihm früher ausbrach. Es ist ja erwiesen, dass das Rauchen für Asbest-Arbeiter besonders gefährlich ist. Die Krankheit meiner Mutter, Erika Noser, kam für uns überraschend. Denn sie hatte nicht in der Produktion, sondern als Raumpflegerin in den Büros der Eternit gearbeitet, um den Lohn des Vaters aufzubessern. Er verdiente zum Schluss, kurz vor seinem Tod, gerade mal 3300 Franken, und zu der Zeit, als wir Kinder zu Hause wohnten, war es noch weniger. Zu wenig für eine neunköpfige Familie.

Mutter hatte im Winter 2000/2001 einen hartnäckigen Husten und ging deshalb zum Arzt. Doch dieser schickte sie gleich ins Spital. Dort diagnostizierten die Ärzte eine nasse Brustfellentzündung, was auch immer damit gemeint war, und entließen sie bereits nach kurzer Zeit.

Mutter hat nur abends, stundenweise in den Büros der Eternit gearbeitet. Ich denke nicht, dass sie die Krankheit dort, in den Büros, aufgelesen hat. Vater kam mit seinen verstaubten Arbeitskleidern nach Hause, die sie waschen musste, und überhaupt hat man bei uns früher mit diesem Eternit alles gemacht. Das Material war allgegenwärtig, die Kinder brauchten es, um Hütten zu bauen, die Erwachsenen brauchten die Platten für den Garten, bastelten Gegenstände, sägten und bohrten daran. Alles, was aus Eternit gemacht war, galt als gut. Es gab ja in der Fabrik Wettbewerbe, um neue Produkte zu erfinden. Die Arbeiter erhielten dafür Geld. Dafür haben die alles ausprobiert, von Briefkästen bis zum Blumentrog.

Nach der ersten Hospitalisierung fühlte sich Mutter für einige Zeit besser. Doch im Oktober 2001 hatte sie wieder Atemprobleme und, von da an wurde es immer schlimmer. Plötzlich bemerkten wir, dass sie in der einen Körperhälfte in der Bewegung leicht eingeschränkt war, wie wenn sie einen Schlaganfall gehabt hätte. Zwischen Weihnachten und Neujahr begleitete ich sie deshalb zum Arzt, und der sagte nur, das sei bei dieser Krankheit typisch. Doch um welche Krankheit es sich handelte, erwähnte er nicht, und ich wollte ihn vor der Mutter nicht danach fragen. Am Tag danach rief ich ihn an, und da hat er mir gesagt, dass er vermute, es sei wegen des Asbests. Mutter kam am 8. Januar ins Spital, am 20. Februar 2002 war sie tot. Sie war 74. Man hat ein Mesotheliom diagnostiziert. Ich denke, man kann fast beten, dass es so schnell geht, wie bei meiner Mutter, denn dieser Krebs ist brutal. In ihrem Körper hat sich literweise Wasser angesammelt.

Als wir den Befund erhielten, habe ich von den Ärzten im Spital verlangt, dass man Mutters Krankheit bei der SUVA melde. Doch die Ärzte meinten, dass sei nicht möglich, weil sie ja keine eigentliche Eternit-Arbeiterin gewesen sei, sondern nur die Büros geputzt habe. Ich musste die Sache also selbst an die Hand nehmen. Deshalb gelangte ich an die Eternit und verlangte das Formular für die Anmeldung bei der SUVA. Von der Unfallversicherung kam dann schnell eine positive Antwort. Obwohl Mutter Raumpflegerin war, wurde das Mesotheliom als Berufskrankheit anerkannt, einfach weil sie eine Eternit-Mitarbeiterin gewesen ist.

Für den Tod unserer Mutter wurden uns 2051 Franken Sterbegeld zugesprochen. Doch mir ging es nicht um dieses Geld. Ich fand es einfach nicht gerecht, dass die Krankenkasse und Mutter für die Kosten der Krankheit aufgekommen sind, obwohl diese doch ganz klar von der SUVA hätten getragen werden müssen. Denn schließlich bezahlen wir für die Krankenkasse, doch für die SUVA bezahlen die Arbeitgeber. Das scheint mir ein wesentlicher Unterschied. Deshalb wendeten wir uns an die SUVA mit der Aufforderung, diese Kosten zu übernehmen – was sie anstandslos taten.

Nach dem Tod meiner Mutter habe ich immer wieder auch an Vaters Tod denken müssen. Meine Zweifel ließen mich nicht mehr los. Ich suchte deshalb das Gespräch mit der Eternit und bat sie, den Fall meines Vaters nochmals zu überprüfen, denn wir seien überzeugt, dass Vater und Mutter an derselben Krankheit gelitten hatten. Die Eternit ging auf die Bitte ein, doch schon bald erhielten wir einen Brief von der SUVA. Sie schickten uns denselben Arztbericht wie bereits vor Jahren. Sie nahmen sich nicht mal die Mühe, nochmals zu recherchieren.

Offiziell ist mein Vater also nicht am Asbest gestorben, doch die

Zweifel, die sind mir geblieben. Auch weil wir jetzt wissen, dass auch einer meiner Brüder Pleuraplaques hat. Wir Geschwister haben nun einfach Angst.

Mein erkrankter Bruder ist 49 Jahre alt. Er ging vor vier Jahren zu einer vorsorglichen Kontrolle in Zürich ins Spital, und dort hat man gesehen, dass er einen Schatten auf der Lunge hat. Kurz darauf diagnostizierten sie Pleuraplaques und rieten ihm zu einer Operation, um diese Plaques zu entfernen. Sie haben ihm zuerst die eine Lungenhälfte geschält und ein Jahr später auch die andere. Mein Bruder hat sofort die SUVA eingeschaltet. Wir haben dann wieder mit der Eternit Kontakt aufgenommen und gesagt, wir müssten nun auch noch den Bruder anmelden. Und da haben sie sich sehr kulant gegeben, denn natürlich gab es keine Personaldossiers und Lohnabrechungen für die Kinder, die dort gearbeitet haben, dennoch haben sie sofort das Formular ausgefüllt und bei der SUVA eingereicht. Jetzt hat mein Bruder noch 40 Prozent Lungenvolumen und erhält von der SUVA eine Rente.

Mein Bruder, meine Schwester und ich haben als Kinder während der Schulferien in der Eternit gearbeitet. Das war damals so üblich, ganz viele Kinder gingen in den Ferien in die Fabrik. Ich habe in der Spedition kleine Röhren sortiert und in den Werkhallen geputzt. Meine Schwester und mein Bruder waren in der Produktion. Wir kriegten etwa 4 Franken 50 die Stunde, das war für uns sehr viel Geld. Ich habe mit etwa zwölf in der Eternit begonnen. Ich machte das freiwillig, denn natürlich hatten wir zu Hause kein Sackgeld. Wenn wir ins Ferienlager wollten, konnten wir uns das so selber bezahlen. Ich kaufte mir von diesem Verdienst auch ein Velo, um von Oberurnen nach Näfels in die Schule zu fahren, Ski und Kleider, alles Dinge, die meine Eltern sich nicht hätten leisten können. Ich war stolz darauf, dass ich dieses Geld selbst verdiente. Ich kann mich noch gut an diese Zeit erinnern, es war trotz allem eine schöne Zeit.

Als ich ein Kind war, hieß es in der Fabrik, man dürfe sich abends nicht mehr mit dem Pressluftschlauch den Staub aus den Kleidern blasen. Das sei gefährlich, denn wenn jemand eine Wunde habe und eine Luftblase hineindringe, könne sie in den Kreislauf gelangen. Sie sagten uns nicht, dass es gefährlich sei wegen des Asbests ... Diese ulkige Erklärung habe ich nie vergessen.

Unsere Vergangenheit lastet wie eine große Hypothek auf der ganzen Familie. Mein Schwager arbeitet heute noch bei der Eternit. Da kommt es schon zu Spannungen und Auseinadersetzungen, denn er steht zu seiner Firma und seinem Job. Er hat Angst, wie viele andere, den Job zu verlieren, wenn die Fabrik schlechtgemacht wird. Das ist ja auch normal, doch andrerseits haben wir in der Familie all diese Krankheitsfälle ...

Wer ist schuld? Schuldige zu suchen ist schwierig. Am Anfang

schaute man Asbest als eine Wunderfaser an. Wenn man weiß, dass es gefährlich ist, und doch dort arbeitet, dann ist es jedermanns eigene Sache, doch wenn man es unter den Tisch wischt, dann ist das nicht in Ordnung. Ich frage mich, wie kann eine Familie Schmidheiny so leben, im Wissen, dass so viele Menschen daran gestorben sind? Einige haben nicht mal dort gearbeitet. 70 Eternit-Mitarbeiter und -Mitarbeiterinnen sollen bisher am Asbest gestorben sein. So sagen sie bei der Eternit. Da staune ich. Ich könnte massenhaft Namen von Leuten nennen, die verstorben sind. Das lässt mich nicht mehr los. Und die Familie Schmidheiny, die die Firma mit Gewinn verkauft und sich aus der Verantwortung geschlichen hat… Man hätte sie in die Mangel nehmen, zu Rückstellungen verpflichten sollen… Wenn sie ein Gewissen hätten, würden sie zu ihrer Vergangenheit stehen.«

1. »Das ist kein Verdacht, sondern sicheres Wissen«

Erste medizinische Erkenntnisse zu Beginn des 20. Jahrhunderts

Zu Beginn der industriellen Nutzung der vermeintlichen Wunderfaser, Ende des 19. Jahrhunderts, ist verschiedentlich aufgefallen, dass die Beschäftigten der Asbestbranche häufig erkrankten. Zu einer Zeit, als Tuberkulose praktisch eine Volkskrankheit war, deren Symptome bei oberflächlicher Betrachtung denen der Asbestose und des Lungenkrebses ähnlich sind, muss aber wohl davon ausgegangen werden, dass die Asbestkrankheiten lange Zeit unter dem Namen »Lungenschwindsucht« gelaufen sind. Genaue Diagnosen der Krankheiten der Beschäftigten der Asbestbetriebe werden denn auch in den ersten überlieferten Berichten nicht gestellt. Im britischen *Annual Report of the Chief Inspector of Factories and Workshops* von 1899 ist beispielsweise schon von den »schädlichen Folgen der Faser«[25] die Rede. Auch der italienische Arzt L. Scarpa beschäftigte sich von 1894 bis 1906 mit der Gesundheit von 30 Asbest-Arbeiterinnen und -Arbeitern. Allerdings behandelte er diese wegen einer vermeintlichen Tuberkulose. In seinem Bericht schreibt er, dass diese Personen nicht auf die Behandlung ansprachen, sondern im Gegenteil unverhältnismäßig rasch daran starben.[26]

Der erste sichere pathologische Befund einer Asbestose wurde im Jahr 1900 in London von einem Arzt namens H. Montague Murray gestellt. Der Engländer fand in einem »völlig mit Asbestnädelchen durch- und zersetzten Lungengewebe«[27] eines jungen Asbest-Arbeiters den ersten sicheren Beleg der Lungenasbestose. Danach erschienen verschiedene wissenschaftliche Arbeiten.

Die Konsequenzen daraus zogen aber nicht die Besitzer der Asbestfabriken und die verantwortlichen Behörden, sondern amerikanische Lebensversicherer. So weigerte sich bereits 1918 die New Yorker Prudential Insurance Company mit Asbest-Arbeiterinnen und -Arbeitern Lebensversicherungen abzuschließen. Als erste seriöse Beschäftigung eines Mediziners mit asbestbedingten Krankheiten gilt der Bericht von W. E. Cook *Fibrosis of the Lungs due to the Inhalation of Asbestos Dust* von 1924.

In der Schweiz dauerte es indes nochmals 15 Jahre, bis die SUVA 1939 erstmals einen Fall von Asbestose als Berufskrankheit anerkannte, und weitere 24 Jahre, bis dieses typische und weitverbreitete Leiden der Asbest-Arbeiter 1953 in die Liste der entschädigungspflichtigen Berufskrankheiten aufgenommen wurde. Zum Vergleich: In Hitlerdeutschland ist die Krankheit bereits 1936, in Italien 1943 und in Frankreich 1945 in die Liste der anerkannten Berufskrankheiten aufgenommen worden.

Chronologische Tabelle zu Asbestose

1900	Asbestose wird in London wissenschaftlich belegt
1918	Amerikanische Versicherer verweigern Asbest-Arbeitern Lebensversicherungen
1936	**Deutschland** nimmt Asbestose in die Liste der Berufskrankheiten auf
1943	**Italien** nimmt Asbestose in die Liste der Berufskrankheiten auf
1945	**Frankreich** nimmt Asbestose in die Liste der Berufskrankheiten auf
1953	**Die Schweiz** nimmt Asbestose in die Liste der Berufskrankheiten auf
1955	**Österreich** nimmt Asbestose in die Liste der Berufskrankheiten auf
1969	**Belgien** nimmt Asbestose in die Liste der Berufskrankheiten auf

Bis 1931 fand die Beschäftigung mit den Asbestkrankheiten vor allem in englischen Zeitschriften statt, diese wurden aber auch im deutschen Sprachraum verfolgt. So veröffentlichte im selben Jahr die Zeitschrift des neu gegründeten deutschen Archivs für Gewerbepathologie und Gewerbehygiene einen Aufsatz des englischen Arztes Sir Thomas Oliver. Er erstellte eine Zusammenfassung der bisherigen Erkenntnisse, die zumindest für die deutschen Ärzte wie eine Initialzündung gewirkt hat.

1938 beschrieb der Mediziner Martin Nordmann zwei Fälle von »Berufskrebs der Asbest-Arbeiter«. Dies führte 1943 in Deutschland dazu, Lungenkrebs in Verbindung mit Asbestose ins Register der Berufskrankheiten der Unfallversicherung aufzunehmen.

Länger brauchte es, bis auch der schon seit langer Zeit vermutete Zusammenhang zwischen einer Asbestexposition und dem Auftreten eines Mesothelioms (Brust- und Bauchfellkrebs) bewiesen wurde. Bahnbrechend waren hierfür epidemiologische Studien aus Südafrika und den USA. Die Erstbeschreibung einer Erkrankung an Pleuramesotheliom (Brustfellkrebs) in Zusammenhang mit Asbesteinwirkung war zwar schon 1938 erfolgt, doch die epidemiologische Bestätigung gelang 1960 in Südafrika einem Forscherteam um Chris Wagner. Das Team untersuchte 32 Patienten, die an Brustfellkrebs verstorben waren. Bei 15 dieser Patienten konnte eine Blauasbesteinwirkung am Arbeitsplatz eruiert werden. Die übrigen 17 Verstorbenen waren hingegen Anrainer der Kapasbest-Gewinnungsbetriebe.[28] Diese ungeheure Beobachtung eröffnete den Wissenschaftlern und natürlich auch den Betreibern der Asbestwerke eine neue erschreckende Erkenntnis: Asbest gefährdet nicht nur die Arbeiterinnen und Arbeiter der Asbestwerke und -minen, sondern auch die Anwohner, obwohl diese deutlich niedrigeren Asbeststaubkonzentrationen ausgesetzt sind.

1965 präsentierte dann der renommierte amerikanische Asbestforscher Irving J. Selikoff an einem wegweisenden Kongress in New York die Resultate seiner jahrelangen Asbestforschung. Alles was auf dem Gebiet der Asbestmedizin international Rang und Name hatte, nahm an dieser Konferenz teil. Selikoff erregte mit seinen Ausführungen großes Aufsehen. Er präsentierte eine epidemiologische Studie über 1522 Männer, die Asbestisolationen verarbeitet hatten. Unter den am meisten exponierten, die über zwanzig Jahre lang mit Asbest gearbeitet hatten, fand er siebenmal häufiger Lungenkrebs als in einer Kontrollgruppe aus der Bevölkerung; auch andere Krebsarten kamen gehäuft vor.[29] Selikoffs Fazit: »Ein starker Kontakt mit Asbest während eines einzigen Monats im Leben kann Jahrzehnte später Mesotheliomkrebs verursachen und das Lungenkrebsrisiko verdoppeln. Das ist kein Verdacht, sondern sicheres Wissen.«[30]

In der Schweiz, einem der operativen Herzen der weltweiten Asbestzement-Industrie, brauchte es noch weitere drei Jahrzehnte, bis die medizinischen Erkenntnisse anerkannt wurden. Die Asbestlobby war hier besonders groß, und die Internationale Asbestzement AG (SAIAC), die Dachorganisation der Asbestzement-Produzenten, hatte ihren Sitz in Niederurnen. Dies hat sich in der Schweiz bis heute verlangsamend auf die Aufarbeitung der Asbestproblematik ausgewirkt. Beispiel SUVA: Im aktuellen »Facts-Sheet« der Schweizerischen Unfallversicherung steht heute noch, der Zusammenhang zwischen Mesotheliom und Asbestexposition sei erst »Ende der 60er-Jahre/Anfang der 70er-Jahre bewiesen« worden. Und Lungenkrebs in Verbindung mit Asbestose wird in der Zeittafel der Unfallversicherung gar nicht erst erfasst, dafür ist noch von einem Spritzasbestverbot die Rede, das 1975 verfügt worden sein soll – was nicht stimmt.

In den letzten Jahren stand die SUVA für ihr fragwürdiges Verhalten immer wieder im Kreuzfeuer der Kritik. Asbestopfer werfen der Versicherung vor, sie habe zu spät und ineffizient reagiert. Ein Opfer hat deshalb gegen die Versicherungsanstalt gar eine Verantwortlichkeitsklage eingereicht.

In einem Pressecommuniqué vom 28. November 2004 nahm die SUVA auf Druck der Medien zur Asbestproblematik Stellung. Dabei wies die Versicherung jegliche Verantwortung für das spät erfolgte Asbestverbot von sich: »Die Gefährlichkeit des früher viel verwendeten Faserstoffs Asbest ist ein besonders trauriges Kapitel der Industriegeschichte. Die Zusammenhänge zwischen der Exposition und schweren Krankheiten wurden von der Wissenschaft erst schrittweise erkannt. Ein wesentlicher Grund dafür ist die lange Latenzzeit dieser Krankheiten. Beispielsweise können beim Mesotheliom, einer besonders tückischen Tumorerkrankung, bis zu 40 Jahre vergehen, bis die Krankheit ausbricht. Die SUVA hat – soweit sie darauf Einfluss nehmen konnte – jeweils mit einer entsprechenden Verschärfung der Vorschriften dem Fortschritt der Medizin Rechnung getragen, um die Gesundheit der Arbeiter zu schützen. Es lag aber niemals in der Macht der SUVA, die Asbestverarbeitung verbieten zu lassen, wie es ihr nun unter anderem vorgeworfen wird. Auch ist die Beachtung und Durchsetzung von Maßnahmen für Sicherheit und Gesundheitsschutz am Arbeitsplatz Pflicht der Arbeitgeber und der Arbeitnehmer.«

Im selben Communique widerspricht sich die SUVA aber: Zum einen schreibt die Versicherung, sie sei für ein Asbestverbot nicht zuständig, zum anderen will sie für sich in Anspruch nehmen, in den 70er-Jahren durch die Verschärfung der Sicherheitsmaßnahmen de facto ein Spritzasbestverbot erzwungen zu haben.

Denn in der Pressemitteilung heißt es weiter: »Immerhin hat die SUVA durch eine Verschärfung der Vorschriften und Grenzwerte bereits Mitte der 70er-Jahre vor anderen europäischen Staaten bewirkt, dass die besonders gefährlichen Spritzasbestanwendungen verboten wurden. Seit Jahrzehnten unterstützt die SUVA durch Information und Schulung Arbeitgeber wie Arbeitnehmer dabei, ihre gesetzlichen Pflichten zum Schutz von Sicherheit und Gesundheit am Arbeitsplatz wahrnehmen zu können.«

Was stimmt nun? Hatte die SUVA Einfluss auf die Verordnung eines Verbotes oder hatte sie keinen Einfluss? Anders gefragt: Weshalb sollte sich die SUVA beim Spritzasbest durchgesetzt haben können, aber nicht beim Verbot der anderen industriellen Anwendungen?

Das Communiqué ist widersprüchlich und lässt viele Fragen offen. Auch die Äußerungen des gegenwärtigen VR-Präsidenten Franz Steinegger, der im Jahr 2005 in einem Dokumentarfilm des Schweizer Fernsehens zu ebendiesen Vorwürfen Stellung nahm, sind alles andere als ergiebig. Immerhin räumte der ehemalige freisinnige Nationalrat in diesem Interview aber ein, dass die Versicherungsanstalt die Asbestproblematik lange Zeit unterschätzt habe.

O-Ton Franz Steinegger: »Wir haben das Problem lange unterschätzt. Man hat es nur unter dem Gesichtspunkt der Asbestose angeschaut, ähnlich wie bei einer Staublunge. Und man hat erst aufgrund von amerikanischen Untersuchungen in den 1960er- und 70er-Jahren gemerkt, dass es auch krebserregend sein kann. Dann muss ich sagen, ist es sehr schnell als Berufskrankheit anerkannt worden, und man hat die Grenzwerte so heruntergesetzt, dass zumindest der Spritzasbest nicht mehr hat verwendet werden können. Aber im Nachhinein muss man sagen, dass man das allerdings schon in den 1940er- und 50er-Jahren gewusst hat.«[31]

Dieser Verdrängungsprozess des Asbestproblems war aber nicht nur der SUVA eigen. Auch das Vorgehen anderer Bundesstellen, wie beispielsweise jenes der Bundesämter für Umwelt (BUWAL) und Gesundheit (BAG), zeugt von der erfolgreichen Einflussnahme der Asbestindustrie auf die Behörden. Das jüngste Beispiel dieser »Zusammenarbeit« zwischen Staat und Industrie liegt bloß zwei Jahre zurück: Noch im Jahr 2005 hat das BUWAL eine von der Eternit AG »initiierte und finanzierte« Studie[32] herausgegeben, die zum Schluss kommt, dass von verwitterten Asbestzement-Dächern und -Fassadenverkleidungen keine unmittelbare Gefahr für die Anrainer ausgeht.

Asbestproduktion und Erkenntnis der Schädigungen

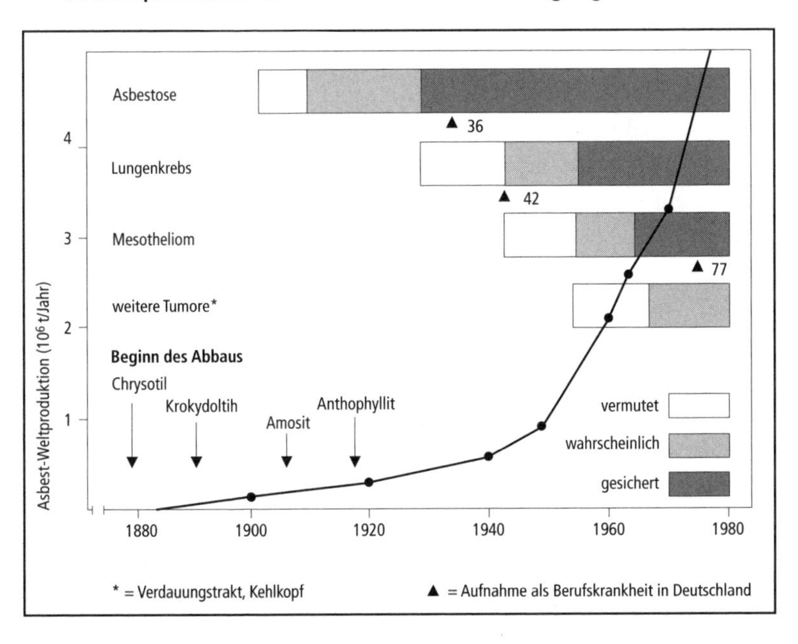

Quelle: Albracht/Schwerdtfeger, 1991

Doch das ist nicht weiter verwunderlich, denn die Schweizer Asbestindustrie hat in den vergangenen Jahren sämtliche Register gezogen, um die Gefährlichkeit des Werkstoffes zu verharmlosen und die Klassierung in der Giftklasse 1 der krebserregenden Stoffe zu verhindern (mehr dazu im Kapitel »Der Ausstieg«, S. 169ff.). Noch 1984 war für Eternit-Besitzer Max Schmidheiny die Ungefährlichkeit von Asbestzement eine Tatsache: »Und dann kam das, ja eben in den 60er-Jahren [...]. Vom Herrn Selikoff hörte ich zum ersten Mal von der Eternit Berlin her. Da hat man gesagt: Das ist ein Spinner, der Forschung macht, damit er Geld bekommt. Wir haben gesagt, Eternit ist sowieso nicht gefährlich, weil die Fasern im Zement eingebettet sind. Vollständig ungefährlich, was ja auch stimmt.«[33]

Diese Haltung der Verantwortlichen ist einer der Hauptgründe, weshalb die ersten Asbestverbote erst viele Jahrzehnte nach den medizinischen Erkenntnissen erfolgten. Dass der Asbest zuerst in den Minen abgebaut und über Tausende von Kilometern transportiert werden musste, bevor er von nichts ahnenden Fabrikarbeitern in den Zement eingelassen wurde, war für diese Leute nicht weiter von Belang.

Abschließend kann festgehalten werden: Ab Mitte der 40er-Jahre war wissenschaftlich erhärtet, dass Lungenkrebs in Verbindung mit Asbestose auftreten kann, und ab Anfang der 60er-Jahre war auch der Zusammenhang zwischen einem bösartigen Mesotheliom und einer Asbestexposition erwiesen. Keiner der damals Verantwortlichen kann deshalb ernsthaft behaupten, er habe von den Gesundheitsrisiken nichts gewusst. Wahr ist vielmehr, dass die Asbestindustrie über Jahrzehnte diese Forschungsergebnisse durch Gegenstudien zu widerlegen versuchte und dies auch heute noch in vielen Ländern tut – mit der tristen Konsequenz, dass in Zukunft noch Hunderttausende Männer und Frauen an asbestbedingten Krankheiten leiden und sterben werden.

2. Asbestindustrie boykottiert Krebsaufklärung

Das Beispiel Südafrika

In seiner Ausgabe vom 22. April 1982 deckte das englische Wissenschaftsmagazin *New Scientist* auf, wie die Asbestindustrie in Südafrika die Veröffentlichung und Verbreitung wissenschaftlicher Studien zu den verheerenden Folgen der Asbestexpositionen über Jahrzehnte zu verhindern versuchte. Die Asbestindustrie, die noch in den 70er-Jahren den Zusammenhang zwischen Asbest und Krebs leugnete, verhinderte die Veröffentlichung wissenschaftlicher Studien, verweigerte Forschungsgelder und verbot Feldstudien auf ihrem Gelände. Mehrere der in Südafrika betroffenen Asbestminen gehörten damals laut der renommierten englischen Zeitschrift zum Schweizer Unternehmensgeflecht der Rheintaler Familie Schmidheiny.

Der englische TV-Reporter Laurie Flynn beschrieb in seinem Artikel im *New Scientist* gleich zwei Vertuschungsmanöver in Südafrika. Im ersten Fall ging es um die epidemiologische Studie von Chris Wagner, der mit seinem Team zu Beginn der 60er-Jahre in Südafrika davor gewarnt hatte, dass sich in der Gegend von Kuruman asbestbedingte Krebserkrankungen, namentlich Mesotheliome verbreiteten, und dies nicht nur unter den Arbeitern, sondern in einem erschreckend hohen Maße auch unter den Anrainern der Minen. Die Arbeitsbedingungen in den Minen bezeichnete das Forscherteam als katastrophal.

»Große blaue Staubwolken lagen über den Minen. […] In den Orten, wo der Asbest auf die primitivste und gefährlichste Weise vom Stein gelöst wurde, verrichteten Frauen, oft mit ihren Babys auf dem Rücken, Handarbeit. Riesige Müllhalden voller Asbestfibern lagen dem Wind ausgesetzt. Menschen, die in der Gegend wohnten oder sie auch nur bereisten, erkrankten an Mesotheliom. Kurz: In den Minengeländen rund um den Northern Cape bahnte sich ein fürchterliches Umwelt-Desaster an.« [34]

Laut Flynn wollte der South African Council for Scientific and Industrial Research die Resultate der Forschungsarbeit widerlegen und gab einen vertraulichen Bericht in Auftrag, dieser kam 1962 jedoch zum Schluss: »Trotz äußerst kritischer Überprüfung der Daten […] steht fest, dass in der Umgebung von Prieska, Koegas, Kuruman und Penge sogar Leute, die nie in den Minen gearbeitet haben, an der Lungenkrankheit Asbestose erkranken […] und dass im Northern Cape eine alarmierend hohe Anzahl Menschen an asbestbedingtem Brustfellkrebs, namentlich Mesotheliom, erkranken, obwohl sie nicht beruflich in den Minen tätig sind.« Der vertrauliche Bericht riet dringend dazu, Maßnahmen zur Verminderung der Staubemissionen zu ergreifen. Das südafrikanische Department of Mines und die Asbestindustrie müssten nun Schritte in die Wege leiten, um die »Gefahr unter Kontrolle zu bringen«.

Der vertrauliche Bericht wurde sodann der Asbestindustrie präsentiert und deren Reaktion ließ, wie Flynn schildert, nicht lange auf sich warten: Die Minengesellschaften verweigerten weitere Forschungsgelder und starteten eine Diffamierungskampagne gegen die betroffenen Forscher. Man habe schließlich eine Forschung über die Lungenkrankheit Silikose und nicht eine Krebsstudie erwartet. Die Forscher hätten aus Geltungsdrang sich nicht davor gescheut, die Exportindustrie zu zerstören. Die Industrie sei nicht grundsätzlich abgeneigt, Forschung zu finanzieren, aber nicht zum Thema Krebs. Ein neues Forschungsprogramm wurde gestartet, diesmal ohne Andeutung an Krebs unter dem euphemistischen Titel *An Investigation into Possible Air Pollution by Asbestos Dust.*

Zwei Jahre lange kämpften die Forscher dafür, ihren Bericht dennoch zu veröffentlichen. Doch die Asbestindustrie blieb bei ihrem Veto: Sie würden einer Veröffentlichung nur dann zustimmen, wenn das Wort Krebs durch Tuberkulose ersetzt würde. Die alarmierende Studie wurde laut Flynn nie veröffentlicht, sondern lediglich an die beteiligten Forschungsinstitute und an die Geldgeber, darunter die Industrie, verteilt.

Der zweite Fall, den Flynn im *New Scientist* aufdeckte, ereignete sich fast 20 Jahre später, nämlich 1978. Damals wollten zwei südafrikanische Forscher, Leslie Irwig und Hannes Botha vom National Research Institute for Occupational Diseases, an einem wissenschaftlichen Kongress in New York zwei Studien vorstellen. Die eine zum Thema Asbestose, die andere zur asbestbedingten Mortalität in Südafrika. Diese zweite enthielt nicht nur das Reizwort Krebs, sondern zeigte auch auf, dass für Anwohner von Asbestproduktionsstätten ein erhöhtes Krebsrisiko bestand.

Als der South Africa Medical Research Council (MRC) von der Absicht der beiden Forscher erfuhr, wurden sie in Windeseile zurückgepfiffen. Botha musste seinem Kollegen Irwig, der bereits ein paar Tage zuvor nach New York abgereist war, telefonieren und ihm die Instruktionen des MRC weiterleiten. Der MRC wiederum handelte nicht aus wissenschaftlichen Gründen, sondern auf direkten Druck der Asbestindustrie. Doch wie war das möglich?

Die Studie war in die falschen Hände geraten, nämlich in jene von Fritz Baunach, Sekretär des South African Asbestos Producers Advisory Committee (Saapac), die Lobby-Gruppe der südafrikanischen Asbestindustrie. Fritz Baunach war damals auch Gesundheitsbeauftragter der Kuruman Cape Blue Asbestos Mine Company und der Asbestos Investments Everite, die zur schweizerisch-belgischen Eternit-Gruppe gehörte.

Baunach, gelernter Kaufmann, saß als Vertreter der Asbestindustrie in einem wissenschaftlichen Beirat des MRC und hatte somit vorzeitig Kenntnis von den Untersuchungsergebnissen von Irwig und Botha. Um die Forschungsergebnisse der beiden zu widerlegen, beauftragte das Saapac wiederum bei einer Beratungsfirma eine Gegenstudie. Dieses Paper umfasste fünf Abschnitte, erwähnte in den ersten vier allgemeine Probleme solcher Studien und empfahl im letzten Abschnitt, das Asbestrisiko der Bevölkerung in der künftigen Forschung zu vernachlässigen, weil solche epidemiologischen Studien zu schwierig seien.

Baunach sorgte für eine rasche Verbreitung dieses Gegenberichtes und setzte sich im MRC mit Erfolg gegen die Veröffentlichung des alarmierenden Befundes von Irwig und Botha ein.

In Südafrika hat die Enthüllung des *New Scientist* einiges Aufsehen erregt. Die Publikationsverhinderung der Irwig-Botha-Untersuchung wurde bestätigt, aber mit dem Zweifel am wissenschaftlichen Wert gerechtfertigt. Die Geschichte blieb auch in der Schweiz, dem Heimatland der Schmidheinys, nicht unbemerkt. Der *Tages-Anzeiger*-Journalist und Asbest-Experte Urs P. Gasche griff den Artikel des *New Scientist* auf und konfrontierte die Eternit AG mit den happigen Vorwürfen des englischen Wissenschaftsmagazins: »Die im *New Scientist* beschriebenen Vorkommnisse sind uns nicht bekannt. Wir kennen den Sachverhalt nicht und können dazu auch nicht Stellung nehmen«[35], lautete der lapidare Kommentar der Firma.

PORTRÄT

Marcel Jann

Kampf um Gerechtigkeit

Marcel Jann (Mitte) mit seinen Brüdern Roman und Charles in den 1960er-Jahren.

»Eternit sei ungefährlich, da die Asbestfasern im Produkt ja gebunden seien, behauptete Max Schmidheiny, früherer Eigentümer der Eternit-Fabrik in Niederurnen und Vater von Stephan Schmeidheiny, dem späteren Erben der Unternehmung, in den 60er-Jahren. Als ob er nicht gewusst hätte, dass der Rohstoff Asbest von der Asbestmine bis in die Fabrik zuerst einen weiten Weg zurücklegt, auf dem die Asbestfasern ungehindert in der Luft schweben und ihr Gefährdungspotenzial entfalten können … Ich frage mich, für wie dumm er jene gehalten haben muss, die diese Argumente hörten und lasen. Aus heutiger Sicht ist diese Aussage nichts anderes als eine grobe Verdrängung mit kriminellen Folgen.«[36] *Marcel Jann*

Am 30. Oktober 2006, zehn Minuten bevor Marcel Jann starb, lief im Fernsehen ein Bericht über Schweizer Deponien, die Asbestmüll aus Italien lagern. Regula Jann hatte den ganzen Nachmittag bei ihrem Mann im Spital verbracht und war für kurze Zeit nach Hause gegangen, um sich auszuruhen. Ihr Sohn Gregor hatte sie im Spital abgelöst. »Ich saß in der Stube, schaute mir diesen Bericht an und dachte: Das ist purer Wahnsinn! Ein Mann aus dieser Deponie sagte, Asbestzement sei absolut nicht gefährlich. Im Bericht zeigten sie, wie sie Asbestzement-Platten aus einigen Lastwagen herunterschmissen und diese in tausend Stücke zerbarsten. Da geht doch der ganze Asbeststaub in die Luft!«

Für Regula Jann, deren 53-jähriger Mann an einem Mesotheliom litt und im Sterben lag, waren die Worte des Deponiebetreibers ein Schlag ins Gesicht. Tiefe Unruhe und Wut überkamen die Frau, als der Bericht zu Ende war. Sie spürte, dass sie sofort etwas tun müsse, um diesen Wahnsinn zu stoppen. Sie wollte noch am gleichen Abend den Deponiebetreibern einen Brief schicken, um ihnen zu erzählen, was ihrem Mann widerfahren war.

Doch es kam anders. Zehn Minuten nachdem der Bericht im Fernsehen zu Ende war, kam ein Anruf aus dem Spital, Marcel war gestorben.

Tage später – Regula Jann hatte sich einigermaßen gefasst und sich mit Freunden ihres Mannes abgesprochen – schickte sie den Deponiebetreibern eine »Abschiedsanzeige« ihres Mannes.

Das erste Mal, als sich die Symptome seiner Krankheit manifestierten, war Marcel Jann mit seiner Frau unterwegs auf dem Gornergrat. Der 53-jährige Primarlehrer war ein passionierter Bergsteiger und Velofahrer. Doch an diesem Tag, im Herbst 2004, hatte er plötzlich akute Atemnot, so stark, dass er dachte, er würde ersticken. Am nächsten Morgen wiederholte sich das. Es war nicht so, dass er nur schwer atmete, er kriegte wirklich keine Luft mehr, wie seine Frau erzählt.

Das Röntgenbild seiner Lunge, das der Hausarzt einige Tage später machen ließ, brachte Schlimmes zutage: Der eine Lungenflügel war auf dem Röntgenbild praktisch nicht mehr erkennbar, er stand im Wasser.

Das Wort Asbest fiel bei der ersten Konsultation des Lungenarztes – so ganz nebenbei. Regula Jann erinnert sich noch genau daran. Und an die Reaktion ihres Mannes. Er habe sofort verstanden. »Asbest, wirklich! Ich bin doch neben der Eternit in Niederurnen aufgewachsen.«

Das Todespotenzial dieser Faser war Marcel Jann bekannt. Er wusste, dass auch Menschen erkranken können, die – wie er – nie in der Asbestzement-Fabrik gearbeitet haben. Er hatte schon viel darüber gelesen und so manchen Abend mit seinem Vater darüber debattiert. Denn Max Jann, einstiger Buchalter bei der Eternit, war ein großer Bewunderer der Familie Schmidheiny und wollte zeitlebens nicht an die Gefahr glauben, die von dieser Faser ausging. Max Jann hatte seine Lehre bei Holderbank, dem Zementunternehmen der Schmidheinys absolviert, und fand Jahre später, nach einer kurzen Zeit der Erwerbslosigkeit, in Niederurnen eine Anstellung bei der Eternit. Für diese Arbeit war Vater Max den Schmidheinys stets dankbar. Dazu kam, dass sein Großvater Berta Schmidheiny geehelicht hatte. Max Jann fühlte sich somit dieser Familie auch privat verbunden. Regula Jann ist im Nachhinein froh, dass Marcels Eltern beim Ausbruch der Krankheit ihres Sohnes nicht mehr lebten. Das wäre für sie zu belastend gewesen.

Der Lungenarzt überwies Marcel Jann an das Zürcher Universitätsspital. In diesem Krankenhaus läuft seit einigen Jahren unter der Leitung von Professor Walter Weder ein Pilotprojekt zur operativen Behandlung von Patienten mit bösartigem Pleuramesotheliom – der zumeist asbestbedingten Krebserkrankung des Brust- und Bauchfells. Die neuartige Behandlungsmethode gibt den Patienten eine Hoffnung, den Krebs zu überwinden.

Marcel Jann, der beim Ausbruch der Krankheit noch jung, sportlich und stark war, attestierten die Ärzte gute Chancen, mit dem übrig bleibenden Lungenflügel ein qualitativ gutes Leben zu führen. Er zögerte deshalb keinen Augenblick, sich dieser Behandlung zu unterziehen, um möglichst schnell wieder in die Zukunft schauen zu können.

Nach einer belastenden Chemotherapie wurden dem Primarlehrer, im Frühjahr 2005, in einer siebenstündigen Operation der rechte Lungenflügel samt Brustfell entfernt – ebenso das Zwerchfell, eine Rippe und der Herzbeutel. Zehn Tage später kam es zu einer beinahe tödlichen Komplikation, die eine Notoperation erforderlich machte. Als er sich einigermaßen von der Operation erholt hatte, musste er innert sechs Wochen 23 Mal bestrahlt werden. Er verlor weiter an Gewicht und kam an die Grenzen des physisch Ertragbaren. Dennoch ließ der zähe Kämpfer nicht locker. Zu seiner Frau sagte er immer wieder: »Ich will leben.« Sobald es ihm etwas besser ging, begann er zu trainieren. Das Ehepaar kaufte sich ein Auto, um schneller am Waldrand zu sein, wo Marcel fast täglich mit Stöcken stundenlang walkte. Wenn es regnete, ging er die Treppen des Wohnhauses auf und ab, um sich in Form zu halten. »Seine Lebenslust war enorm, alle fanden es toll, wie er das anpackte«, erinnert sich seine Frau.

Von dieser ersten Phase seiner Krankheit gibt es Bilder und Filmaufnahmen von Marcel Jann, denn er hatte eingewilligt, für einen Dokumentarfilm des Schweizer Fernsehens porträtiert zu werden. Er wollte, wie er sagte, den Asbestopfern ein Gesicht geben. Schon bald nach der Ausstrahlung des Films »Asbest, Tod in Zeitlupe« in der Reihe »Spuren der Zeit« wurde er für viele Menschen, die in der gleichen Lebenssituation waren, und auch für die Angehörigen von schon verstorbenen Asbestopfern zur Ansprechperson. Er bekam Anrufe, Briefe, gab Interviews in verschiedensten Zeitungen, und schon bald wurde der »Kampf für Gerechtigkeit«, wie er es nannte, zu seinem Lebensinhalt.

Marcel Jann wandte sich an den Anwalt des Asbestopfervereins, Massimo Aliotta, aus Winterthur, und ließ die Möglichkeit einer Anzeige überprüfen. Bereits vorher hatte er Stephan Schmidheiny, dem einstigen Besitzer der Eternit, mehrere Briefe geschrieben. Er verlangte darin eine Entschuldigung und eine Genugtuung. Denn weil der Primarlehrer nicht berufsbedingt an Asbestkrebs erkrankt war – er hatte bloß als Kind zwischen seinem achten und achtzehnten Lebensjahr neben der Fabrik gewohnt –, hatte er weder Anspruch auf eine SUVA-Rente noch auf eine Integritätsentschädigung. Er erhielt auch keine Entschädigungen für seine krankheitsbedingten Aufwendungen. Jann hat deshalb einen Versicherungsexperten rechnen lassen, wie hoch der wirtschaftliche Schaden durch seinen frühren Tod für seine Familie ist. Der Experte kam auf eine Summe von 1,5 Millionen Franken. Doch dafür wird nun niemand aufkommen. Die heutige Eternit hat auf Anfrage Janns dem todkranken Mann lediglich 40 000 Franken bezahlt. Das ist die Hälfte der Integritätsentschädigung, die einige der Asbestopfer von der SUVA erhalten.

»Ich habe das Gespräch mit Stephan Schmidheiny gesucht: In zwei Briefen habe ich ihn um ein Zeichen der Versöhnung, verbunden mit substanziellen materiellen Zugeständnissen, gebeten. Ich wünschte eine finanzielle Abgeltung der Einkommens- und Renteneinbußen und der zusätzlichen, krankheitsbedingten Aufwendungen. Schmidheiny betrachtete sich nicht mehr als zuständig, da mit dem Verkauf seines Unternehmens auch die Geschäftsrisiken und Altlasten an die Käufer übergegangen seien. So wurde uns beschieden, das Gespräch mit der heutigen Eternit in Niederurnen zu suchen. Von ihr habe ich eine Entschädigung erhalten. Auf den ersten Blick ein schöner Betrag. Aber gemessen an den Verlusten, die meine Familie zu tragen haben wird, sind das nichts anderes als Peanuts. Von der SUVA habe ich keine Leistungen zu erwarten, da meine Asbestverseuchung nicht auf ein Anstellungsverhältnis zurückgeführt werden kann.«[37] *Marcel Jann*

Im März 2006 glaubte Marcel Jann den Kampf gegen seine Krankheit gewonnen zu haben. Endlich konnte er, wenn auch nur mit einem reduzierten Pensum, zurück zu seiner Klasse im Gut-Schulhaus in Zürich. Die Arbeit mit den Kindern hatte ihm während seiner Krankheit sehr gefehlt. Er hatte ihnen einen Brief geschrieben, um ihnen zu erklären, was ihm zugestoßen war. Jetzt, nach über einem Jahr, konnte er endlich zurück. Doch sein Glück war von kurzer Dauer. Am Pfingstsamstag bekam er keine Luft mehr. Auch auf der verbleibenden Lungenhälfte wucherte nun der Krebs. Dieses Mesotheliom konnte nicht mehr operiert werden. Jetzt war es klar, der 53-jährige Mann, der nie selbst mit dem tödlichen Asbest gearbeitet hatte, würde nur noch wenige Monate zu leben haben.

»Nach dem erschütternden Befund gingen wir nach Hause und machten uns daran, Abschied zu nehmen«, erzählt Regula Jann, von Beruf Sozialarbeiterin, mit fester Stimme. In ihrem Gesicht und in ihren Gesten ist ein Ausdruck der Stärke – obwohl Marcel zum Zeitpunkt dieses Interviews erst zwei Wochen tot ist. Nein, eine starke Frau, das sei sie nicht, meint sie mit einem Lächeln. Sie habe ihrem Mann einfach versprochen, sich nicht auch von diesem Asbest kaputt machen zu lassen.

Gemeinsam formulierten Marcel und Regula Jann in den Wochen nach dem Befund einen Rückblick auf sein Leben für die Beerdigung und auch die Todesanzeige. In einem Abschiedsbrief an seine Schülerinnen und Schüler wünschte er ihnen, dass sie in der Schule viel lernen möchten, damit sie sich in der Welt selbständig zurechtfinden würden.

Schon einige Tage nach der zweiten Diagnose ging es Marcel Jann von Tag zu Tag schlechter: »Ich bin am Sauerstoff, brauche ihn fast rund um die Uhr«, sagte er. Ich kann seit Anfang Juni nicht mehr arbeiten. Ich bin geschwächt und habe an Gewicht verloren. Meine Mobilität beim Gehen ist stark eingeschränkt. Ich brauche Morphintropfen, um mein Atmen zu entspannen und zu erleichtern. Ich bin rasch müde, das Atmen ist Schwerstarbeit. Geistig und seelisch bin ich gesund und im Kopf bin ich immer noch klar. Ich nehme wahr, wie mein Körper langsam zerstört wird, wie ich gewaltsam und rasch altere. Der Krebs ist wie ein Flächenbrand und schwer zu beherrschen. Er geht durch alles hindurch, was ihm in den Weg kommt … Ich habe Angst. Angst vor dem Ersticken, vor Schmerzen, vor dem Unberechenbaren, vor dem Ungewissen. Ich vertraue auf die mich begleitenden Personen, dass sie mir genug Morphium geben, sodass ich nicht unnötig werde leiden müssen.«[38]

Marcel Jann kämpfte weiter, auch in den letzten Monaten. Trotz seiner zuweilen lähmenden Angst zu ersticken. Gemeinsam mit seinem Weggefährten, Roland Schwarzmann, den er zu Beginn seiner Krankheit kennengelernt hatte, der ebenfalls an einem Asbestkrebs erkrankt war, weil er als 14-Jähriger in der Eternit gearbeitet hatte, entschied er sich, gegen die Eternit Strafanzeige einzureichen.[39] Beide Männer wollten Klarheit darüber, was in den 60er- und 70er-Jahren in dieser Fabrik geschehen war. »Die gewaltsam durch Menschen verursachte, vielfach tödlich verlaufende Krankheit wollen wir nicht ohne Widerspruch hinnehmen«, hatte der todkranke Mann den Medien gegenüber gesagt, als er in einer Krankenliege, am Sauerstoff angeschlossen, zur Aussage vor den Verhörrichter nach Glarus gebracht wurde. Einen Punkt am Schweizer Rechtssystem fand Marcel Jann besonders stoßend: die absurd kurze Verjährungsfrist. In der heutigen Gesetzgebung beträgt sie 10 bis 15 Jahre; das ist bei einem Krebs, der erst nach 10 bis 40 Jahren ausbricht, ein Schlag ins Gesicht der Betroffenen. »Ein Zustand wie in einer Bananenrepublik«, sagte der zähe Kämpfer in einem seiner letzten Interviews.

An seiner Beerdigung sammelten die Freunde von Marcel Jann Unterschriften gegen die absurden Verjährungsfristen in der Schweiz.

III. Die Familie Schmidheiny und das Asbest-Geschäft

1. Der unaufhaltsame Aufstieg einer Unternehmerfamilie

Vom Schneidersohn zum Ziegelbaron

Rund 90 Prozent des in die Schweiz importierten Asbests gingen in die Eternit-Werke Niederurnen und Payerne, die damals der Familie Schmidheiny gehörten. Und nicht nur dies: In den Blütezeiten der Asbestproduktion kontrollierten die Schmidheinys in 16 Ländern Eternit-Fabriken mit nicht weniger als 23 000 Mitarbeiterinnen und Mitarbeitern und waren in weiteren 16 Staaten an Werken beteiligt, die von der belgischen Eternit-Gruppe der Familie Emsens geführt wurden. Der jährliche Umsatz der schweizerischen Eternit-Gruppe betrug Mitte der 80er-Jahre zwei Milliarden Franken. Ebenfalls zwei Milliarden Franken setzte zu dieser Zeit die belgische Eternit-Gruppe um, an der die Schmidheinys mit rund 20 Prozent beteiligt waren.[40]

Doch wie kam das Rheintaler Geschlecht aus ursprünglich einfachen Verhältnissen zu einem solchen weltumspannenden Imperium?

Verschiedentlich ist die Geschichte der Familie Schmidheiny dokumentiert worden, namentlich jene der männlichen Stammhalter Jacob (1838–1905), Ernst (1871–1935) und Jacob jr. (1875–1955). Dabei wurde das Bild einer frommen protestantischen Familie vermittelt, die ein »gesittetes gottgefälliges Leben« führte und sich im Zuge der Industrialisierung durch harte Arbeit in nur einer Generation aus der schieren Armut zu einem der einflussreichsten Geschlechter der Schweiz hocharbeiten konnte.

»Religiosität ist in diesem Clan nie zur Schau gestellt worden; ein wichtiger Bestandteil der Philosophie, der Ethik dieser Familie ist sie dennoch. Die Lehre Calvins von der Prädestination, der Vorbestimmung, hat dem Wirken der Gründergeneration Sinn und Grundlage gegeben.

Die Schmucklosigkeit der Botschaften Zwinglis und Calvins, das Arbeitsethos der beiden Reformatoren beeinflussten das Wirken der Schmidheinys. Arbeit in welcher Position auch immer gibt dem calvinistisch bestimmten Leben erst einen Sinn«[41], schrieb etwa Werner Catrina in seinem 1985 erschienen *Eternit-Report*. Diese Auffassung eines rechtschaffenen Kapitalismus illustriert geradezu exemplarisch Max Webers Erkenntnisse über den Zusammenhang von Protestantismus und Kapitalismus, die er in seinem Werk *Die protestantische Ethik und der Geist des Kapitalismus* (1905) darlegte.

In dem Band *Drei Schmidheiny* aus der Reihe »Schweizer Pioniere der Wirtschaft und Technik«, herausgegeben vom Verein für Wirtschaftshistorische Studien Zürich, wird die Familiensaga der Heerbrugger Dynastie schon fast als Heiligenlegende präsentiert: Stammhalter der Familie war Jacob Schmidheiny (1838–1905), Sohn von Hansjacob und Katharina Schmidheiny, geborene Nüesch. Der gesundheitlich angeschlagene Schneidersohn aus Balgach, von Beruf gelernter Weber, habe schon zu Kindeszeiten davon geträumt, Industriekapitän zu werden. »Als Einzelgänger durchstreifte er mit Vorliebe den Buchenwald hinter dem Schloss Grünenstein und schmiedete zwischen den hochragenden Bäumen himmelstürmende Zukunftspläne, die samt und sonders auf das eine hochgesteckte Lebensziel ausgerichtet waren, das hieß: Ein Fabrikant will ich werden!«[42] Auch Jacob Schmidheinys legendäre Sparsamkeit, die sich bis zur heutigen Generation gehalten haben soll, wird in der Familiensaga gewürdigt: Mit seinem Taglohn von einem Franken soll der Weber derart haushälterisch umgegangen sein, dass er nach anderthalb Jahren seinen überraschten Eltern bare 200 Franken auf den Tisch legen konnte.

Als 24-Jähriger hat der ambitionierte Weber die Realschule nachgeholt und kurz darauf von einem einstigen Prinzipal das verlockende Angebot erhalten, in der neu zu erbauenden mechanischen Seidenweberei im nahe gelegenen Sorntal den Posten des Direktors zu übernehmen. In diesem Karrieresprung habe der »bienenfleißige« Schneidersohn den ersten Schritt zur Erreichung seines Lebenszieles gesehen. Doch die Leitung des weitläufigen Werkes habe zur Folge gehabt, dass Schmidheiny viel auf den Beinen sein musste, was für seinen linken, seit einer Pockenerkrankung behinderten Fuß problematisch war. Schon bald sei eine Operation nötig geworden, die ihm ermöglichen sollte, fortan auf dem ganzen Fußbett zu stehen und nicht mehr nur auf dem Fußballen zu gehen. Nach geglückter Operation habe sich der »Wagemutige« gegen den Willen seiner Familie entschieden, den Posten des Direktors in der Seidenweberei nicht mehr anzutreten, sondern seinem Jugendtraum Gestalt zu geben.

In der Weiersegg, an der Landstraße von Balgach nach Rebstein, kaufte er zu diesem Zweck eine leer stehende Hafnerei, in welcher er einige Webstühle aufstellen ließ. Nach geleisteter Anzahlung soll seine Geschäftskasse gerade noch 80 Franken enthalten haben. Das war sein erster Schritt in die Selbständigkeit – doch nicht als Weber, sondern als Ziegelfabrikant sollte er später in die Annalen der Schweizer Industriegeschichte eingehen.

Zunächst entstanden in seiner Webstube halbwollene und seidene Stoffe, die der Jungunternehmer hauptsächlich im südlichen Bayern absetzte. Das Geschäft lief anfänglich gut, aber dann machte ihm der 1866 beginnende preußisch-österreichische Krieg einen Strich durch die Rechnung. Doch obwohl sein Betrieb eine schwierige Zeit durchmachte, so berichten die Chronisten, habe er sich dazu entschlossen, einen weiteren seiner Bubenträume zu realisieren und ein Schloss zu kaufen. Eine Gelegenheit habe sich ihm bald geboten, als der damalige Besitzer des Schlosses Heerbrugg, Karl Völker, ein ehemaliger politischer Flüchtling aus Tübingen, seinen Besitz zum Verkauf ausschrieb. Nicht ohne Bedenken habe Schmidheiny den Schlossherrn aufgesucht und ihm freimütig sein Begehren geäußert. Völker soll seine Überraschung keineswegs verhehlt haben, dass sich ausgerechnet der Sohn des Balgacher Dorfschneiders als Käufer vorstellte. Die Verkaufsbedingungen überstiegen die Möglichkeiten des jungen Fabrikbesitzers: Die Kaufsumme betrug 135 000 Franken; als Anzahlung verlangte Völker 10 000 Franken, der Rest musste in neun Jahresraten bei vierprozentiger Verzinsung abbezahlt werden. Schmidheiny habe »die auf ihn niederprasselnden Zahlen beinahe wie Keulenschläge«[43] empfunden und dem Verkäufer erklärt, er müsse vom Kauf absehen. Doch die Idee habe ihn nicht mehr losgelassen. Und siehe da, die Hilfe für den frommen

Mann kam von oben – mindestens im geografischen Sinn –, nämlich vom Norden herab. Ein »glücklicher Zufall« soll gerade in diesen Tagen einen aus Schaffhausen stammenden Kaufmann nach Weiersegg geführt haben, der seinen Sohn Guido bei Schmidheiny unterbringen wollte. Schmidheiny habe dem Mann sein Herz ausgeschüttet, und tatsächlich habe sich der Schaffhauser nach einer kurzen Besichtigung des Kaufobjekts bereit erklärt, Schmidheiny die Anzahlung von 10 000 Franken zu den »vorteilhaftesten Bedingungen vorzustrecken«. Schon kurze Zeit danach habe der »überglückliche« Fabrikbesitzer am 2. Januar 1867 den amtlich abgestempelten Kaufbrief in den Händen gehalten. »Heerbrugg, das heiß ersehnte, war sein eigen.«[44]

Wer dieser gut betuchte Geschäftsmann war, erfahren wir allerdings nicht aus diesem Buch, das sonst jeden Namen – selbst jenen von Schmidheinys Reallehrer – akribisch festhält. Ebenso wenig erfahren der neugierige Leser oder die aufmerksame Leserin, unter welchen Umständen und wann die restlichen 125 000 Franken bezahlt wurden. Wir wissen aber, dass dem Fabrikanten der erste Schritt ins profitable Ziegelgeschäft dank einer kleinen Ziegelei gelang, die Karl Völker auf dem Schlossareal erbaut hatte.

Aufbauend auf diese schon bestehende Ziegelhütte beschlossen Schmidheiny und Völker gemeinsam, die Tonböden in der Gegend von Heerbrugg zu nutzen, um aus dem Rohstoff Ziegel zu brennen und Röhren für die Entwässerung der Sümpfe auf dem Gebiet der Gemeinde herzustellen. Bloß sieben Jahre nach dem Erwerb des Schlosses gelingt dem findigen Fabrikanten eine weitere wichtige Etappe in seinem Geschäftsleben: Er erwirbt in Espenmoos bei St. Gallen eine niedergebrannte Ziegelei. Schmidheiny hatte erkannt, dass die aufblühende Stickereinindustrie in St. Gallen den Bau vieler Geschäftshäuser und anderer Gebäude nach sich ziehen würde. Die eigentliche Schmidheiny-Saga beginnt mit dieser Ziegelei, die der Gründer des Wirtschaftsimperiums stetig modernisiert und durch Neuerwerbungen in der Region ergänzt hat.

Das Unternehmen blühte auf. Über die Arbeitsbedingungen im Werk erfahren wir, wie immer, wenn es um einen Schmidheiny-Betrieb geht, sehr wenig. Dafür wird dokumentiert, dass der Dynastiegründer

Auszug aus der Familientafel der Industriellen-Familie Schmidheiny von Balgach

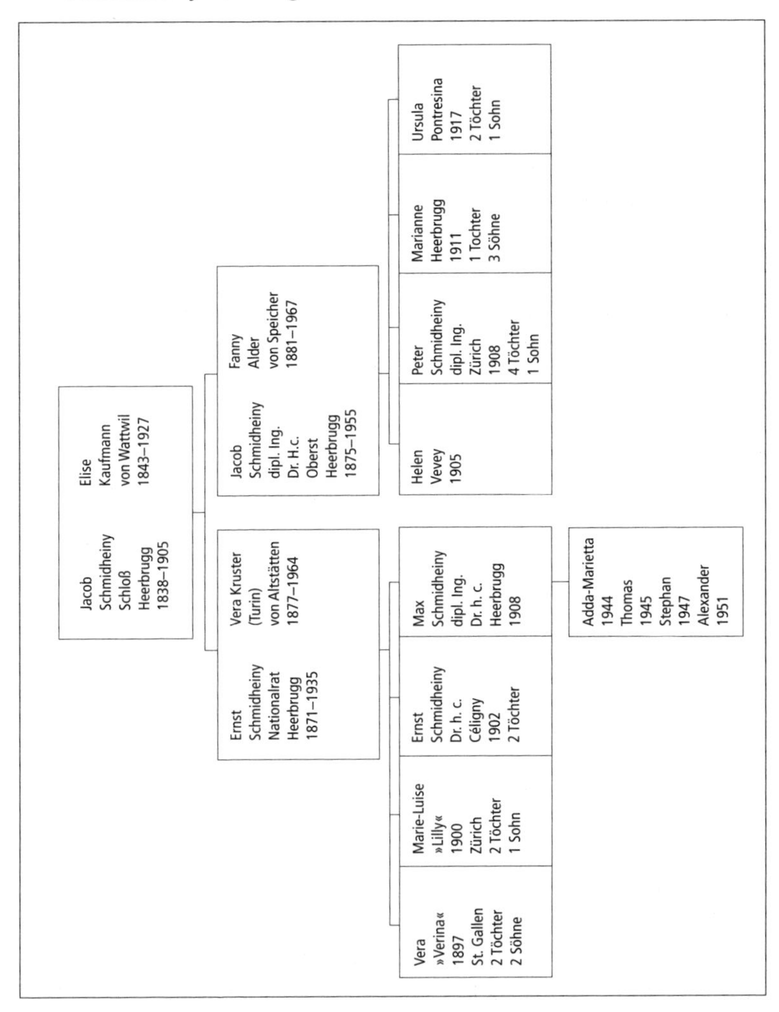

Quelle: Boesch/Schmid/Fehr, 1979

in der Fabrik frühmorgens der Erste und am späten Abend der Letzte gewesen sein soll. Dem Fabrikanten habe sich denn auch schon früh die Erkenntnis aufgedrängt: »Es ist etwas vom Allerwichtigsten, wenn die

Arbeiter wissen, dass man ihr Tun genau kontrolliert. Daher tue ich das wenn immer möglich tagtäglich. Der Fleißige schätzt es und dem Faulen kommt man auf diese Weise auf die Spur. Die täglichen Kontrollgänge bringen es allerdings mit sich, dass meine Zeit stets ausverkauft ist. Aber auf andere Weise wäre ich wohl nie auf einen grünen Zweig gekommen.«[45]

Zu den Stärken des Dynastiegründers gehörte zweifellos der Sinn fürs Geschäft ebenso wie die Fähigkeit, zukunftsweisende Entwicklungen zu erkennen und wenn möglich von Beginn an zu nutzen. So erkannte er beispielsweise schon früh das Potenzial der Elektrizität und nutzte es nicht nur in seinen Betrieben, sondern setzte sich auch für den Bau einer elektrischen Straßenbahn von Altstätten nach Berneck ein.

Trotz seiner alltäglichen Beschäftigung in den Ziegelwerken betätigte sich der Rheintaler, wie es sich für einen Fabrikanten gehört, auch politisch, als Gemeinderat, als Großrat im St. Galler Kantonsparlament und als guter Protestant in der evangelischen Synode.

Den Sinn fürs gute Geschäft gab Jacob Schmidheiny seinen Nachkommen weiter, die nach seinem Tod, 1905, das Familienunternehmen in »Jacob Schmidheiny Söhne« umbenannten.

Ein Zementimperium entsteht

Als der Dynastiegründer 67-jährig verstarb, war sein aufstrebendes Geschäft in guten Händen. Ernst (1871–1935), der ältere der beiden Nachkommen, hatte in Italien bei einem Schweizer Käsegroßhändler ein mehrjähriges Volontariat absolviert. Nach einem kurzen Englandaufenthalt wollte er eigentlich Jura studieren, doch auf Drängen des gesundheitlich angeschlagenen Vaters kam er 1895 ins elterliche Unternehmen zurück und ehelichte ein Jahr später Vera Kuster, die Tochter seines Prinzipals, die er in Turin lieben gelernt hatte. Auch seinen Bruder Jacob jr. (1875–1955) hatte es in den Jugendjahren nach Italien gezogen, wo der Ingenieur bis 1902 auf einer Kraftwerkbaustelle tätig war. Eine Arbeit, die ihm wenige Jahre später, als die Familie im großen Stil in den Bau von Elektrizitätswerken einstieg, zugutekommen sollte. Die

Brüder teilten das Familienunternehmen untereinander auf, unterhielten jedoch enge Geschäftsverbindungen. Damit begründeten sie das schmidheinysche Konzernmodell, das sich über Jahrzehnte halten sollte und oft dazu führte, dass der eine Bruder in den Unternehmensgremien des anderen saß.

Jacob, der jüngere der beiden, übernahm das Ziegelgeschäft, das bis in unsere Zeit fest in den Händen der Familie blieb – zuerst unter dem Dach der Zürcher Ziegeleien, die später in Conzzeta umbenannt wurden. Ernst widmete sich hauptsächlich dem aufkommenden Zementgeschäft. Dies hinderte ihn allerdings nicht daran, sich auch nach der Aufteilung des Familienunternehmens für eine Neuordnung der Ziegelindustrie einzusetzen. Denn der gewiefte Geschäftsmann merkte bald, dass im Moment einer stockenden Bauindustrie Preisabsprachen unter den Ziegelherstellern allein nicht ausreichten, um den Markt zu stabilisieren und den Preiszerfall zu stoppen. Auch die Überproduktion musste durch eine Kontingentierung gebremst werden, und vor allem brauchte es eine Bereinigung der Branche – unrentable Kleinbetriebe, wie sie oft von Bauern als Nebenerwerb geführt wurden, sollten aufgekauft und liquidiert werden. Absprachen und Kartellbildung gehörten fortan zu den Stärken der schmidheinyschen Unternehmensstrategie.

Der Einstieg ins Zementgeschäft gelang Ernst Schmidheiny 1906 mit der Gründung der Rheintalischen Cementfabrik Rüthi AG. Das st.-gallische Rheintal lag weit ab von den schweizerischen Zementfabriken, was dem Geschäftsmann nur vorteilhaft erschien. Zement wurde zu Beginn des 20. Jahrhunderts ein zentraler Baustoff für den Tief- und den Hochbau. Als dann 1910 auch der Zementindustrie wie vormals dem Ziegelgeschäft durch Überproduktion der Preiszerfall drohte, brachte Ernst Schmidheiny seine Erfahrung ein und gründete gemeinsam mit den anderen großen Produzenten das Zementkartell »Eingetragene Genossenschaft Portland«. Das Ansehen und der Einfluss, die er bei den Verhandlungen zur Bildung des Kartells gewann, sollten sich schon bald für ihn und sein Familienunternehmen als weiterer Vorteil entpuppen. Denn als 1912 mächtige deutsche Investoren in Holderbank bei Wildegg (AG) eine neue, mit modernen Dreh-Rohröfen ausgestatte Portlandzementfabrik erbauen wollten, die eine der bedeutendsten der Schweiz werden sollte, wurde Ernst Schmidheiny vom Portland-Kartell beauftragt, Verhandlungen mit den Deutschen aufzunehmen. Nach einer anfänglichen Kriegsansage vonseiten der Holderbank trat diese 1913 dem Portland-Kartell bei. Schon kurze Zeit später fusionierte Schmidheinys kleine Cementfabrik Rüthi zur Marktbereinigung mit dem neuen Riesen und der angesehene Schmidheiny nahm Einsitz in den Verwaltungsrat der mächtigen Holderbank. Sechs Jahre später, 1921, wurde er Delegierter und bald darauf Präsident. Heute noch gehört die Nachfolgefirma Holcim zu den weltweit marktführenden Zementunternehmen. 2006 schrieb der Schweizer Zementkonzern einen Umsatz von nahezu 30 Milliarden Franken, bei einem Reingewinn von 2,1 Milliarden Franken.

Doch die Gebrüder begnügten sich nicht mit den Ziegel- und Zementgeschäften. Bevor Ernst 1920 die Eternit aufkaufte und so auch ins Asbestzement-Geschäft investierte, stiegen sie in viele weitere gewinnversprechende Branchen ein. Alle ihre Aktivitäten aufzulisten ist praktisch unmöglich. Bekannt ist aus Werner Catrinas *Eternit-Report* unter anderem, dass die Brüder am Bau des Rheintaler Binnenkanals beteiligt waren und sich um die Konzession zur Ausnützung von dessen Gefälle bewarben. Jacob gründete mit Partnern die Ölwerke Sais, stieg bei der Zürcher Maschinenbaufirma Escher Wyss ein und beteiligte sich an der Automobilfabrik SAFIR in Rheineck.

Ernst gehörte zu den Gründern mehrerer weiterer Elektrizitätswerke und stieg auch bei der Motor Columbus ein, die beim Bau von Kraftwerken bald eine Spitzenstellung einnehmen sollte. »Den Zement zum Bau der Staumauern lieferten die immer leistungsfähiger werdenden Unternehmen der St. Galler Familie meist gleich selbst!« (Catrina) Die Holderbank-Gruppe beteiligte sich zudem sehr schnell auch an Werken im Ausland, zuerst in Baden-Württemberg und in Vorarlberg, und kurz darauf folgte die Expansion nach Frankreich, Belgien, Holland und selbst nach Tourah in Ägypten, wo Ernst Schmidheiny 1933 eine Zementfabrik erbaute. Und zu guter Letzt besaßen die Gebrüder auch die Optik-Firma Wild in Heerbrugg sowie Beteiligungen an Holzindustrien, unzählige Immobilien und Ländereien.

Auch politisch trat der ältere Sohn von Jacob Schmidheiny in die Fußstapfen seines Vaters und ließ sich in den Nationalrat wählen. Nicht nur das: Während des Ersten Weltkriegs holte der Bundesrat den weit gereisten Geschäftsmann in den Dienst des Staates. Ernst Schmidheiny sollte Kompensationsgeschäfte mit den Krieg führenden Mächten abwickeln, denn die Schweiz war nicht auf den Krieg vorbereitet und kämpfte mit großen Versorgungsproblemen.

So weit der bekannte und in der Schweiz schon aufgearbeitet Teil der Industriellensaga. Weniger bekannt ist hingegen beispielsweise das Wirken der Eternit-Besitzer in Nazideutschland, im Apartheidstaat Südafrika und in verschiedenen Entwicklungsländern.

2. Eternit: Die internationale Expansion

»If you can't beat them, join them«

Als Ernst Schmidheiny 1920 gemeinsam mit Jean Baer die Asbestzement-Fabrik Eternit in Niederurnen erwarb, dachte er vor allem an einen Absatzmarkt für seine Zementfabriken. Jean Baer, der damalige Direktor des Eternit-Werkes, hatte ihm anvertraut, dass er sich mit dem Gedanken trage, selbst eine Zementfabrik zu schaffen, um die 1903 von einer Glarner Interessengemeinschaft gegründete Asbestzement-Fabrik mit Rohmaterial zu beliefern. Das wollte Schmidheiny nicht zulassen und er griff selber zu, um die mögliche Konkurrenz zu verhindern. Zudem sah er in den Asbestzement-Produkten eine ideale Kombination zu seinen Zementgeschäften: Von den Grundmauern über die Fassaden und Leitungsrohre bis zum Dach bot die Schmidheiny-Gruppe nun alle Elemente, die für den Tief- und Hochbau erforderlich waren. Ernst Schmidheiny, der bereits mit der Holderbank erste Schritte ins Ausland gewagt hatte, erkannte sehr schnell das enorme Potenzial dieses Verbundwerkstoffes und gründete noch im selben Jahr mit seinem Partner Jean Baer die Amiantus AG. Zweck des Unternehmens war die »Beteiligung an Asbest-, Eternit- und Bindemittel-Industrien«. Somit entstanden im selben Jahr gleich zwei familieneigene Asbestunternehmen, und das war der Anfang eines schier unüberschaubaren Firmengeflechtes mit Dutzenden von Namen und Werken, die in den Blütezeiten der Asbesteuphorie wie Pilze aus dem Boden schossen.

Genannt seien hier nur einige der Firmen, an denen die Schmidheinys Beteiligungen hielten: Eternit AG Niederurnen, Eternit Verkaufs AG Zürich, Eternit AG Berlin, Everite Ltd. Johannesburg, Durisol Villmergen AG, Eternit SpA Genua, APC Costa Rica, PPC Costa Rica, Tubovinil Guatemala, Tecno Plásticos El Salvador, Bobicasa Honduras, Saudi Arabian Amiantit Co. Ltd. Damnam, Eternit SA Brasil, Eternit Colombia, Eternit Venezuela, Eureka Mexiko, Eternit Ecuatoriana, Ricalit Costa Rica, Hondulit Honduras, Duralit Bolivien, Duralit Guatemala, Eureka El Salvador, Nicalit Nicaragua und viele mehr.

Die Eternit Niederurnen beteiligte sich als Erstes bei der belgischen Eternit und die Amiantus stieg kurz darauf bei der Cimenteries & Briqueteries Réunies SA in Antwerpen ein. Das Schweizer Wirtschaftsmagazin *Bilanz* beschrieb 2003 diese Liaison mit den Belgiern als »sorgsam verdecktes Doppelpassspiel«.[46] Manifest wurde dieses in einem undurchsichtigen Geflecht von Parallelbeteiligungen, Joint Ventures und informellen Gebietsabsprachen. Auf dem Höhepunkt der freundschaftlichen Territorialexpansion waren die Schmidheinys gemeinsam mit den Belgiern an Asbestzement-Fabriken in mehr als dreißig Ländern beteiligt. Welche der beiden Firmen in welchen Ländern effektiv die Führung hatte und somit auch die juristische Verantwortung, wurde über Jahrzehnte hinweg nie bis ins Detail transparent. Wahrscheinlich scheint folgende Aufteilung: Während die Schweizer im gesamten deutschsprachigen Raum, im Nahen Osten und in weiten Teilen Lateinamerikas das Sagen hatten, kontrollierten die Belgier das Eternit-Geschäft in den Benelux-Staaten, in Schwarzafrika und im Fernen Osten. Die *Neue Zürcher Zeitung* schrieb 1985: »Beide dürften gemeinsam ein Viertel des Faserzement-Weltmarktes abdecken.« Zur Entflechtung der beiden Gruppen kam es erst 1989, also kurz vor dem Inkrafttreten des Asbestverbotes in der Schweiz, als Stephan Schmidheiny, Enkel von Ernst, im Zuge des graduellen Rückzugs aus dem Asbest-Geschäft seine Anteile an den beiden Muttergesellschaften der belgischen Gruppe verkaufte. Von großem Interesse ist diese undurchsichtige Liaison mit den Belgiern vor allem hinsichtlich allfälliger Haftpflichtfragen. Denn nur zu gerne weisen heute beide Seite die Verantwortung mit dem Argument von sich, man habe im betroffenen Werk nur eine Minderheitsbeteiligung gehalten.

»If you can't beat them, join them«, lautete eine der zentralen Unternehmensweisheiten, die schon Ernst Schmidheiny zeitlebens hochgehalten hatte. Indem man potenzielle Konkurrenten frühzeitig in seine Expansionspläne einband, ließen sich diese am wirkungsvollsten neutralisieren. Profitabel war die Eternit-Produktion in den Entwicklungsländern allemal: Laut einem Bericht der *Schweizerischen Handelszeitung* soll beispielsweise die Eigenkapitalrendite der Eternit SA in Brasilien 1988 sagenhafte 43 Prozent betragen haben. Die Humankosten dieser Traumrenditen sind laut Fernanda Giannasi, Arbeitsinspektorin in São Paolo und Gründerin des brasilianischen Asbestopfervereins, indes erschreckend. Die Schmidheinys waren in Brasilen über Jahrzehnte im Asbest-Geschäft tätig; insgesamt waren sie an sieben Werken und Minen beteiligt. 1989 verkaufte Stephan Schmidheiny die Beteiligungen an den französischen Multi Saint-Gobain und entzog sich gemäß brasilianischem Recht jeder Verantwortung für die Opfer seiner Geschäfte. Das größte Asbestzement-Werk befand sich in Osaco bei São Paolo. Allein in dieser Fabrik haben seit ihrem Bestehen 8000 Personen gearbeitet. 1200 sind dem lokalen Asbestopferverein beigetreten.

Auf der Suche nach Superrenditen wie in Brasilien hat das Unternehmensgeflecht der Rheintaler lokale Monopolstellungen ausgenutzt und wo immer möglich auch von Zoll- und Steuererleichterungen der betroffenen Länder profitiert. Zu trauriger Berühmtheit gelangte diesbezüglich die Eternit-Tochter Duralit in Guatemala: Als das bürgerkriegsgeschädigte lateinamerikanische Land in den 70er-Jahren von einem schweren Erdbeben heimgesucht wurde, »nutzten die Duralit-Manager die humanitäre Katastrophe und lieferten tonnenweise asbestverstärkte Zementplatten, die mit internationalen Spendegeldern finanziert wurden. Während der Ausstoß der Fabrik regelrecht explodierte, wurden die Löhne der guatemaltekischen Schichtarbeiter dicht an der Hungergrenze gehalten.«[47]

Oder das Beispiel Nicaragua: In diesem zentralamerikanischen Land betrieben sie in den 70er-Jahren ihre Geschäfte direkt mit dem

Wesentliche operative Beteiligungen der schweizerischen und belgischen Eternit-Gruppe

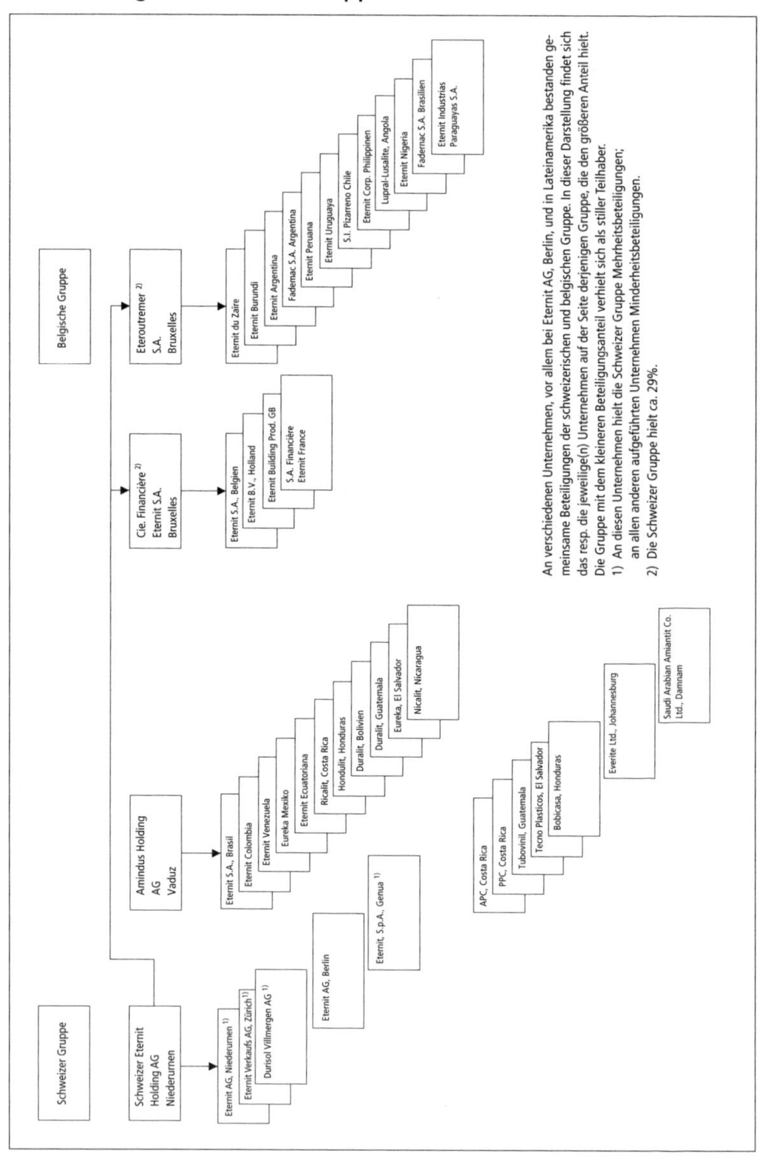

Quelle: Catrina, 1985

Diktator Anastasio Somoza und überließen ihm teilweise die Aktienmehrheit an der lokalen Asbestzement-Tochter Nicalit. Die Somoza-Familie herrschte in Nicaragua jahrzehntelang und kontrollierte vor ihrem Sturz etwa 80 Prozent der einheimischen Wirtschaft.

Seit dem Jahr 2000 existiert in San Rafael del Sur, wo die Faserzementfabrik angesiedelt war, ein Asbestopferverein. Über 400 ehemalige Mitarbeiter der Nicalit und ihre Familienangehörigen haben sich dem Verein angeschlossen und versuchen erfolglos, sich für ihre Rechte zu wehren. Am 25. Februar 2002 sendeten die ehemaligen Nicalit-Arbeiter einen Brief in die Schweiz, adressiert an François Iselin. Iselin, der in den 80er-Jahren in der Schweiz die Anti-Asbest-Kampagne führte, ist ein Kenner der Asbestproblematik in Nicaragua. Die Arbeiter der Nicalit hat er mehrmals besucht. Im besagten Brief baten sie ihn um Hilfe, um rechtlich gegen den einstigen Besitzer der Nicalit Stephan Schmidheiny vorzugehen: »Viele von uns sind bereits erkrankt, da wir ohne jegliche Sicherheitsmaßnahme gearbeitet haben. Alle, die in dieser Fabrik tätig waren, gehen dem Asbesttod entgegen«, schrieben die betroffenen Arbeiter. Und sie beschuldigten den Nicalit-Betriebsarzt, systematisch ihre Erkrankungen nicht anzuerkennen. Dies habe zur Folge, dass die ehemaligen Eternit-Mitarbeitenden von der nicaraguanischen Arbeitsunfallversicherung für ihre Berufskrankheit nicht entschädigt würden. Miguel Martí, Pressesprecher von Amanco, dem Mutterhaus der Nicalit, wollte jedoch gegenüber der Schweizer Presse nichts von solchen fragwürdigen Untersuchungsmethoden gewusst haben. Die Firma habe sich aus humanitären Gründen, obwohl ihr rechtlich nichts vorgeworfen werden könne, schon immer um das Wohl der Belegschaft gekümmert. Mit der Interessengemeinschaft der Geschädigten habe sie denn auch ein Übereinkommen geschlossen, das der Belegschaft Arztbesuche ermögliche und im Fall einer Erkrankung eine Entschädigung vorsehe. Doch bei keinem einzigen der 250 untersuchten Mitarbeiter sei eine Asbesterkrankung diagnostiziert worden.

Kein einziger kranker Asbest-Arbeiter? Das sahen die ehemaligen Nicalit-Arbeiter anders. Im Brief an Iselin beteuerten sie, einen Privatarzt konsultiert zu haben, der bei den meisten eine asbestbedingte Krankheit diagnostizierte.

Noch im Jahr 2006 haben die Nicalit-Arbeiter mit dem Präsidenten des Asbestopfervereins in der Romandie, Bruno Mauro, Kontakt gehabt und den Verein um finanzielle Hilfe gebeten, um gegen die Firma vorzugehen. Sie wollten, wenn möglich, vor ein amerikanisches Gericht. Doch ob ihnen je Gerechtigkeit widerfahren wird, ist fraglich: Die Amanco-Gruppe hat am 22. Februar 2007 den Besitzer gewechselt. Die Amanco ist eines der führenden lateinamerikanischen Unternehmen im Bauelementebereich, mit Werken in 14 Ländern von Mexiko bis Argentinien und über 7000 Mitarbeitern. Im Februar 2007 ist die Amanco mit sämtlichen Rechten und Pflichten aus dem einstigen lateinamerikanischen Unternehmensgeflecht von Stephan Schmidheiny herausgetrennt und an den Chemiemulti Mexichem veräußert worden.

Eternit-Offensive in Nazideutschland

Doch kehren wir zurück zum Beginn der internationalen Expansion unter Ernst Schmidheiny. Dieser erkannte, wie schon bei den Ziegel- und Zementgeschäften, dass es ein Kartell brauchte, um die Interessen der expansionsorientierten Eternit zu schützen. Doch diesmal ging es nicht um den nationalen, sondern um den Weltmarkt. Denn in der Schweiz hatte die Eternit als einziges Asbestzement-Werk das Monopol, wogegen Ludwig Hatschek im Ausland sein Eternit-Patent bereits in vielen Ländern verkauft hatte.

Zur Interessenwahrung gründete Ernst Schmidheiny 1929, gemeinsam mit den Besitzern der führenden Eternit-Werke anderer europäischer Länder, die Internationale Asbestzement AG, genannt SAIAC (von S.A. Internationale de l'Asbeste-Ciment).[48] Diese Organisation beteiligte sich unter anderem, wie bereits erwähnt, an Werken in Österreich, England, Spanien, Frankreich, Belgien, Italien und der Schweiz. Zweck dieses Kartells war – nebst der Gründung neuer Werke in neutralen Ländern, dem gemeinsamen Asbesteinkauf und dem Austausch von technischem Wissen, Forschungsergebnissen und Patenten – vor allem auch die Aufteilung der Märkte und die Festlegung der Marktpreise.[49] Die Geschicke der weltweiten Asbestzement-Industrie wurden somit von der Schweiz aus geleitet.

1929 Register-Akten A.
Ordnungs-Nr 2321
Archiv-Nr 531

Paris, den 18. November 1929.

ANMELDUNG

an das

Handelsregister des Kantons Glarus.

Unterm 18. November 1929 ist auf unbeschränkte Dauer und mit Sitz in Niederurnen, Kanton Glarus, eine Aktiengesellschaft gegründet worden, die

"Internationale Asbestzement Aktien-Gesellschaft",

("S.A. Internationale de l'Asbeste-Ciment")
("S.A. Internazionale dell'Amianto-Cemento")
("S.A. Internacional de Asbesto-Cemento")
("International Asbestos-Cement Ltd.").

Die Gesellschaft bezweckt die Beteiligung an Unternehmungen der Asbest-Zement-Jndustrie und die Durchführung aller diese Jndustrie fördernden technischen, kaufmännischen und finanziellen Geschäfte.

Das Grundkapital der Gesellschaft beträgt Fr. 1,000,000.- eingeteilt in 2000 auf den Inhaber lautende Aktien zu Fr. 500.- Nennwert. Die Aktien sind voll einbezahlt. Für eine Mehrheit von Aktien können Zertifikate ausgegeben werden.

Der Verwaltungsrat besteht aus 1 - 7 Mitgliedern. Zur Zeit ist einziger Verwaltungsrat (mit dem Recht der Einzelunterschrift) Herr Dr. Hans Hoffmann, Advokat, von und in St.Gallen. ~~Zum Delegierten der Gesellschaft wurde ernannt:~~ Ferner führt Einzelunterschrift Herr Ernst Schmidheiny jun. ~~Direktor~~ Industrieller, von Balgach in Wildegg. Die Herren Dr. Hans Hoffmann und Direktor Ernst Schmidheiny vertreten die Gesellschaft nach Aussen mit Einzelunterschrift.

Korr. Ordnung
Korr. Ordnung

Amtliches Publikationsorgan ist das Schweizerische Handelsamtsblatt.

Gründungsurkunde der SAIAC von 1929.

Obwohl die Schweizer Eternit damals nur gerade 2 bis 3 Prozent des Weltmarktes hielt, wurden Ernst Schmidheiny zum Präsidenten und sein Sohn Ernst jr. zum Delegierten der SAIAC ernannt, das Sekretariat wurde in Niederurnen eingerichtet. Die Bedeutung der Schweizer stieg in den kommenden Jahren zusehends: Hatte ihr Produktionsanteil innerhalb der in der SAIAC organisierten Firmen anfänglich nur wenige Prozente betragen, so kletterte er bis 1945 auf mehr als ein Drittel.

Als Erstes machte sich die Gesellschaft daran, dem Projekt eines neuen Werkes in Berlin Gestalt zu geben. Denn man sah im deutschen Markt ein großes Potenzial, das von dem bisher bestehenden deutschen Asbestzement-Unternehmen Asbest- und Gummiwerke Alfred Calmon AG in Hamburg nur schlecht ausgeschöpft war.

Dieses Unternehmen, das Hatscheks Eternit-Patent für Deutschland erworben hatte, verfügte nur über begrenzte Produktionskapazitäten, sodass bis 1930 die Asbestzement-Industrie nur eine Nebenrolle im Bauelementemarkt gespielt hatte. Zudem hatte die Calmon AG es verpasst, das Patent für die Herstellung von Rohren nach dem Mazza-Verfahren zu erstehen. Der italienische Ingenieur und Eternit-Besitzer Adolfo Mazza hatte ein neues Verfahren entwickelt, bei dem die Asbestzement-Masse um einen wieder entfernbaren Rohrkern gewickelt wurde. Die auf diese Weise fabrizierten Rohre waren bedeutend druckresistenter als die mit dem traditionellen Verfahren hergestellten Rohre, welche aus Asbestzement-Platten geformt wurden und deshalb eine Naht aufwiesen. So waren zwischen 1925 und 1930 in Deutschland lediglich 8 Millionen Quadratmeter Eternit erzeugt worden, während es in den übrigen europäischen Ländern damals insgesamt 250 Millionen Quadratmeter waren.[50]

Dieses Marktpotenzial wollten sich die führenden SAIAC-Unternehmer, Ernst Schmidheiny an deren Spitze, nicht entgehen lassen und sie beschlossen eine Deutschland-Offensive. Zusammen mit deutschen Partnern sollte in Berlin eine neue Gesellschaft für eine groß angelegte Eternit-Produktion entstehen. So trafen die Obersten der SAIAC mit dem Calmon-Konzern und der dazugehörenden Eternit in Hamburg ein Abkommen, nach welchem die neu zu gründende Gesellschaft das Verkaufsgeschäft der schon bestehenden Deutschen Eternit GmbH übernehmen würde. Die Fabrikation sollte fortan ausschließlich im neuen Werk in Berlin erfolgen, denn laut Hatscheks Patentbestimmungen durfte der Markenname Eternit nur von einem Unternehmen pro Land genutzt werden. Die neue Gesellschaft sicherte sich zudem die Lizenz zur Rohrherstellung nach dem Mazza-Verfahren. Der Gründungsakt erfolgte am 27. März 1929, und am 12. Juni desselben Jahres wurde die Gesellschaft unter dem Namen Deutsche Asbestzement-Aktiengesellschaft (DAZAG) eingetragen.

Die beteiligten Unternehmer bestückten die DAZAG beim Gründungsakt mit einem Startkapital von 4 Millionen Reichsmark; drei Jahre später gab es eine Kapitalaufstockung auf 5 Millionen Reichsmark, wie aus dem Eintrag im *Handbuch der Deutschen Aktiengesellschaften* von 1932 hervorgeht (vgl. S. 82). Großaktionäre waren zu jenem Zeitpunkt: Schlesische Portland-Zement-Industrie AG, Berlin; Asbest- u. Gummiwerke Alfred Calmon AG, Hamburg; Dresdner-Danat-Bank, Berlin; Deutsche Bank u. Disconto-Ges., Berlin; Commerz- u. Privatbank AG, Berlin; SA Eternit Capelle-au-bois, Belgien; S.A. française Eternit, Prouvy-Thiant, Frankreich; Eternit AG Niederurnen, Schweiz; Eternit-Werke Ludwig Hatschek, Vöcklabruck, Österreich; S.A. Eternit Pietra Artificiale, Genua, Italien; S.A. de Niel-on-Ruppel, Antwerpen, Belgien; und José Maria Roviralta y Alemany, Barcelona, Spanien.[51]

Ernst Schmidheiny sen., der zu dieser Zeit dem Aufbau des Zementwerkes im ägyptischen Tourah nachging, ließ zur Sicherung der Familieninteressen seinen älteren Sohn Ernst jr. zum Stellvertretenden Vorsitzenden des Aufsichtsrates wählen.

Für das neue Werk erwarb die Gesellschaft in einem ersten Anlauf ein 75 000 Quadratmeter großes Areal an der Kanalstraße, Ecke Köpenickerstraße, in Berlin Rudow, welches mit ausreichender Wasserversorgung sowie mit Bahn- und Schifffahrtanschlüssen ausgestattet war. Später wurden weitere Nachbargrundstücke dazugekauft. Die Dächer der errichteten Gebäude bestanden selbstverständlich aus Eternit-Wellplatten und auch die Wände der modernen Stahlgerüst-Leichtbauhallen waren mit Eternit-Tafeln verkleidet. Der Großteil des Werkes steht heute noch – eine immense Industriebrache inmitten des Berliner Stadtbezirkes Neukölln.

2374 Industrie der Steine und Erden.

Deutsche Asbestzement-Aktiengesellschaft

in **Berlin-Rudow**, Kanalstr. 131—155.

Gegründet: 27./3. 1929; eingetr. 12./6. 1929.

Zweck: Herstell. u. Vertrieb von Produkten aus Asbest u. Zement u. verwandten Stoffen. Nachdem im Juli 1929 ein in B.-Rudow am Teltowkanal gelegenes Grundst. erworben war, wurde im August mit dem Bau der Fabrikanlagen begonnen. Die Platten- u. die Röhrenfabrikation wurden Mitte 1930 aufgenommen.

Die Ges. hat 1930 mit der zum Calmon-Konzern gehörenden Deutschen Eternit-Ges. m. b. H. in Hamburg ein Abkommen getroffen, nach welchem die Deutsche Asbestzement A.-G. das Verkaufsgeschäft der Deutschen Eternit-G. m. b. H. übernimmt. Die Fabrikation wird für Deutschland in Zukunft ausschliesslich in der neuen Anlage der Deutschen Asbestzement-A.-G. in Berlin-Rudow erfolgen. Ein gleiches Abkommen erfolgte mit der Asbest- u. Gummiwerke Alfred Calmon A.-G. in Hamburg.

Kapital: RM. 5 000 000 in 5000 Akt. zu RM. 1000. Urspr. RM. 4 000 000 in 4000 Akt. zu RM. 1000, übern. von den Gründern zu 108%. Lt. G.-V. v. 3./6. 1930 Erhöh. um RM. 1 000 000 in 1000 Akt. zu RM. 1000; ausgegeben zu 108%.

Grossaktionäre: Schlesische Portland-Zement-Industrie A.-G., Oppeln; Industriebau-Held & Franke A.-G., Berlin; Asbest- u. Gummiwerke Alfred Calmon A.-G., Hamburg; Dresdner-Danat-Bank, Berlin; Deutsche Bank u. Disconto-Ges., Berlin; Commerz- u. Privat-Bank A.-G., Berlin; S. A. „Eternit", Capelle-au-bois/Belgien; S. A. française „Eternit", Prouvy-Thiant/Frankreich; Eternit A.-G., Niederurnen/Schweiz; Eternit-Werke Ludwig Hatschek, Vöcklabruck/O.-Oe.; S. A. „Eternit" Pietra Artificiale, Genua/Italien; S. A. de Niel-on-Ruppel, Antwerpen/Belgien; José Maria Roviralta y Alemany, Barcelona/Spanien.

Geschäftsjahr: Kalenderj. **Gen.-Vers.:** 1932 am 30./6. **Stimmrecht:** 1 Akt. = 1 St.

Bilanz am 31. Dez. 1931: Aktiva: Anlagevermögen (5 123 012): Grundst. 670 391, Verwalt.-Gebäude 135 094, Fabrik-do. 2 542 462, Gleisanl. 71 871, Masch. 1 079 067, Werkzeuge u. Modelle 23 840, Betriebs- u. Geschäfts-Inv. 283 691, Auto 4973; Patente u. Lizenzen 87 622; Markenschutzrechte u. Firmenwert 224 000; Beteil. 33 178, Umlaufsvermögen (1 057 093): Roh- u. Hilfsstoffe 305 893, Fertigfabrikate 472 475, Forder. 248 270, Wechsel 2499, Kassa u. Postscheck 13 354, Bankguth. 14 602; transit. Aktiva 17 831, Entwert.-K. 362 207, Verlust (Vortrag 344 728 + Verlust 1931 1 200 545) 1 545 273. — Passiva: A.-K. 5 000 000, R.-F. 133 927, Darlehn[1]) 2 301 915, Rückstell. (133 476): Delkr. 15 208, Garatien 8268, Asbest-Abnahme 10 000, Calmon-Abwickl.[2]) 100 000; Verbindlichkeiten (548 625): Schuld Asbest- u. Gummiwerke Alfred Calmon AG., Hamburg 130 000, Garantierückhalt aus Fabrikbau 46 584, Anzahl. u. Prov.-Gutschriften 16 599, Lieferanten 59 577, Bankschulden 295 865; transit. Passiva 20 651. Sa. RM. 8 138 594.

[1]) Gesichert durch eine Sicherungshyp. von RM. 2 500 000.
[2]) Für ihre Verpflicht. aus dem Calmon-Geschäft (s. auch „Zweck") hat die Ges. eine Sicherheit in Form von Warenübereignungen in Höhe von RM. 301 881 gestellt.
Die Giroverbindlichkeiten aus der Begebung von Wechseln betrugen Ende 1931 RM. 43 894.

Gewinn- u. Verlust-Konto: Debet: Abschr. 580 464, Gehälter[1]) 182 981, Soziallast. 12 557, Zs. 182 489, Steuern auf Vermögen 81 883, allg. Handl.-Unk. 368 011, Verlust aus 1930 344 728. — Kredit: Warengewinn 207 840, Verlust (Vortrag 344 728 + Verlust 1931 1 200 545) 1 545 273. Sa. RM. 1 753 113.

[1]) Darunter Bezüge des Vorst. RM. 37 950.

Dividenden: 1929—1931: 0%.

Vorstand: Dipl.-Ing. Werner Lüthi, Victor Weiner, Berlin.

Aufsichtsrat: Vors. Justizrat Dr. Josef Becker, Köln; Stellv.: Ernst Schmidheiny jr., Wildegg, (Schweiz); Richard v. Bentivegni, Ludwig Berliner, Alfred Busch, Berlin; Hans Czerwenka, Kommerzialrat Vöcklabruck O.-Oe.; Jean Emsens, Brüssel/Belgien; Friedrich Henssler, Berlin; Karl Pieler, Breslau; Dr. Nikolaus Simon, Oppeln; vom Betriebsrat: A. Gyr, W. Röhrbein, Berlin.

Zahlstelle: Ges.-Kasse.

Aus dem **Geschäftsbericht 1931:** Das dritte Geschäftsjahr der Ges. ist das erste, in welchem der regelmässige Vertrieb unserer Asbestzement-Erzeugnisse eingesetzt hat. Damit fällt der Beginn unseres Vertriebes zeitlich mit der seit Menschengedenken schärfsten wirtschaftlichen Krise zusammen. Wenn trotzdem unser Umsatz es ermöglichte, unsere Produktionsanl. — wenn auch vorübergehend eingeschränkt — während des ganzen Jahres in Betrieb zu halten, so glauben wir, hierin einen zuverlässigen Beweis dafür erblicken zu können, dass unsere Produkte einem Bedürfnis des deutschen Marktes entsprechen. Unsere verschiedenen Erzeugnisse sind an unserem Gesamtumsatz derart beteiligt, dass der in einigen Gebieten Deutschlands bereits früher bekannte Dachschiefer an der Spitze steht, während das Geschäft in ebenen u. Welltafeln sich erst allmählich entwickelte. Unsere besondere Sorgfalt galt der Einführ. der Druckrohre, die technisch zu einem vollen Erfolg führten, so dass wir jetzt ein steigendes Interesse feststellen können. Ebenso können wir eine zunehmende Entwickl. des Auslandsgeschäftes bemerken.

Das DAZAG-Werk nahm 1930 die Produktion von Platten und Tafeln und ab 1931 auch von Rohren nach dem Mazza-Verfahren auf. Der Aufbau des neuen Eternit-Werkes fiel in die schwere Zeit der Weltwirtschaftskrise, und so musste in den ersten Jahren die Belegschaft von 125 auf 80 Mitarbeiterinnen und Mitarbeiter reduziert werden, doch bereits ab 1933 ging es mit der deutschen Wirtschaft rasant aufwärts: Mit der Machtergreifung Hitlers begann denn auch die staatliche Förderung der Bautätigkeit – und ab 1935 die massive Aufrüstung. Wie der deutsche Historiker Henrick Stahr dokumentiert hat[52], konnte die DAZAG ab Mitte der 30er-Jahre eine starke Marktstellung erringen und kräftig expandieren. Sie wuchs in den ersten Jahren des Nationalsozialismus kontinuierlich: Bereits 1938 erreichte sie einen Marktanteil von 54 Prozent und ihren Spitzenbestand von 1100 Beschäftigten. Das hing einerseits damit zusammen, dass die Eternit-Produkte mit der modernen Architektur voll im Einklang waren und im Trend lagen. Anderseits wurde der Absatz der Asbestzement-Produkte durch ihre Verwendung in den Rüstungsbereichen stimuliert, so etwa im Bau von Flughäfen, Schiffen und Fabrikhallen. Eindrucksvolle Beispiele waren etwa die Zeppelin-Luftschiffhallen in Frankfurt und Rio de Janeiro. Frühe Beispiele für den Hausbau sind das 1932 erbaute Wohnhaus von Arnold Zweig in Berlin und das 1932 im Auftrag des Reichsfinanzministeriums erbaute Eternit-Musterhaus in Berlin-Stahnsdorf. Gerade in der Nazizeit mit ihrer in ländlichen Gegenden auf Heimatstil versessenen Ideologie war das Eternit-Marketing bestrebt hervorzuheben, dass die Zweckmäßigkeit von Eternit-Platten bei der Bedachung oder beim Scheunenbau mit der regionalen Tradition durchaus architektonisch verträglich sei.

Deutlich beeinflusst vom Propagandaton der Nazis argumentierte die Werkzeitschrift der Eternit *Neues Werken* 1936 für Eternit-Dächer und gegen romantische, aber feuerempfindliche Strohdächer: »Heute weiß jeder, dass unsere großen Erzeugungsschlachten ohne Maschineneinsatz ebenso wenig gewonnen werden können wie Kriegsschlachten ohne Maschinengewehre und Kanonen. Hat man aber schon je gehört, dass der Motorschlepper an Stelle der Pferde, die Drillmaschine an Stelle des Sämanns […] ernstlich die Verbindung zwischen Blut und Boden, den Zusammenhang zwischen Mensch, Heimat, Überlieferung und Bodenständigkeit lockern könnte?! […] Nicht anders sollte es mit dem Dach sein […]«[53]

Bis 1938 war die Expansion des Unternehmens beeindruckend: Die Zahl der Beschäftigten stieg kontinuierlich an; die Rohrproduktion steigerte sich in drei Jahren (1936–1939) um satte 100 Prozent und die Jahresproduktion von Asbestzement-Produkten schnellte auf 4,4 Millionen Quadratmeter.

Mit dem Beginn des Zweiten Weltkriegs begannen auch für die DAZAG härtere Zeiten – vor allem für die beschäftigten Mitarbeiterinnen und Mitarbeiter. Da Asbest von den Nazis als kriegswichtiges Material eingestuft war, wurden die Einfuhren beschlagnahmt. Dies spiegelte sich auch in den Zahlen der Eternit-Belegschaft, die innerhalb eines Jahres auf 380 sank. Da 1943 die Verarbeitung von Rohasbest für zivile Zwecke ganz verboten wurde, griff die findige Geschäftsleitung auf Ersatzmaterialien zurück: unter anderem Schlackenwolle, Glaswolle, Stahlwolle, Zellulose und Hanf. Damit und gemischt mit Zement stellte die DAZAG sogenannte Durnat-Produkte her. Von der »Tretmine bis zum Sarg«[54] wurde eine Vielfalt von Faserzementerzeugnissen hergestellt. Laut Informationsunterlagen der Eternit ließ die Qualität dieser Produkte aber zu wünschen übrig: »Durnat hatte nur eine gute Eigenschaft: Es brachte die Kunden dazu, ständig Nachbestellungen für die geplatzten, gerissenen und bombardierten Platten zu erteilen.«[55] Offiziell stellte die DAZAG nach 1943 nur noch Durnat- und keine Asbestzement-Platten her. Eine Prüfung des damaligen Kaiser-Wilhelm-Instituts ergab jedoch, dass untersuchte Asbestersatzplatten »entgegen den Angaben des Herstellers nur geringe Mengen künstlicher anorganischer Fasern, jedoch mindestens 50 Prozent Asbest enthielten.«

Zwangsarbeit in der Eternit Berlin Rudow

Die Geschichte der Eternit Berlin während des Zweiten Weltkriegs gehört wohl zu den dunkelsten Kapiteln der Asbestgeschichte überhaupt, und es ist auch eines der bisher am wenigsten aufgearbeiteten. Vor allem in der Schweiz war bisher kaum etwas darüber zu lesen. In Werner Catrinas *Eternit-Report* wird zwar erwähnt, dass die Schmidheinys während dieser Zeit mit den Nazis Geschäfte machten und mit ihnen eine Asbestmine im damaligen Jugoslawien[56] betrieben. Das Bild, welches aus dieser Zeit vermittelt wird, ist jedoch jenes einer Unternehmerfamilie, die während der Weltwirtschaftskrise unterzugehen drohte und mit allen Mitteln für ein Fortkommen kämpfen musste: »Ernst Schmidheinys verzweigtes, international verschachteltes Industriekonglomerat, das als Hauptpfeiler Zement-, Ziegel- und Eternit-Beteiligungen umfasste, geriet in der Wirtschaftskrise der 30er-Jahre in eine bedrohliche Lage. Die ausländischen Beteiligungen verloren wegen der Abwertung der meisten fremden Währungen rapide an Wert [...]. Der lange vom Erfolg verwöhnte Industrielle musste gar um die Hypothek auf dem Schloss Heerbrugg bangen [...]. Die Schmidheinys fuhren jetzt mit der Bahn 3. Klasse; der Tycoon logierte in Zweitklasshotels, wenn er geschäftlich unterwegs war.« Dass während des Zweiten Weltkriegs auf dem Eternit-Areal in Berlin Rudow zwei Lager für Zwangsarbeiter errichtet worden sind und das Unternehmen selbst Zwangsarbeiter und Kriegsgefangene ausbeutete, erfahren wir indes nicht und wird heute noch von der Familie in Zweifel gezogen.

Als Ernst Schmidheiny sen. am 15. März 1935 bei einem Flugzeugunglück in Ägypten ums Leben kommt, übernehmen die Söhne Ernst jr. (1902–1985) und Max (1908–1991) die Leitung des Familienimperiums. Neben Ernst jr. interessiert sich nun auch Max für die Geschicke der Berliner Eternit. Laut dem Eintrag im Handbuch der deutschen Aktiengesellschaften von 1943, saßen zu jener Zeit alle beide im Aufsichtsrat der Deutschen Asbestzement-Aktien-Gesellschaft (DAZAG). Max hatte den Bruder in der Position des stellvertretenden Vorsitzenden des Aufsichtsrates abgelöst. Berührungsängste mit dem Regime schien es keine zu geben, obschon die Schmidheinys dieses laut Catrinas Darstellung verabscheut haben. Die »deutschfreundliche Einstellung« zumindest von Max Schmidheiny war denn auch in Heerbrugg allgemein bekannt, wie der Schweizer Historiker Peter Hug von der Unabhängigen Expertenkommission Schweiz-Zweiter Weltkrieg dokumentierte.[57] Hug zitiert einen Bericht der Kantonspolizei Heerbrugg an die Politische Abteilung im Polizeikommando des Kantons St. Gallen, in dem festgehalten wird, dass Max im Spätherbst 1940 nach einem Deutschlandaufenthalt ausdrücklich »die vorbildliche Organisation etc. im deutschen Reich gelobt« habe. Während der Reise sei Max unter anderem mit deutschen Offizieren ins Gespräch kommen. Zumindest einer dieser Offiziere habe Beziehungen nach ganz oben gehabt, handelte es sich doch um einen Verwandten des Reichsaußenministers Joachim von Ribbentrop.

Wie viele Male die Schmidheinys in den Jahren des Naziregimes zur Wahrung ihrer Geschäftsinteressen ins Dritte Reich reisten und wie ausgeprägt ihre Geschäftsbeziehungen in Nazideutschland waren, ist indes nicht bekannt. Ebenso wenig ist bekannt, ob die beiden Schweizer Aufsichtsräte mit den in der Berliner DAZAG beschäftigten Zwangsarbeiterinnen und Zwangsarbeiter je persönlich in Kontakt kamen.

Neun bis zehn Millionen ausländische zivile Arbeitskräfte, Konzentrationslagerhäftlinge und Kriegsgefangene aus zwanzig europäischen Ländern wurden im Verlauf des Zweiten Weltkriegs nach Deutschland zur Zwangsarbeit verschleppt. Auf dem Höhepunkt des »Ausländereinsatzes« im August 1944 arbeiteten sechs Millionen zivile Zwangsarbeiterinnen und Zwangsarbeiter im deutschen Reich.[58] Über ein Drittel davon waren Frauen, von denen manche gemeinsam mit ihren Kindern verschleppt wurden oder diese in den Lagern erst zur Welt brachten. Die Säuglinge wurden ihren Müttern meist weggenommen und oft in Waisenhäusern »zu Tode gepflegt«. Jedes fünfte Kind, das während des Kriegs im Industriequartier Neukölln zur Welt kam, war das Kind einer Zwangsarbeiterin. Alle von den deutschen Truppen überfallenen Länder wurden als Arbeitskräftereservoir genutzt. Zu einer Steigerung dieser Staatssklaverei kam es ab 1942, als das deutsche Reich nach dem Scheitern der »Blitzkriegstrategie« auf die »totale« Kriegswirtschaft umstellte. Denn angesichts der Einberufung fast aller deutschen Männer war der Bedarf an Arbeitskräfteersatz sehr groß. Nur mit dem massiven Einsatz von Zwangsarbeiterinnen und -arbeitern konnte die Versorgung der Bevölkerung aufrechterhalten werden. Aus der Sowjetunion wurden 1942 pro Woche 40 000 Menschen von der Straße weg verschleppt. Nach tagelanger Fahrt in Güterwaggons kamen sie zunächst in Durchgangslager, wie zum Beispiel Berlin Willhelmshagen, von wo sie auf die Unternehmen in der ganzen Stadt verteilt wurden. Hunderttausende dieser Zwangsarbeiterinnen und Zwangsarbeiter überlebten ihren Arbeitseinsatz nicht. Die am härtesten Betroffenen waren die »Ostarbeiter«, die als »rassisch minderwertige« slawische »Untermenschen« vollkommen entrechtet waren. Bekannt ist, dass allein von den etwa drei Millionen deportierten polnischen Frauen und Männern 137 000 starben.

Großunternehmen wie auch kleine Handwerksbetriebe, Kommunen und Behörden forderten immer mehr ausländische Arbeitskräfte an und waren somit mitverantwortlich für das System der Zwangsarbeit. Die DAZAG war eines dieser Unternehmen.

Die Asbestzement-Firma führte während des gesamten Zweiten Weltkriegs ihre Produktion, wenn auch eingeschränkt, weiter. Dies war nur möglich, weil ab Herbst 1940 zunehmend ausländische Arbeiter, Kriegsgefangene und ab Mitte 1942 auch Zwangsarbeiterinnen und Zwangsarbeiter aus der Sowjetunion im Werk arbeiteten.[59]

Anfangs 1941 zählte die Belegschaft der DAZAG 360 Frauen und Männer: insgesamt 290 Deutsche und 70 französische Kriegsgefangene, im Laufe des Jahres kamen italienische Zivilarbeiter dazu. Im Juni 1942 arbeiteten erstmals an die 100 Osteuropäer, fast ausschließlich Frauen, im Werk. Die Zahl der »Ostarbeiter« stieg bis Ende 1943 auf 263, davon 207 Frauen. Zu diesem Zeitpunkt zählte die Belegschaft der DAZAG insgesamt 563 Personen, rund die Hälfte waren Ausländerinnen und Ausländer.[60]

Die Beschäftigung von Zwangsarbeiterinnen und Zwangsarbeitern in der DAZAG ist aus verschiedenen Akten ersichtlich. Im Museum Neukölln Berlin liegen allein zur Baubewilligung des Barackenlagers, das ursprünglich für sogenannte italienische Zivilarbeiter errichtet worden war und in welchem dann die Zwangsarbeiterinnen hausten, zwei Ordner mit Dokumenten auf. Nebst einem detaillierten Lageplan, in dem die drei im Jahr 1941 errichteten Lagerbaracken an der Kanalstraße fein säuberlich eingetragen sind, befinden sich im Archiv des Museums auch sämtliche Briefe an die Baupolizei. Besonders interessant ist ein Schreiben vom 5. Mai 1941. In diesem Gesuch mit Briefkopf »Eternit« ist handschriftlich festgehalten, dass die Baracken »für die Unterbringung italienischer Arbeiter« »von den im Werk beschäftigten Gefangenen« selbst errichtet würden. Ein Hinweis dafür, dass nicht nur Zwangsarbeiter, sondern auch Kriegsgefangene im Asbestzement-Werk arbeiteten. Hinweise für die Existenz von Zwangsarbeitern in diesem Werk liefern auch Akten des Berliner Gesundheitsamtes, welches die Lager der Zwangsarbeiter regelmäßig besuchte und 1943 in einem Dokument festhielt, dass in diesem Lager 267 Menschen untergebracht waren. Zudem hat sich die DAZAG als kriegswichtiges Unternehmen in die Reichsbetriebskartei eintragen lassen. Dies geht aus Recherchen des Berliner Historikers Bernhard Bremberger hervor. In diese vom Naziregime geführte Kartei konnten sich alle Unternehmen eintragen lassen, die für das Regime von rüstungswirtschaftlichem Interesse waren. Die DAZAG begründete ihren Eintrag unter anderem damit, dass sie feuerfeste Bunkertüren herstellte, sogenannte »Fortis-Schutzraumtüren«.

Im Museum Neukölln sind zudem die Geschäftberichte der DAZAG von 1941 bis 1943 einsehbar. Daraus geht klar hervor, dass das Asbestzement-Unternehmen auch in den Kriegsjahren einen Gewinn geschrieben und Dividenden (6 Prozent) an die Aktionäre ausgeschüttet hat. In den drei Geschäftsberichten ist nach Vornahme der Abschreibungen ein Reingewinn von rund 350 000 Reichsmark pro Geschäftsjahr ausgewiesen.

Die DAZAG beteiligte sich offenbar auch an dem von der Deutschen Arbeitsfront (DAF) ins Leben gerufenen Leistungskampf der deutschen Betriebe. Denn im Geschäftsbericht 1943 hält der Vorstand fest, die DAZAG sei zum fünften Mal in Folge mit dem »Gaudiplom für hervorragende Leistungen« ausgezeichnet worden. Besonders zynisch mutet der Vermerk zur gesundheitlichen Vorsorge der Belegschaft im Geschäftsbericht 1943 an: »Die Vorsorge für die Gesundheit unserer Gefolgschaftsmitglieder konnte im erweiterten Maße weiter durchgeführt werden.« Und auch der Vermerk des Vorstandes zur von der Belegschaft geleisteten Arbeit ist ein Akt der Verdrängung erster Güte: »Unsere Gefolgschaft hat im abgelaufenen Jahr die ihr übertragenen erhöhten Aufgaben in verständnisvoller Zusammenarbeit pflichttreu erfüllt, sodass ihr unser Dank und unsere Anerkennung für die willige Einsatzbereitschaft gebührt.«

Die Zwangsarbeiterinnen und Zwangsarbeiter aus Osteuropa, die während des Zweiten Weltkriegs als »Untermenschen« zu Hunderten in

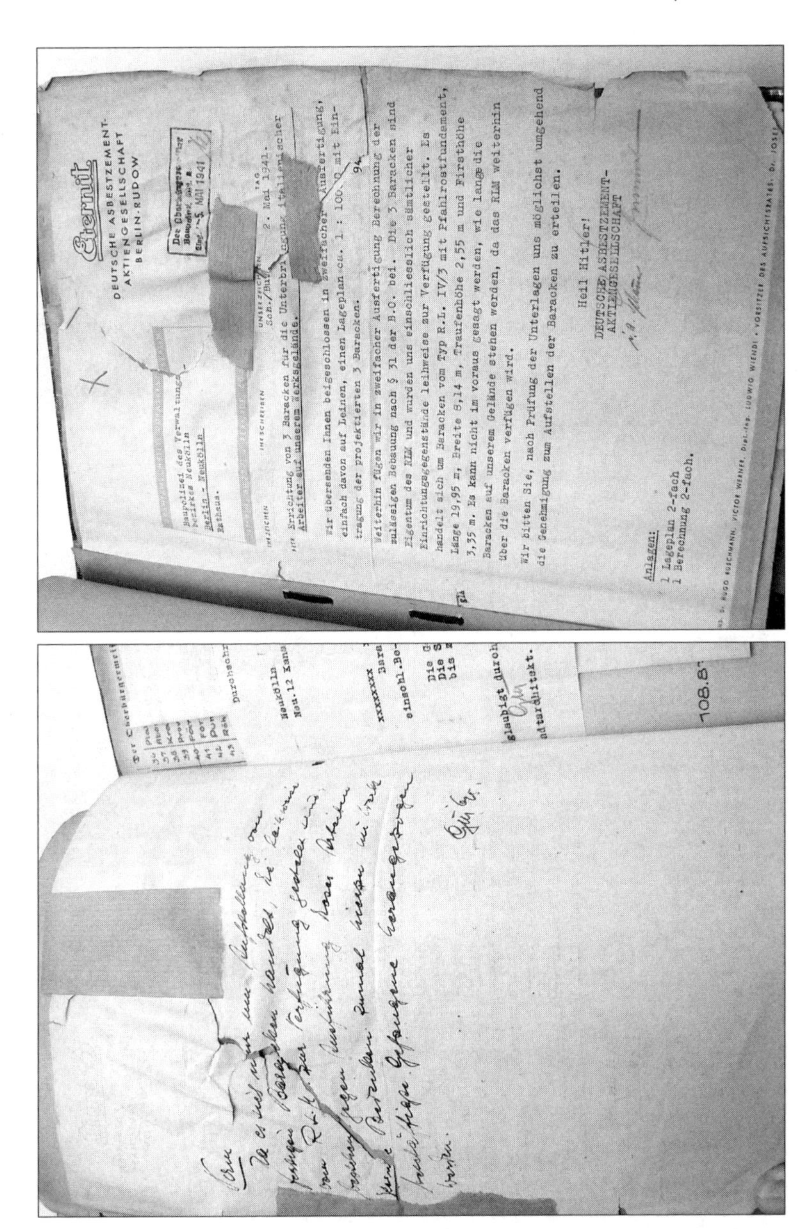

Eternit
DEUTSCHE ASBESTZEMENT-
AKTIENGESELLSCHAFT
BERLIN-RUDOW

Der Oberbürgermeister
Eing.: -5. MAI 1941

Baupolizei des Verwaltungs-
bezirks Neukölln

Berlin - Neukölln
Rathaus.

UNSER ZEICHEN Sch./Bu. TAG 2. Mai 1941.

BETR. Errichtung von 3 Baracken für die Unterbringung italienischer Arbeiter auf unserem Werksgelände.

Wir übersenden Ihnen beigeschlossen in zweifacher Ausfertigung, einfach davon auf Leinen, einen Lageplan ca. 1 : 100.0 mit Eintragung der projektierten 3 Baracken.

Weiterhin fügen wir in zweifacher Ausfertigung Berechnung der zulässigen Bebauung nach § 31 der B.O. bei. Die 3 Baracken sind Eigentum des RLM und wurden uns einschliesslich sämtlicher Einrichtungsgegenstände leihweise zur Verfügung gestellt. Es handelt sich um Baracken vom Typ R.L. IV/3 mit Pfahlrostfundament, Länge 19,95 m, Breite 8,14 m, Traufenhöhe 2,55 m und Firsthöhe 3,35 m. Es kann nicht im voraus gesagt werden, wie lange die Baracken auf unserem Gelände stehen werden, da das RLM weiterhin über die Baracken verfügen wird.

Wir bitten Sie, nach Prüfung der Unterlagen uns möglichst umgehend die Genehmigung zum Aufstellen der Baracken zu erteilen.

Heil Hitler!
DEUTSCHE ASBESTZEMENT-
AKTIENGESELLSCHAFT
i.A.

Anlagen:
1 Lageplan 2-fach
1 Berechnung 2-fach.

In diesem Baugesuch hält die Eternit fest, dass die Baracken »von den im Werk beschäftigten Gefangenen« selbst errichtet werden können.

diesem Werk arbeiteten, nannten die Firma nicht DAZAG, sondern ganz einfach Eternit – denn dieser Schriftzug prangte an den Toren der Fabrik.

Eine dieser Zwangsarbeiterinnen, vielleicht die einzige heute noch lebende, ist Nadja Ofsjannikova. Die ursprünglich aus Weißrussland stammende Mittachtzigerin lebt heute in einer Alterswohnung in der lettischen Hauptstadt Riga. Aus ihrer Zeit als Zwangsarbeiterin im nationalsozialistischen Berlin erinnert sie sich noch an ein paar deutsche Worte: »schnell, schnell, arbeiten«, »Asbestzement« und »Eternit«.

Deutsche Asbestzement-Aktiengesellschaft

Sitz der Verwaltung: Berlin-Rudow, Kanalstraße 117—155

Gegründet: 27. März 1929; eingetragen 12. Juni 1929.

Zweck: Herstellung, Vertrieb und Export von Asbestzement-Fabrikaten (Eternit) und Faserzement (Durnat).

Vorstand: Dr. Hugo Buschmann, Berlin, Vorsitzer; Viktor Werner, Berlin; Dipl.-Ing. Ludwig Wiendl, Berlin.

Aufsichtsrat: Justizrat Dr. Josef Becker, Köln, Vorsitzer; Dr. Rudolf Verres, Berlin, 1. stellv. Vorsitzer; Dipl.-Ing. Max Schmidheiny, Heerbrugg (Schweiz), 2. stellv. Vorsitzer; Richard von Bentivegni, Berlin; Kommerzialrat Hans Czerwenka, Vöcklabruck (O.-D.); Jean Emsens, Brüssel; Alfred Müller, Kalkberge; Hans Rinn (Direktor der Dresdner Bank), Berlin; Ernst Schmidheiny, Celigny (Schweiz).

Stimmrecht: Je nom. RM 1000.— Aktie 1 Stimme.
Geschäftsjahr: Kalenderjahr.
Bankverbindungen: Dresdner Bank, Berlin; Reichsbank, Berlin-Köpenick.

Aufbau und Entwicklung: Nachdem im Juli 1929 ein in Berlin-Rudow am Teltowkanal gelegenes Grundstück erworben war, wurde im August mit dem Bau der Fabrikanlagen begonnen. Die Platten- und die Röhrenfabrikation wurden Mitte 1930 aufgenommen. 1937/38 Erweiterung des Röhrenwerks. 1938/39 Erweiterung der Formerei.

Beteiligung: Internationale Asbestzement A.-G. Niederurnen (Schweiz). Beteiligung: sfr 41 000.—, verbucht mit RM 23 165.—. (Die nom. sfr 41 000.— Aktien sind für ein in 1931 der Gesellschaft gewährtes Darlehen von noch sfr 40 823.75 = RM 33 067.24 als Sicherheit hinterlegt.)
Außerdem beteiligte sich die Gesellschaft 1940 weiter im Rahmen eines Konsortiums an der Gründung einer Gesellschaft im benachbarten Auslande zwecks Erweiterung der Rohstoffbasis mit etwa RM 48 367.—.

Die Gesellschaft gehört an: Fachgruppe Asbestzement und Leichtbauplatten in der Wirtschaftsgruppe Steine und Erden.

Grundkapital: nom. RM **4 000 000.—** Stammaktien in 4000 Stücken zu je RM 1000.—.

Kapitalveränderungen: Urspr. RM 4 000 000.—, lt. H.-V. vom 3. Juni 1930 Erhöhung um RM 1 000 000.— in 1000 Aktien zu RM 1000.—; ausgegeben zu 108 %. Laut H.-V. vom 30. Juni 1933 Herabsetzung des Grundkapitals auf Reichsmark 2 000 000.—. Der Buchgewinn diente zur Deckung des Gesamtverlustes sowie zu Sonderabschreibungen auf Inventar, Patente und Lizenzen.
Infolge Ausdehnung des Geschäfts beschloß die H.-V. vom 22. Mai 1937 die Erhöhung des Grundkapitals um Reichsmark 2 000 000.— auf RM 4 000 000.— durch Ausgabe neuer Aktien zu RM 1000.—.
Dividenden: 1929—1936: 0 %; 1937—1942: 6, 8 (davon 2 % zum Anleihestock), 6, 4, 6, 6 %.
Anleihestockbestand Ende 1942: Nom. RM 2200.— Schatzanweisungen, nom. RM 15 500.— Reichsanleihe und Reichsmark 37.60 bar.
Bilanz 31. Dezember 1942: Sa. RM 8 149 469.11. **Aktiva: Anlagevermögen** (3 113 172.—): Bebaute Grundstücke mit: Geschäftsgebäuden 28 491.32, Fabrikgebäuden 2 688 391.68, unbebaute Grundstücke 79 808.73, Grundstückszubehör 13 406.27, Gleisanlagen 1.—, Maschinen 231 536.—, Werkzeuge und Modelle 1.—, Betriebs- und Geschäftsinventar 1.—, Kraftfahrzeuge 1.—, Patente und Lizenzen 1.—, Beteiligungen 71 533.—; **Umlaufvermögen:** Roh-, Hilfs- und Betriebsstoffe 408 947.39, fertige Erzeugnisse und Waren 978 181.91, Wertpapiere 2 124 676.—, Hypothek 1200.—, geleistete Anzahlungen 32 498.—, Forderungen auf Grund von Warenlieferungen und Leistungen 216 315.33, Kasse, Reichsbank, Postscheck 27 031.19, andere Bankguth. 1 173 431.33, sonstige Forderungen 55 416.20, Rechnungsabgrenzung 18 599.76. — **Passiva:** Grundkapital 4 000 000.—, gesetzliche Rücklage 400 000.—, Rücklage II: 300 000.—, sonstige Rücklagen 586 937.57, Wertberichtigungen des Anlagevermögens 500 000.—, Rückstellungen 1 204 670.83; **Verbindlichkeiten** (835 607.88): Darlehn 343 067.24, auf Grund von Warenlieferungen und Leistungen 173 046.63, gegenüber Banken 34 105.38, sonstige Verbindlichkeiten 285 388.63; Rechnungsabgrenzung 18 579.49, Gewinn 303 673.34.
Gewinn- und Verlust-Rechnung: Sa. RM 3 464 302.91. **Aufwendungen:** Löhne und Gehälter 1 168 962.95, soziale Abgaben 73 010.53, Abschreibungen 836 922.04, ausweispflichtige Steuern 854 902.05, Beiträge an Berufsvertretungen 10 087.24, ao. Aufwendungen 216 744.76, Gewinn (Vortrag 117 470.37 + Gewinn aus 1942: 186 202.97) 303 673.34 (davon Dividende 240 000.—, Vortrag 63 673.34). — **Erträge:** Ausweispflichtiger Rohüberschuß 2 901 075.83, Zinsen 41 915.28, ao. Erträge 403 841.43, Gewinnvortrag aus 1941: 117 470.37.

Bestätigungsvermerk: Uneingeschränkt. Berlin, im Juli 1943. Treuhand-Vereinigung Aktiengesellschaft. Wanieck, Wirtschaftsprüfer; Lüchau, Wirtschaftsprüfer.
Letzte ordentliche Hauptversammlung: 22. Juli 1943.

4142

Auszug aus dem *Handbuch der Deutschen Aktiengesellschaften*, 1943.

Deutsche Asbestzement-Aktiengesellschaft Berlin

Geschäftsbericht

über das Geschäftsjahr

1943

anläßlich der gemeinsamen Beschlußfassung
des Vorstandes und des Aufsichtsrates über den Geschäftsabschluß

Den für Führer, Volk und Vaterland auf dem Felde der Ehre gefallenen Arbeitskameraden und den verstorbenen Gefolgschaftsmitgliedern werden wir ein gutes Andenken bewahren.

Im Verlaufe des Geschäftsjahres sind die folgenden Gefolgschaftsmitglieder verschieden:

Adolf Radensleben,	7. April 1943	Expedition
Josef Koschel,	9. Mai 1943	Expedition
Otto Briese,	12. Juli 1943	Formerei
Margarete Köhler,	21. Juli 1943	Verwaltung

Aufsichtsrat

Justizrat Dr. Josef Becker, Vorsitzer, Köln
Dr. Rudolf Verres, 1. stellvertr. Vorsitzer, Berlin
Dipl.-Ing. Max Schmidheiny, 2. stellvertr. Vorsitzer, Heerbrugg (Schweiz)
Hans Rinn, Direktor der Dresdner Bank, Berlin
Jean Emsens, Brüssel
Richard v. Bentivegni, Berlin
Hans Czerwenka, Vöcklabruck/Oberdonau
Alfred Müller, Direktor, Kalkberge
Ernst Schmidheiny, Celigny (Schweiz)

Vorstand

Dr. Hugo Buschmann, Berlin, Vorsitzer
Victor Werner, Berlin, im Felde
Dipl.-Ing. Ludwig Wiendl, Berlin

PORTRÄT

Nadja Ofsjannikova

»Arbeiten bis zum Umfallen«

»Ich weiß noch ganz genau: Im November 1942, ich war damals 19, erhielt ich den Brief, die Benachrichtigung der Kommandantur, dass ich dringend zu erscheinen habe. Im Falle des Nichterscheinens würde ich der Gestapo übergeben. Ich hatte Angst, dass die Deutschen mich und meine ganze Familie erschießen würden. Dieselbe Benachrichtigung erhielten auch meine Freundinnen Nadja Minenko, Tanja Scherbusko und Olga Obrsswenko.

Am 21. November fuhr man uns zur Station Klimowitschi; das ist 45 Kilometer von meinem Heimatdorf entfernt, denn dort, wo ich wohnte, gab es keinen Eisenbahnanschluss. Es war ein kalter Winter. Wir wurden mit den Schlitten transportiert und sind vor Kälte fast erfroren. Als wir ankamen, waren in der Bahnstation von Klimowitschi schon viele Frauen aus benachbarten Dörfern versammelt. Soldaten trieben uns in einen Güterzug. Auf dem Boden war Heu, so wie es für einen Viehtransport üblich war. Der Güterwagen wurde vollgepfercht; im Wagen war es sehr kalt, oben war nur ein kleines Fensterchen. Wie lange und wohin wir fahren würden, wussten wir nicht. Nach ein oder zwei Reisetagen wurden wir unter Bewachung aus dem Wagen herausgelassen. Wir sollten was zu essen kriegen. Man gab uns Suppe und Wasser. Doch als wir zu unserem Waggon zurückkamen, war dieser ausgebrannt und wir standen ohne unsere Sachen da. Wir hatten nichts mehr, was uns an unsere Familien und unser Zuhause erinnern würde. Dann wurden wir wieder in einen Güterzug eingesperrt und fuhren weiter. In Warschau kamen bewaffnete Männer und sagten, wir müssten aussteigen und uns in einer Reihe aufstellen, damit die Fabrikdirektoren aussuchen konnten, wen sie für ihre Fabrik wollten.

Als wir in Deutschland ankamen, wussten wir anfangs nicht einmal, in welcher Stadt wir waren. Sie brachten uns in ein KZ. Ich weiß nicht mehr genau, wie es hieß, aber ich bin mir fast sicher, es war Tempelhof. Hier wurden wir zur Arbeit gezwungen. Zuerst war ich mit dreißig anderen Mädchen in einer Schneiderei beschäftigt. Jeden Tag holte uns ein Deutscher aus dem KZ und brachte uns in die Textilfabrik, und abends holte er uns wieder ab. In dieser Fabrik war die Arbeit nicht schwer, aber sie verlangte gute Fähigkeiten. Wir nähten die Uniformen für die Soldaten an der Front. Ich erinnere mich noch gut an diesen Arbeitsort. Das Gebäude war geheizt und dies gab mir die Kraft, in diesem eiskalten Winter nicht gänzlich zu verzweifeln. Aber schon nach kurzer Zeit bombardierten die Alliierten die Fabrik, und so wurden wir in das Asbestzement-Werk nach Berlin Rudow versetzt.

Hier brachten sie uns in Baracken unter, die sich auf dem Gelände des Werkes befanden. Es waren vier Baracken, drei zum Wohnen und eine Waschbaracke.

In diesem Lager begann für uns eine Arbeit, die unsere Kräfte überstieg. Ich musste aus der Expeditionshalle die fertigen Asbestzement-Platten auf den Zug schleppen. Wohin sie verfrachtet wurden, weiß ich nicht, das hat man uns nicht gesagt. Wir arbeiteten unter freiem Himmel, denn die Werkhalle hatte kein Dach. Wir trugen Arbeitskleidung aus Zelltuch und an den Füßen

Nadja als 15-Jährige, vier Jahre vor der Deportation.

Schuhwerk aus Holz. Es war eiskalt. Die Arbeit war sehr schwer, die Platten wogen an die 20 Kilo, die Arme haben wehgetan. Ich war der Verzweiflung nahe, manchmal wünschte ich mir, einfach zu sterben. Ich habe viel geweint. Nach einer gewissen Zeit fasste ich Mut und bat den Aufseher, mich in die Formerei zu versetzen. Aber auch dort war die Arbeit alles andere als leicht. Ich musste mit einem Schleifpapier die fertigen Asbestzement-Formen schleifen und stand von Kopf bis Fuß im Staub. Die Fabrik, in der ich arbeitete, hieß Eternit und befand sich am Kanalufer in der Kanalstraße. Dort waren auch unsere Baracken. Die ganze Fabrik war von einem Stacheldrahtzaun umgeben, nur auf der Kanalseite hatte es keinen Zaun. Bewaffnete Männer hielten Aufsicht. Es war wie in einem KZ. Wie in Tempelhof, nur kleiner. Auch wir hatten

Nadja in der Eternit Berlin, Sommer 2007.

Nummern und einen Werkausweis, den wir stets vorzeigen mussten.

An die Namen der Betriebsangehörigen kann ich mich nicht mehr erinnern. Der Betriebsleiter war ein Mann in den besten Jahren. Er verhielt sich den Russen gegenüber nicht schlecht. Ich kann mich noch ganz gut an ein deutsches Mädchen erinnern. Es hieß Elsa. Sie arbeitete als Buchhalterin.

Es ist schwer, sich vorzustellen, wie ich diese ganzen Jahre überstanden habe.

Auch wenn wir krank waren, mussten wir arbeiten: zwölf Stunden am Tag, sechs Tage in der Woche. Feiertage gab es keine. Als die Russen näher rückten, wurde die Arbeit intensiviert. Ich weiß nicht weshalb, vielleicht brauchten die Deutschen die Bauelemente, die wir herstellten. Wir mussten dann schon um sechs Uhr antreten und bis spät in den Abend arbeiten. Einmal hatte ich eine Lungenentzündung, doch ich durfte nicht im Bett bleiben – das durfte niemand. Ein anderes Mal hatte ich einen Abszess unter dem Arm, der operiert werden musste. Es gab so etwas wie eine Lagerkrankenschwester, die das gemacht hat, danach schickte sie mich gleich zurück an die Arbeit. Eine Frau aus meiner Baracke ist während der Arbeit bewusstlos umgefallen und später gestorben. Sie haben sie einfach abtransportiert und danach wurde uns gesagt, sie habe Tuberkulose gehabt. Die anderen Frauen aus meiner Baracke haben alle überlebt.

Manchmal durften wir neben dem Wärterhäuschen bis vor das Fabriktor hinausgehen. Doch an eine Flucht war nicht zu denken, denn wir wussten, dass wir kaum Chancen hatten zu entkommen. Wohin sollten wir denn auch? Wir trugen alle das Erkennungszeichen »Ost«, man hätte uns sofort gefasst.

Einmal versuchten ein paar Frauen zu fliehen, doch sie sind nicht weit gekommen und waren sehr schnell wieder gefasst. Zur Bestrafung steckte die Gestapo sie einen Monat in den Kerker, und als sie wieder in die Fabrik zurückkamen, mussten sie die schwierigsten Arbeiten im Werk verrichten.

Beim Aufräumen vor dem Werk habe ich eine deutsche Frau kennengelernt. Sie hat mich angesprochen und gefragt, woher ich komme. Ich sagte ihr, ich sei Weißrussin, da hatte die Frau Mitleid mit mir. Sie erzählte mir, ihr Sohn sei als Soldat in Weißrussland. Sie wollte mir helfen, denn sie hoffte, dass in Weißrussland sich auch jemand ihres Sohnes annehmen würde. Sie beantragte deshalb beim Lagerobersten, dass ich sie an einem Sonntag besuchen könne. Das war möglich, denn manchmal durften wir das Lager mit einer Genehmigung für kurze Zeit verlassen. Das war das einzige Mal, dass ich das Lager verließ. Die Frau holte mich ab und brachte mich zu sich nach Hause. Sie hatte noch einen jüngeren Sohn. Dieser schien sich über meinen Besuch nicht zu freuen. Aber die Mutter erklärte ihm auf Deutsch, wie meine Situation war, und er schien zu verstehen. Einige Tage später fuhr er jedenfalls mit dem Rad an unserem Zaun vorbei und winkte mir zu. Diese Geste der Menschlichkeit erfüllte mich mit Freude. Die Frau schenkte mir ein altes Kleid. Und als der Lagerfotograf einmal zu uns in die Baracke kam, ließ ich mich mit diesem Kleid fotografieren.[61] Ich gab ihm dafür ein paar Münzen. Das wenige Geld, das wir ab und zu für unsere Arbeit erhielten, nützte uns nichts. Wir durften nicht raus, um uns was zu kaufen, und wir hatten ja auch keine Lebensmittelmarken.

Die Verpflegung im Lager war erbärmlich: Zum Frühstück gab es Mehlsuppe, zu Mittag Suppe aus Futterrüben und abends 100 Gramm Brot und ein kleines Stück Margarine. Der Hunger war unerträglich. Wenn wir mittags voller Staub aus dem Werk in die Baracke kamen, war die Suppe schon in den Tellern. Die Barackenaufseherin, eine dicke Deutsche, beobachtete uns die ganze Zeit und kontrollierte jede unserer Bewegungen. Wenn eine von uns nicht parierte, schlug die Aufseherin rücksichtslos auf sie ein. Wir hatten eine halbe Stunde Zeit zum Essen und Ausruhen, danach mussten wir zurück an die Arbeit. Abends wog eine von uns jedes Stück Brot auf einer kleinen Wage und die Aufseherin kontrollierte peinlichst, dass niemand mehr als 100 Gramm Brot erhielt. Nach der Arbeit waren wir so erschöpft, dass wir uns gleich auf unsere Kojen legten. Aber der Hunger war so groß, dass ich manche Nacht nicht einschlafen konnte.

Im Werk arbeiteten auch deutsche Männer, einige von ihnen waren zur Aufsicht verpflichtet. Manchmal frage ich mich, wie ich so viel menschliches Leid nur aushalten konnte. Ich dachte immer wieder an meine Familie und wie es ihr wohl ginge. Von meiner Mutter habe ich zwei Briefe erhalten. Das war ein unbeschreibliches Glücksgefühl; ich habe sie immer wieder unter Tränen gelesen und bei mir getragen, bis sich das Papier in Fetzen auflöste.

Im April 1945 wurde wieder bombardiert. Zum Glück konnten wir gemeinsam mit den Deutschen in einen Keller gehen. Denn eine Bombe traf das Werk und alles, außer unsere Baracken, war zerstört. Kurz darauf wurden wir dann befreit. Die Russen kamen in die Fabrik und sagten, wir seien jetzt frei. Die Frauen fingen zu jubeln an und fielen einander in die Arme. Sie umarmten auch die Soldaten. Doch diese sind nicht lange geblieben, denn für sie war der Kampf noch nicht vorbei; sie nahmen die Gewehre und gingen weiter Richtung Berlin Zentrum. Nun hatte ich Angst, wie sollte ich nach Hause kommen?

Den Weg in die Heimat mussten wir zu Fuß zurücklegen. Heute kann ich mir nicht vorstellen, wie wir solche Schwierigkeiten bewältigten. Ohne Lebensmittel, ohne Verkehrsmittel; manchmal wurden wir von Soldaten mitgenommen.

Als ich im Jahr 2000 aus der Zeitung erfuhr, dass die Menschen, die als Zwangsarbeiter in Deutschland waren, eine Entschädigung erhalten, ging ich zum Archiv und beantragte eine Bescheinigung. Aber man schickte mir ein Dokument, in dem stand, dass ich freiwillig nach Deutschland in ein Konzentrationslager gegangen sei.[62] Diese Nachricht stimmte mich sehr traurig. Aber wie sollte ich das Gegenteil beweisen? Ich schickte auch ein Schreiben an die Stelle, wo man uns abtransportiert hatte, aber ich habe keine Antwort erhalten. Als mein Vater noch lebte, war er nach Weißrussland gefahren und hatte eine Bescheinigung mitgebracht, in der stand, dass ich gegen meinen Willen nach Deutschland deportiert worden war. Dieses Dokument lieferte ich an meiner Arbeitsstelle ab. Heute ist es unauffindbar.«

Christian Richter zu Besuch bei Nadja Ofsjannikova in Riga.

Die Mühe der deutschen Eternit AG mit ihrer Firmengeschichte

Im Jahr 2000, als die Debatte zur Entschädigung der Zwangsarbeiter in Deutschland in vollem Gang war, lernte Nadja Ofsjannikova in einem Restaurant in Riga zufällig den deutschen Arzt Christian Richter kennen. »Ich war als Tourist schnell erkannt worden, da ich zwar Russisch spreche, aber eben nur noch ein sparsames Schulrussisch. Als ich sagte, ich komme aus Berlin-Potsdam, da sprudelte es aus der damals 76-jährigen Dame heraus: ›Ich habe im Krieg in Berlin bei der Firma Eternit gearbeitet, in Berlin Rudow, an der Kanalstraße, dort haben wir auch in Baracken neben den Arbeitsplätzen geschlafen‹«, schildert Christian Richter sein erstes Treffen mit Nadia Ofsjannikova. Der Arzt fühlte sich als Deutscher von der Geschichte der Frau betroffen und versprach ihr, sich in Berlin bei der Eternit für sie einzusetzen, damit sie von allfälligen Entschädigungszahlungen nicht ausgeschlossen würde. Doch zurück in Berlin, erwies sich Christian Richters Unterfangen alles andere als einfach, denn von Zwangsarbeitern wollte die Eternit nichts gewusst haben.

In einem Brief vom 20. November 2000 schrieb die Firma dem deutschen Arzt: »Leider können wir nicht bestätigen, dass die Angaben von Frau Nadja Ofsjannikova zutreffen. Wir möchten diese jedoch auch nicht generell in Abrede stellen. Durch Kriegseinwirkung sind die meisten Personalunterlagen verloren gegangen. Die Produktion lag während der Kriegsjahre rohstoffbedingt weitestgehend brach. Am 23. April 1945 besetzten russische Truppen unser Werk und demontierten im Sommer desselben Jahres den gesamten Maschinenpark. Bekannt ist lediglich, dass auf einem der damaligen Asbestzement-Gesellschaft gehörenden Grundstück an der Köpenickerstraße 39–45 von der Arbeitsgemeinschaft Rudow an dem Unternehmen Flugzeugwerk Johannisthal GmbH ein Gefangenenlager, das aus zehn Baracken bestand, errichtet wurde. Wo die dort untergebrachten Zwangsarbeiter tatsächlich eingesetzt wurden, ist heute nicht mehr festzustellen.«

Kein Wort einer Entschuldigung, in keiner Weise ein Zugeständnis, falsch gehandelt zu haben. Die Firma ließ Christian Richter aber wissen, dass sie wie viele andere deutsche Firmen der Stiftungsinitiative der deutschen Wirtschaft beigetreten sei. Aufgabe der Stiftungsinitiative sei es, noch lebenden ehemaligen Zwangsarbeiterinnen und Zwangsarbeitern aus den von der Wirtschaft und dem Staat zur Verfügung gestellten Beiträgen eine Entschädigung zu zahlen. Nadja Ofsjannikova möge doch ihren Antrag an diese Stiftung richten.

Großes Befremden hat diese Antwort nicht nur bei Christian Richter ausgelöst. Auch der deutsche Historiker Bernhard Bremberger, der sich seit Jahren mit dem Thema Zwangsarbeit befasst, erhielt von der Eternit Berlin dieselbe für ihn nicht nachvollziehbare Antwort. Bremberger, der im Jahr 2000 im Standesamt Neukölln (Berlin Rudow) nach den Einträgen von in Lagern geborenen Kindern und verstorbenen Zwangsarbeiterinnen und Zwangsarbeitern gesucht hat, konnte die Existenz von zwei Lagern nachweisen, die auf dem DAZAG-Gelände standen. Bremberger hält in einem Aufsatz fest:

»Kanalstraße 117–155. Hier befand sich ein Barackenlager für ausländische Kriegsgefangene und Ostarbeiterinnen ab Herbst 1942, auf dem Gelände der Deutschen Asbestzement AG. Aktenkundig im Standesamt 11.4.1943 bis 9.3.1945: Mehrere Frauen aus dem Raum Stalino (heute Donezk, Ukraine) und andere Ukrainerinnen bekamen im Lager Kinder (auch ein Ehepaar). Ein Kind starb Anfang 1944 im Lager an Ernährungsstörungen. Im April 1944 starb eine 17-Jährige im Krankenhaus an Bauchfellentzündung. Teilzerstört durch Bombenangriff im Herbst 1943.

Köpenickerstraße 39–45. Auf DAZAG (Eternit)-Gelände gebaut von der Arbeitsgemeinschaft Rudow. (Beteiligt an der AG Rudow waren die Firmen Bauer / Daubitz / DAZAG / DeTeWe / DVL / Dolberg / FRW / JoFlug [wohl: Flugzeugwerke Johannisthal] / Ganswindt / Germania / Graetz / [Rud. A.] Hartmann / Hempel / Krone / Metalloxyd / Neuling / Pertrix / Fachgruppe Kohle / Wiegandt / Wintershall.) Großes Barackenlager, im Standesamt aktenkundig 18.1.1943 bis nach Kriegsende: Über ein Dutzend Frauen vor allem aus Polen, aber auch der Ukraine, die innerhalb des Lagers Kinder bekamen; nur wenige im Krankenhaus. Es gab eine Lagerkrankenschwester und anderes Personal, das die Geburten meldete. Mindestens sieben Kleinkinder verstarben im Lager. Im Mai 1943 wurde das Lager als ›Polenlager‹ bezeichnet. Die Wirtschaftsbaracke steht noch.«[63]

Bernhard Bremberger hatte zudem im Zuge seiner Recherchen von der Berliner Geschichtswerkstatt ein Dokument erhalten – einen Brief mit »Eternit« im Briefkopf vom 21. Februar 1941 –, welches unmissverständlich darlegte, dass die DAZAG in den Bau eines Gefangenenlagers auf ihrem Firmengelände einwilligte. In diesem Brief hält die Firma fest: »Die Arbeitsgemeinschaft Rudow, die sich neu gegründet hat mit dem Ziel, den Kräftebedarf ihrer Betriebe aus ausländischen Kriegsgefangenen sicherzustellen und der wir als Mitglied beigetreten sind, hat zur Errichtung eines Gefangenenlagers das in unserem Besitz befindliche in Berlin-Rudow an der Köpenickerstraße 39, 41, 43 und 45 [...] gelegene [...] Grundstück [...] von uns pachtweise erworben. [...]. Wir willigen hiermit ausdrücklich in die Ausnutzung des vorbezeichneten Grundstückes und Bebauung mit den zu einem Gefangenenlager gemeinhin gehörenden Bauanlagen ein [...].

Heil Hitler! Deutsche Asbestzement-Aktiengesellschaft.«

Die Aussage der Eternit, das Firmenarchiv sei während des Krieges verschollen, verwundert den Historiker. So wurden nach seinen Kenntnissen noch vor wenigen Jahren Abschriften des Geschäftsberichts von 1943 angefertigt. Zudem gebe es mehrere Dokumentationen zum Thema Zwangsarbeit bei Eternit. In einer Firmenchronik aus dem Jahr 1985 werde zum Beispiel ausdrücklich »die Errichtung von drei Arbeitsdienst-Wohnbaracken, Typ RL IV, und der Bau einer Waschbaracke für die ausländischen Arbeitskräfte (zuerst Italiener, später Ostarbeiter-Frauen)« erwähnt. Über die Lebensbedingungen der Zwangsarbeiter in den zwei Lagern gibt es mit Ausnahme des Zeugenberichtes von Nadja Ofsjannikova bisher keine konkreten Angaben, aber Hinweise. Im Neuköllner Museum ist laut Bremberger zum Beispiel eine aussagekräftige Sterbeurkunde aus dem Jahr 1943 vorhanden. »Dieses Dokument beweist, dass zumindest 1943 polnische Frauen in dem Lager Köpenickerstraße gefangen gehalten wurden und dass ein dort geborenes Kind im August wenige Tage nach der Geburt starb.« Der Standesbeamte trug damals als Todesursache ein: »fieberhafte Erkrankung, Kreislaufschwäche«. Laut Bremberger wurde mit dieser Formulierung während des Kriegs oft die wahre Todesursache kaschiert: verhungert.

Erst im Frühjahr 2007, im Zuge der Recherchen für das vorliegende Buch, reifte bei der deutschen Eternit AG die Einsicht, angesichts so vieler Hinweise die Beschäftigung von Zwangsarbeitern nicht länger anzuzweifeln. Udo Sommerer, Vorstand der Eternit AG, bestätigte in einem Brief: »[...] Ein direkter Nachweis über die Beschäftigung von Zwangsarbeitern liegt uns nicht vor, da offensichtlich alle Personalunterlagen – auch für deutsche Arbeitnehmer – durch Kriegsereignisse vernichtet wurden. Indirekt gibt es aber eindeutige Hinweise auf die Beschäftigung von Zwangsarbeitern. Die Beteiligung an der Arbeitsgemeinschaft Berlin Rudow ist dokumentiert. Es gibt Anfragen ehemaliger Zwangsarbeiterinnen (nach 2000) mit der Bitte um Bestätigung des Arbeitseinsatzes. Ebenso liegen uns die Baugenehmigung für die Barackenlager Köpenickerstraße und Kanalstraße vor. [...]. Es ist richtig, dass in den Jahren des Krieges zwei Vertreter der Familie Schmidheiny Mitglied des neun Personen umfassenden Aufsichtsrates der DAZAG waren. Die Eternit AG ist der Stiftungsinitiative Erinnerung, Verantwortung und Zukunft mit Wirkung zum 6. Juli 2000 beigetreten. Unser Beitrag waren 400 000 DM. Über die Verwendung der Gelder haben wir keine Kenntnis, da die Gelder durch die Stiftungsinitiative verteilt worden sind.«[64]

Im Juli 1945, drei Monate nach der Befreiung der Belegschaft durch die Russen, nahm die DAZAG in Berlin, wenn auch in einem sehr beschränkten Rahmen, wieder die Produktion auf. Aus alten Maschinen- und Flugzeugteilen wurden neue Maschinen zusammengebastelt. Der Rohstoff stammte aus Vorräten zur Isolierung von Luftschutzräumen. Das notwendige Kapital kam 1949 einmal mehr aus der Schweiz: Max Schmidheiny glaubte noch immer an den deutschen Markt, der durch den Wiederaufbau schon bald florieren sollte. So unterstützte der Geschäftsmann das Asbestzement-Werk in Berlin mit einem privaten Auslanddarlehen in der Höhe von einer Million D-Mark. Und siehe da, seine Rechnung ging auf: Während das Unternehmen 1949 mit einer Belegschaft von rund 100 Frauen und Männern einen Umsatz in der Höhe von 350 000 D-Mark schrieb, beschäftigte sie ein Jahr später schon fast doppelt so viele Mitarbeiter und der Umsatz schnellte auf über zwei Millionen D-Mark.[65] Den Rest taten die fortan üppig fließen-

Luftaufnahme der Eternit-Fabrik in Berlin-Rudow, vermutlich 1970er-Jahre *(Museum Neukölln)*

den US-Dollars des European Recovery Program. Das Unternehmen expandierte nach Westdeutschland und die Geschäfte mit dem todbringenden Gestein florierten.

1980 erhielt der Schweizer Geschäftsmann Max Schmidheiny für seine »mutige« Investition im Nachkriegsdeutschland vom Berliner Senat die Ernst-Reuter-Medaille. Dass er bereits während der Nazizeit im Aufsichtsrat saß, schien niemanden zu stören.

1990 verkaufte Stephan Schmidheiny, der Sohn von Max Schmidheiny, seine Aktien an die belgische Etex-Gruppe, die im Jahr 2003 das Werk in der deutschen Bundeshauptstadt aufgegeben hat.

Doch was sagt Stephan Schmidheiny, in den 80er-Jahren auch Vorsitzender des Aufsichtsrates der Eternit Berlin, über dieses bisher wenig bekannte Kapitel seiner Familiengeschichte? Trotz persönlicher Anfrage ist der einstige Asbestzement-Unternehmer nicht zu einer Stellungnahme bereit. Er überlässt die heikle Aufgabe seinem Pressesprecher, dem

Zürcher Kommunikationsberater Peter Schürmann. Wer erwartet hat, dass dieser aufgrund der eindeutigen Beweise die Beschäftigung von Zwangsarbeitern einfach zugeben und bedauern würde, hat sich getäuscht. Denn Schürmann zieht dieses triste Kapitel der Firmengeschichte noch immer in Zweifel: Ob beziehungsweise wie viele Zwangsarbeiter wirklich von der deutschen Eternit beschäftigt worden seien, sei heute aus den Akten nicht ersichtlich. Es stehe zwar fest, dass eine Arbeitsgemeinschaft verschiedener Firmen in den Kriegsjahren auf einem Nebengelände drei Arbeitsdienstbaracken und eine Waschbaracke errichtet habe. Auf diesem Gelände müssten die in einer deutschen Zeitung erwähnten 100 und später, bei Kriegsende, 283 Zwangsarbeiter wohl untergebracht gewesen sein. Die Mitglieder der Arbeitsgemeinschaft hätten dann bei Bedarf entsprechende Arbeitskräfte angefordert. Aus schriftlichen Unterlagen gehe aber hervor, dass in Deutschland bereits 1938 aufgrund des Baus des Westwalls der Zement rationiert worden sei. Zudem habe die beschränkte Zuteilung von Asbest wegen des Devisenmangels im September 1939 zur Stilllegung aller Maschinen der Eternit geführt. Es stelle sich deshalb die Frage: »Weshalb hätte die Eternit Zwangsarbeiter beschäftigen sollen?« (Brief an die Autorin, Juni 2007)

Eine Stellungnahme, die in Deutschland in dieser Form wohl niemand mehr wagen würde. Doch weshalb verstrickt sich der Sprecher von Stephan Schmidheiny in eine solch sibyllinische Erklärung, nachdem die deutsche Eternit zugegeben hat, dass es sehr wohl Hinweise für eine Beschäftigung von Zwangsarbeitern gibt? Haben sich die heutige deutsche Eternit-Spitze und die einstigen Besitzer nicht abgesprochen? Oder sind sie etwa nicht gleicher Meinung? Klar ist, der Sprecher von Stephan Schmidheiny reicht den Schwarzen Peter an die Deutschen weiter und spielt die Rolle der Schweizer in der Leitung des Betriebs herunter. Die Schmidheinys hätten am deutschen Unternehmen – der Familienusanz entsprechend – nur eine Minderheitsbeteiligung gehalten. Max und Ernst Schmidheiny seien zwar im Aufsichtrat gesessen, doch dieses Gremium habe laut deutschem Recht, anders als ein Schweizer Verwaltungsrat, »keinerlei operative Befugnisse« gehabt. Und nicht nur das: Zu jener Zeit hätten Führungsfunktionen von Ausländern gar nicht besetzt werden können. Und überhaupt hätten damals praktisch alle deutschen Unternehmen Zwangarbeiter beschäftigt, denn das sei, so der Sprecher von Stephan Schmidheiny, »eine Order des NS-Regimes« gewesen. Für die Integrität von Max Schmidheiny spreche die Tatsache, dass er 1980 für seine Investition im Nachkriegsdeutschland mit der Ernst-Reuter-Medaille ausgezeichnet worden sei. Schürmann: »So hohe Auszeichnungen erfolgten stets nach Abklärung der Rolle in der Nazizeit.« Max Schmidheiny brauche sich deshalb für seine Rolle im Aufsichtrat der DAZAG nicht zu schämen.

Nadja Ofsjannikova hatte Glück im Unglück, denn da zu dieser Zeit der Asbest teilweise durch Alternativfasern ersetzt worden war und die Zwangsarbeiterin meist im Freien arbeitete, ist sie von den typischen Asbestkrankheiten verschont geblieben. Was aus ihren Leidensgenossinnen wurde, weiß sie nicht.

Im Jahr 2001 anerkannten die weißrussischen Behörden, dass Nadja Ofsjannikova – gemeinsam mit Hunderttausenden von anderen Frauen und Männern – nicht freiwillig, sondern als Zwangsarbeiterin nach Deutschland deportiert worden war. Zwei Jahre später erhielt die Weißrussin eine erste Tranche der Kompensationszahlung der zuständigen Stiftung in der Höhe von 750 Euro. Im Jahr 2005 erfolgte die Restzahlung von 1250 Euro.

Am 13. Juni 2007 ist Nadja Ofsiannikova, auf Einladung ihres Freundes Christian Richter, nach Berlin zurückgekehrt. 62 Jahre nach ihrer Befreiung wollte sie nochmals die Fabrik sehen, in der sie wie eine Sklavin behandelt worden war. Drei Mal ist sie während ihres kurzen Berlinaufenthaltes in den Werkhallen der Eternit gewesen. Stundenlang ist sie durch das Gelände gelaufen und hat ihrem Freund ihre ganze Geschichte nochmals erzählt und ihm gezeigt, wo die Baracken standen, wo das Wärterhäuschen war und die alte Brücke, die über den Kanal in die Freiheit führte. Unvermittelt stießen in ihrem Gedächtnis Erinnerungen hoch, die sie wie Puzzleteile aneinanderfügte. Sie erzählte, wie sie eines Abends keine Kraft mehr hatte, um auf ihre Koje zu klettern, und bewusstlos zu Boden fiel. Sprach von der lähmenden Angst, die sie vor der dicken Aufseherin hatte. Beschrieb das unglaubliche Glücksgefühl, das sie überwältigte, als sie nach wochenlangem Marsch wieder zu

Hause bei ihrer Mutter ankam. Und erst beim dritten Besuch in der Fabrik am Kanal konnte Nadja Ofsjannikova ihre Gefühle neu einordnen. Bei diesem dritten Besuch flossen keine Tränen mehr. Mit fester Stimme sagte sie zu ihrem Freund: »Die Zeit heilt die Wunden nicht, doch ich habe überlebt.«

3. Asbest-Geschäft dank der Apartheid

Einstieg ins profitable Geschäft mit den Schwarzen

Doch verlassen wir Deutschland und richten wir unsere Aufmerksamkeit auf die südliche Hemisphäre: von Nazideuschland zum Apartheid-Regime Südafrikas. Denn hier schrieben die Asbestunternehmen, auch jenes der Rheintaler Familie, ein weiteres dunkles Kapitel der Industriegeschichte. Ausschlaggebend waren dafür drei Faktoren: der sich in der nördlichen Hemisphäre immer schneller ausweitende Zweite Weltkrieg, ein Heer an billigen und rechtlosen schwarzen Arbeitskräften sowie schier unendliche Asbestvorkommen.

Obwohl die ehemals britische Kap-Kolonie innnerhalb der SAIAC zur Interessensphäre der Briten gehörte, entschieden sich die Schmidheinys, im Asbestkartell ihre Expansion nach Südafrika zu beantragen. Schon nach kurzer Zeit sei vom britischen Asbestzementgiganten Turner and Newall das Okay zur Expansion erfolgt. Das britische Unternehmen hatte kein Interesse, in dem von den Buren und Engländern umkämpften Staat Investitionen zu tätigen.

Am 22. April 1941 gründete Max Schmidheiny die Everite Limited, kurz darauf erwarb er das erste Werk in Klipriver. In den folgenden Jahren florierte das Asbest-Geschäft, und die Everite wurde dank dem Kauf verschiedener Asbestminen und Fabriken zu einem der führenden Unternehmen des Landes.[66] Um die Risiken ihrer Auslandinvestitionen möglichst im Griff zu haben, sahen sich die Schmidheinys gewohnheitsgemäß nach einem starken lokalen Partner um. Wo rechtliche Aspekte es nahelegten oder lokale Gesetze es verlangten, machte es den gewieften Rheintalern nichts aus, in die Rolle der Minderheitsaktionäre zu schlüpfen. Die Selbstsicherheit für ein solches Vorgehen schöpften sie aus dem Bewusstsein, ihren Partner in den Entwicklungsländern technologisch wie auch finanziell überlegen zu sein. So beteiligte sich die Everite mit 47 Prozent an der Asbestos Investments, einer Holding, der einige der großen südafrikanischen Asbestminen angehörten. Präsident der florierenden Minengesellschaft wurde Max Schmidheiny.

Welch demonstrative Überlegenheit die Ostschweizer im Umgang mit ihren Geschäftspartnern zur Schau trugen, lässt eine Anekdote erahnen, die der Südafrikaner Sarel de Witt im Zusammenhang mit einem Meeting erzählt, das 1961 in der Schweiz stattfand: »Während der Sitzung, an der es um den Einsteig der Schmidheinys bei der Asbestmine in Danielskuil ging – immerhin ein Deal in Millionenhöhe – notierte sich der südafrikanische Gast ein paar Stichworte auf der Rückseite einer leeren Zigarettenschachtel. ›Können wir sie nicht als Vertrag benutzen?‹, soll ihn Ernst Schmidheiny jr. damals gefragt haben, nachdem er das Gekritzel kurz überflogen und mit einem Kugelschreiber unterschrieben hatte.«[67]

Rund 55 000 Menschen haben ab 1942 für das Firmengeflecht der Schmidheinys während des südafrikanischen Apartheidregimes gearbeitet; der Großteil waren rechtlose Schwarze. Einer von Zehntausenden südafrikanischen Arbeitern, die über Jahrzehnte, ohne ihr Wissen dem krebserzeugenden Werkstoff ausgesetzt waren, heißt Fred Gonna. 25 Jahre lang hat Gonna im Everite-Werk in Brackenfell gearbeitet. Der heutige Gewerkschaftler erinnert sich noch sehr gut an jene Zeit in der »Fabrik mit dem vielen Staub«.

INTERVIEW

Fred Gonna

südafrikanischer Gewerkschaftler

»Sie behandelten uns wie dumme Kinder«

Wie waren die Gesundheitsvorkehrungen und Arbeitsbedingungen in den Everite-Werken?
Absolut schrecklich. Überall war Staub. Niemand sagte uns, dass er tödlich war. Wenn einer von uns erkrankte, transportierte ihn die Firma in sein Homeland zurück. Niemand wusste, woran die Kollegen erkrankten. Die Aufklärung begann erst in den 80er-Jahren als die Gewerkschaften in die Everite kamen. Die Unternehmensleitung kam unter Druck und merkte, dass sie nicht länger schweigen konnte. Sie machten Flugblätter, mit denen sie uns anwiesen, auf den Staub aufzupassen. Sie nannten in diesen Flugblättern den tödlichen Asbeststaub »Mister Fiber« und sagten uns, dieser Herr würde uns nichts antun, solange wir ihn nicht störten. Doch wenn wir ihn störten, dann könnte er gefährlich werden. Das war absurd, sie behandelten uns wie dumme Kinder. Sie hätten uns sagen müssen, dass Asbeststaub Krebs verursacht.

Hatte die Belegschaft der Everite direkten Kontakt mit der Unternehmensleitung?
Das war eine Sache für sich. Wir haben uns jahrelang gefragt, weshalb die Unternehmensleitung – insbesondere die Manager aus der Schweiz – es vermied, in die Werkhallen zu kommen. Die wenigen Male, die sie zu uns kamen, blieben sie in großer Entfernung von den Maschinen. Erst später begriffen wir, dass sie keinen Staub einatmen wollten. Sie wussten von Anfang an, dass er tödlich war, doch uns wollten sie das nicht sagen.

Hat euch die Schweizer Unternehmensleitung erklärt, weshalb sie 1992 das Unternehmen verkaufte?

Sie haben uns gesagt, sie hätten einfach kein Interesse mehr, in Südafrika geschäftlich tätig zu sein. Das ist ja auch klar: Mit dem Ende der Apartheid konnten sie uns Schwarze nicht mehr ausbeuten. Die Mehrheit der Belegschaft waren Schwarze, denen sie viel weniger bezahlten als den Weißen.

Für dieselbe Arbeit?
Ja. Sie begründeten diesen Lohnunterschied damit, dass die Weißen Häuser und Möbel kaufen müssten. Uns steckten sie hingegen in diese schrecklichen Arbeiterunterkünfte, in denen wir über Jahrzehnte ohne unsere Familien leben mussten. Das war nach 1992 nicht mehr möglich. Deshalb stieg Stephan Schmidheiny aus dem Südafrikageschäft aus und verkaufte die Firma an ein lokales Unternehmen. Schmidheiny hat sich 1992 aus dem Staub gemacht, bevor ihn die neue Regierung zur Verantwortung ziehen konnte. Das wollten wir aber nicht einfach schlucken und haben ihm einen Brief in die Schweiz an seine Nueva Holding geschrieben. Wir machten ihm klar, er müsse sich seiner Verantwortung stellen, die Kranken und die Familien der Toten entschädigen.

Hat Schmidheiny geantwortet?
Nicht persönlich. Wir bekamen einen Brief von der Unternehmensleitung der Nueva. Sie ließen uns wissen, sie hätten stets nach den geltenden südafrikanischen Gesetzen gehandelt, deshalb hätten sie keine Verpflichtungen – weder rechtlicher noch moralischer Art.[68]

Auch ein ökologisches Desaster

Stephan Schmidheiny (geb. 1947), Max' zweitältester Sohn, absolvierte ausgerechnet in der südafrikanischen Everite seine praktische Managementausbildung. Der gewiefte Geschäftsmann, der sich 1991 am Erdgipfel in Rio als Pionier des Ausstieges aus dem Asbest feiern lassen sollte und dort für einen Kurswechsel in Richtung eines »nachhaltigen, intelligenten und ökologisch verträglichen Kapitalismus« plädierte, war Großaktionär der Everite während der schlimmsten Jahre des Apartheidregimes; nämlich zu jener Zeit, als der rassistische Repressionsapparat im verzweifelten Versuch sich an der Macht zu halten vor keinen Mitteln zurückschreckte.

Stephan Schmidheiny, der ab Mitte der 70er-Jahre sämtliche Eternit-Werke der Familie im Ausland betreute, entledigte sich Ende der 80er-Jahre der verhängnisvollen Asbestminen. Der in den südafrikanischen Minen geförderte Blauasbest war wegen seines besonders aggressiven Krebspotenzials international in Verruf geraten und deshalb auch weniger gefragt. 1992 nach dem Fall des Apartheidregimes löste sich der Unternehmer dann auch von der Everite, die von der südafrikanischen Groupe Five aufgekauft wurde.

Doch der Versuch des Schweizer Asbestmilliardärs, sich rechtzeitig aus der Verantwortung zu ziehen, scheiterte. Im Jahr 2002 sollte die Vergangenheit Stephan Schmidheiny einholen: In Johannesburg wurde eine Klage gegen sein einstiges Asbestzement-Unternehmen eingereicht. John Fereira, ein an Mesotheliom erkrankter weißer Manager, verklagte die Everite auf eine Million Franken. Der inzwischen verstorbene Mann war unmittelbar in der Nähe der Everite aufgewachsen, hatte aber nie im Werk selbst gearbeitet. Die Asbestexposition Fereiras war auf die 60er-Jahre zurückzuführen, als sein Vater und sein Bruder im Everite-Werk arbeiteten und die schmutzige Berufskleidung nach Hause brachten. Richard Spoor, der Anwalt Fereiras, sprach 2002 gegenüber der Schweizer Presse klare Worte: »Die Klage ist ein erster Schritt, um die Everite in die Verantwortung zu nehmen. Doch die eigentlichen Verantwortlichen sitzen in Europa und sind zurzeit noch außer Reichweite unserer Gerichte.« Für ihn sei die Gerechtigkeit erst gegeben, wenn auch die Aktionärsfamilie in der Schweiz zur Verantwortung gezogen würde. Denn die Familie habe über Jahrzehnte vom Apartheidregime profitiert und mit ihren Werken und Minen ein volksgesundheitliches und nicht zuletzt auch ein ökologisches Desaster angerichtet.

Der »soziale« Häuserbau

Die Arbeitsmedizinerin Sophia Kisting von der Universität Kapstadt wertete die Asbestschäden als eines der größten Umweltprobleme Südafrikas.

Stillgelegte Asbestwerke und Asbestminen, wohlgemerkt nicht bloß jene der Schmidheinys, müssten dringend saniert werden. Doch gefährlich seien nicht nur die einstigen Werke, sagte die Arbeitsmedizinerin im März 2002 gegenüber der Schweizer Presse: Tausende von Schwarzen in den Townships leben in Häusern mit kaputten Asbestdächern und -wänden. Laut einer Studie des National Center for Occupational Health wurden in Häusern in Soweto zehnmal höhere Asbestwerte gemessen als gesetzlich erlaubt. Rund 70 Prozent der Asbestwelldächer in Soweto stammten von der Everite. Viele dieser Dächer seien älter als 40 Jahre und stark beschädigt. Zudem seien sich die Bewohner der Häuser der Gefahr, welche von den beschädigten Dächern ausgeht, wenn man an ihnen herumbastelt, nicht bewusst.

Das profitable Geschäft mit den Asbestdächern für die Schwarzen in den Townships hat die Schweizer Firma nicht nur in den 50er- und 60er-Jahren betrieben. Noch 1990 erklärte Everite-CEO Georges Thomas in einem Interview in der Zeitschrift *Bilan:* »Nach einem schlechten Abschluss für das Jahr 1989 sehen wir der Zukunft wieder mit Enthusiasmus entgegen.« Der Grund für so viel Freude: Das Budget von Präsident Frederik de Klerk. Rund 3 Milliarden Rand – damals 1,8 Millionen Franken – waren für den sozialen Häuserbau für die Schwarzen in den Townships vorgesehen. Von öffentlichen Vergaben hatte die Firma auch in früheren Jahren immer wieder profitiert.

Doch nicht nur das Schweizer Firmengeflecht der Schmidheinys richtete im südlichen Afrika enorme Umweltschäden an. Verantwortung für dieses Umweltdesaster tragen vor allem auch britische Konzerne, die ungeachtet der bereits bekannten Gesundheitsgefährdung mit der »Wunderfaser« Milliarden umsetzten.

Laut Angaben der Everite waren bis im Jahr 2002, als Fereira bei der Justiz vorstellig wurde, 508 ehemalige Mitarbeiter dieses Unternehmens wegen Asbestexposition erkrankt. Nach dem südafrikanischen Gesetz können diese aber nicht gegen den einstigen Arbeitgeber klagen, sondern werden für ihre Berufskrankheit durch einen paritätischen Fonds entschädigt. Anders ist es hingegen für ihre erkrankten Familienangehörigen, wie der Fall von John Fereira zeigte.

Hans-Rudolf Merz: Ein Freund für alle Fälle

Der mediale Druck des Anwaltes von John Fereira gegen die Firma und ihre einstigen Schweizer Besitzer hat schon bald Wirkung gezeigt: Im Frühjahr 2003 nahm die Leitung der Anova Holding AG – die Nachfolgefirma der Amiantus AG, in welche die Auslandsinteressen der Asbestzementfirmen der Schmidheinys eingebracht worden waren – mit dem südafrikanischen Asbestopferanwalt Richard Spoor Kontakt auf und lud ihn zu einem Gespräch in die Schweiz ein. Was war geschehen, wieso suchte die Firma so schnell das Gespräch mit den Südafrikanern?

Eingefädelt hatte den Kontakt zu den Südafrikanern ein alter »Geschäftsbekannter« von Stephan Schmidheiny: der damalige Ständerat Hans-Rudolf Merz. Der Mann, der heute Schweizer Finanzminister ist, hatte jahrelang als selbständiger Unternehmer das schmidheinysche Firmengeflecht in Sachen Personalentwicklung beraten und vor allem das Kaderpersonal für das weltweite Asbestzement-Imperium rekrutiert – auch in Südafrika. Angesichts der aus verschiedenen Ländern drohenden Asbest-Verfahren ist Stephan Schmidheiny im August 2002 aus dem Verwaltungsrat der Anova zurückgetreten und hat den frei werdenden Sessel des Präsidenten seinem alten Geschäftsfreund zugeschoben. »Nachdem ich mich seit mehr als einem Vierteljahrhundert mit diesen Fragen beschäftigt habe, sollen neue Persönlichkeiten mögliche neue Ansätze in der Asbestproblematik prüfen. Ich will sicherstellen, dass meine Holding konstruktiv zu dieser Debatte beiträgt und für die anstehenden Probleme gerechte Lösungen suchen hilft«, schrieb der Milliardärssohn damals in einem Pressecommuniqué. Und er kündigte an, dass fortan »Härtefälle ohne rechtliche Ansprüche auf einer humanitären Grundlage unbürokratisch geregelt« werden sollten. Kein Entgegenkommen signalisierte Schmidheiny hingegen den ehemaligen Mitarbeitern gegenüber, deren Ansprüche durch Versicherungsgesellschaften, wie beispielsweise die SUVA, und Nachfolgefirmen gedeckt seien. Diese Fälle ebenso wie jene der Opfer, die den Rechtsweg beschreiten würden, wolle er im Rahmen der bestehenden Rechtsordnung behandeln lassen. Für die Regelung der Härtefälle schwebten dem Philanthropen, der in seinen Jugendjahren mit der Idee spielte, Missionar zu werden, humanitäre Projekte zur nachhaltigen Entwicklung der betroffenen Regionen vor. Dass die angekündigte Härtefallregelung hauptsächlich dazu dienen sollte, allfällige Sammelklagen abzuwenden, wies sein Zürcher Pressesprecher Peter Schürmann als böswillige Unterstellung zurück. Der Sprecher hatte auch überhaupt kein Verständnis dafür, dass der Rücktritt Schmidheinys von der Schweizer Presse als »Flucht aus dem Asbeststaub« betitelt wurde.

Auch Hans-Rudolf Merz stellte sich als neuer VR-Präsident voll hinter seinen angeschossenen Freund: Stephan Schmidheiny habe früh Respekt vor der Asbestproblematik gezeigt und nach alternativen Fasern gesucht. Doch leider habe die Öffentlichkeit die Pionierleistung verkannt, sagte Merz gegenüber der Schweizer Presse.

Bereits im April 2003 kam es zu ersten Gesprächen mit dem südafrikanischen Asbestopferanwalt Richard Spoor. Dieser präsentierte in Zürich einen dicken Aktenkoffer voller Dokumente, die die schrecklichen Arbeitsbedingungen in den südafrikanischen Werken belegten. Als Geschenk brachte er der Verhandlungsdelegation, fein säuberlich eingepackt, einen schimmernden blauen Asbeststein mit, den er gleich zu Beginn des Gespräches auf den Tisch gelegt haben soll. Doch Rückenwind gab dem international erfahrenen Anwalt wohl insbesondere ein 50-Millionen-Euro-Vergleich, den er kurz zuvor mit dem britischen Asbestunternehmen Gencor abgeschlossen hatte.

Die Positionen der Kontrahenten waren bei diesem ersten Gespräch allerdings meilenweit voneinander entfernt: Die Vertreter von Schmidheiny wollten in der betroffenen Region humanitäre Projekte finanzieren. Die Rede war namentlich von einem Museum und Weiterbildungskursen für Erwerbslose. Richard Spoor hingegen pochte auf Entschädigungszahlungen für die Asbestopfer.

Entschädigungsfonds für einige Opfer

Nach diesem ersten Treffen war für die Öffentlichkeit Funkstille. Der südafrikanische Anwalt musste Stillschweigen garantieren, andernfalls würden die Gespräche abgebrochen.

Im Dezember 2003, also nur neun Monate später, kam dann vonseiten der Anova völlig überraschend die Ankündigung, die Einigung mit den Südafrikanern sei praktisch perfekt und werde im April 2004 unterzeichnet. Verwaltungsratspräsident Hans-Rudolf Merz habe eine Rückstellung in zweistelliger Millionenhöhe getätigt. Tatsache ist aber: Die Einigung kam erst viel später zustande, und abgeschlossen wurde sie nicht von der Anova, sondern von der Becon, einem weiteren Unternehmen aus dem Firmengeflecht der Schmidheinys. Zudem ging es bei der zustande gekommenen Einigung nicht mehr, wie ursprünglich von Hans-Rudolf Merz angekündigt, um die Opfer des Asbestzement-Werkes Everite, sondern um die Entschädigung ehemaliger Minenarbeiter der schmidheinynischen Asbestminen. Der Entschädigungsfonds wurde unter dem Namen Kgalagadi Relief Trust im März 2006 von der Firma Becon gegründet und war ab Juni desselben Jahres operativ. Weshalb also die voreilige Ankündigung einer Einigung im Winter 2003? Begründet wurde die Verzögerung damit, dass die Detailbesprechung der Einigung viel Zeit gebraucht habe. Das Geschäft sei von der einen Firma eingefädelt und von der andern durchgeführt worden.

Doch Spekulationen der Schweizer Presse[69] nach passte der Zeitpunkt der Ankündigung vor allem einer Person, nämlich Hans-Rudolf Merz selbst. Dieser hatte sich Monate zuvor mit »naiven« Äußerungen zum Apartheidstaat Südafrika in die Nesseln gesetzt. Merz hatte gegenüber dem Zürcher *Tages-Anzeiger* gesagt: »Es gab auch viele Leute, die die Apartheid unter dem Aspekt der Erziehung gesehen haben und nicht der Rasse. Man sagte, man muss die Leute ausbilden, die in die Industrie kommen. Man hat da weniger die Rassentrennung als solche gesehen.« Der Bundesratskandidat musste nun dringend an seinem Image arbeiten, denn er wollte – nachdem ihm unter anderem aufgrund dieser Äußerung der FDP-Vorsitz verwehrt geblieben war – nicht auch noch seine Wahlchance zum Bundesrat aufs Spiel setzen. Die Einigung mit den Südafrikanern für die schwarzen Asbestopfer passte dazu ausgezeichnet.

Also eine reine Imagekampagne für den Bundesratskandidaten? Der Pressesprecher der Anova Peter Schürmann wies dies als Spekulation zurück: »Die Unterstellung, Anova, Stephan Schmidheiny und Hans-Rudolf Merz wollten sich mit einem Deal von Verpflichtungen gegenüber südafrikanischen Asbestopfern billig freikaufen, entbehrt jeder Grundlage, weil weder seitens der Anova noch ihrer Exponenten irgendwelche Verpflichtungen bestehen, von welchen sie sich freikaufen könnten. In Südafrika gibt es gegen die Genannten keinerlei rechtliche Verfahren.« Merz habe sich für den Deal entschlossen, weil der südafrikanische Anwalt überzeugend wirkte. Einen Zusammenhang zwischen Merz' politischer Karriere und dem schnellen Abschluss schloss der Pressesprecher kategorisch aus.

Gegenüber der Schweizer Gewerkschaftszeitung *work*, die den südafrikanischen Asbestopferanwalt Richard Spoor mit den Aussagen des Anova-Präsidenten konfrontiert hatte, rechtfertigte Merz seine Haltung zum Apartheidstaat Südafrika unter anderem mit dem Argument, dass sich ein Geschäftsmann in einem fremden Land nicht in die Politik einmischen sollte: »Wer viel und oft im Ausland arbeitet, weiß, dass man sich als Geschäftsmann in politischen Dingen zurückhalten und auf seine beruflichen Aufgaben konzentrieren muss. [...] Die Schweiz war bekanntlich nicht UNO-Mitglied und trug auch deren Sanktionen nicht mit«, hatte er in einem Brief erklärt.[70]

Laut Indiskretionen ist der Kgalagadi Relief Trust, der administrativ mit einem seit 2003 schon bestehenden Asbest-Fonds (Asbestos Relief Trust) zusammengelegt wurde, mit 10 bis 20 Millionen US-Dollar bestückt worden. Die Lebensdauer des Fonds ist auf 20 Jahre festgelegt. Profitieren davon sollen hauptsächlich die ehemaligen Arbeiter der Minen Kuruman Cape Blue Asbestos und Danielskuil Cape Blue Asbestos. Angesichts der Hunderten von Asbestopfern, die durch den Fonds entschädigt werden sollen, scheint das eingeflossene Kapital äußerst knapp bemessen.

»Wenn die über den Deal bekannt gewordenen Zahlen stimmen, dann ist er wirklich billig. Schwarze sind in den Augen der Weißen noch immer weniger wert«, kommentierte die Ökonomin und Südafrika-Expertin Mascha Madörin gegenüber der Schweizer Presse den Fonds. Für Mädorin gab es aus Sicht der Anova insbesondere einen Grund, um die Einigung mit den Südafrikanern so rasch wie möglich über die Bühne zu bringen: Südafrikas Präsident Tabo Mbeki hatte seine anfängliche Zurückhaltung gegenüber den Entschädigungsforderungen der Apartheidopfer abgelegt; und es zeichnete sich ab, dass die Regierung selbst einen Entschädigungsfonds für die Apartheidopfer einrichten wollte. Eine erzwungen Zahlung in diesen Fonds wäre die Anova weit teuerer zu stehen gekommen.

Ende Februar 2007 veröffentlichte der Kgalagadi Relief Trust die Zahlen der im ersten Jahr entschädigten Asbestopfer. Insgesamt zahlte der Fonds rund 6 Millionen Rand aus, das entspricht etwas mehr als 1 Million Franken. Zum Vergleich: In Italien erhielten kürzlich entschädigte Asbestopfer pro verstorbene Person Summen zwischen 800 000 Euro und 1 Million Euro, und in den USA werden nicht selten zweistellige Millionenbeträge pro Person ausbezahlt.

Wie viele Opfer während des ersten Jahres des südafrikanischen Fonds entschädigt wurden, ist nicht öffentlich bekannt. Die Anerkennungsquote hingegen schon: Lediglich 25,8 Prozent der eingereichten Dossiers bei den beiden administrativ zusammengelegten Asbestopfer-Fonds (Kgalagadi Relief Trust und Asbestos Relief Trust) wurden anerkannt – 21,3 Prozent wegen einer leichten Asbestose, 2,8 Prozent wegen schwerer Asbestose, lediglich 0,3 Prozent wegen asbestbedingtem Lungenkrebs und 1,4 Prozent wegen eines Mesothelioms. Mit anderen Worten: Nur jeder vierte Fall wurde anerkannt und entschädigt. Wer vom Fonds entschädigt wird, verpflichtet sich zudem, auf rechtliche Schritte zu verzichten. Recht auf Entschädigung haben erkrankte ehemalige Arbeiter der betroffenen Minen, ihre erkrankten Familienangehörigen und die erkrankten Anrainer der Minen. Ebenfalls entschädigt werden Familienangehörige verstorbener Asbestopfer, allerdings nur, wenn der

Tod nicht länger als drei Jahre[71] vor dem Einreichen des Gesuches zurückliegt.

Für die Familien der Asbestminenarbeiter, die vor 2003 verstarben, gibt es folglich keine Entschädigungen durch den Fonds. Dasselbe gilt für all jene Opfer, die nicht in den Minen sondern in den ehemaligen Asbestzement-Werken der Schweizer Familie gearbeitet haben, denn diese wurden mit allen Rechten und Pflichten veräußert. »In Südafrika verjähren zivilrechtliche Ansprüche nach drei Jahren, daher hat der Fonds diese Bestimmung aufgenommen. Diese Drei-Jahre-Lösung hat demnach mit sozial oder unsozial nichts zu tun, sondern orientiert sich am geltenden Recht«, kommentiert Anova-Sprecher Peter Schürmann.

Geleitet wird der Fonds von drei sogenannten Trustees: Phiroshaw Camay, ehemaliger Gewerkschaftler, wurde von Asbestopferanwalt Richard Spoor designiert; Brian Gibson, Manager der Everite, wurde von der Becon ausgewählt; das dritte Leitungsmitglied ist Markus Heitz, ein Schweizer Arzt mit Sitz in Zürich.

Zur Erinnerung: Zwischen 1942 und 1992 haben schätzungsweise 55 000 Menschen in den Minen und Werken des schweizerischen Firmengeflechts gearbeitet. Wie viele von ihnen an den Folgen der Asbestexposition verstorben sind, ist freilich nicht bekannt, denn über Jahrzehnte wurden Asbestopfer als Tuberkuloseopfer registriert.

Südafrika: Setzt sich das Asbestverbot durch oder nicht?

Im Jahr 2004 kündigte die südafrikanische Regierung Tabo Mbekis den Ausstieg aus dem Asbest an. Dieser soll graduell bis im Jahr 2009 erfolgen. Doch obwohl einige Firmen, darunter auch die Everite, bereits auf asbestfreie Produkte umgestiegen sind, ist noch unklar, ob das Gesetz effektiv in Kraft treten wird. Der Druck der Asbestlobby ist enorm. Angeführt wird der Kampf gegen den Ausstieg in Südafrika insbesondere von den Asbestproduzenten des benachbarten Zimbabwe. Das Land, welches fast ausschließlich Weißasbest produziert, verdiente allein im Jahr 2005 durch den Export von Weißasbest in über 50 Länder – vor allem in Afrika und Fernost – rund 40 Millionen US-Dollar. Südafrika war bisher mit gut 40 Prozent einer der größten Abnehmer der verschiedenen Asbestprodukte aus dem Nachbarstaat.

Im November 2006 reiste der frühere Sprecher des Präsidenten Robert Mugabe auf Werbetour ins Nachbarland. Dabei propagierte Munyaradzi Hwengwere die angeblich »international erwiesene Ungefährlichkeit des Weißasbests«, der aufgrund der Faserstruktur und seiner chemischen Beschaffenheit anders als Blau- oder Braunasbest sei und deshalb ungefährlich für Mensch und Umwelt. Ein wissenschaftlicher Irrglaube, der tatsächlich von der Asbestlobby heute noch weltweit propagiert wird. Weißasbest verschwinde angeblich schon nach wenigen Tagen aus den Lungen. Der Abbau dieser Asbestart sei daher nicht gefährlicher als jener von anderen Mineralien wie Gold und Kohle.

Die Bestrebungen Zimbabwes, Südafrika zum Umschwenken zu bewegen, stößt zurzeit im Nachbarland aber noch auf taube Ohren. Den Äußerungen von Munyaradzi Hwengwere entgegnete die südafrikanische Umweltministerin Joanne Yawitch mit der lakonischen Bemerkung: »Der Unterschied zwischen dem weißen und dem braunen oder blauen Asbest ist wohl nur die eine, nämlich dass du langsamer stirbst.«

Ein weiteres Argument, welches die Asbestlobby heute noch – wie schon in den 70er- und 80er-Jahren – anführt, um das tödliche wie milliardenträchtige Geschäft fortzuführen, ist die Mär vom sogenannten »Controlled-use«, also von einer sicheren, kontrollierten Handhabung der Asbestverarbeitung. Ein Argument, welches allerdings schon von einigen Gerichten in Europa – so etwa in Italien für das Eternit-Werk in Casale Monferrato – als haltlos abgetan wurde. Auch der Südafrikaner Brian Gibson, der selbst schon seit über zwanzig Jahren an der Spitze der Everite arbeitet und die »risikofreie« Produktionsart in seinem Werk umsetzte, gibt heute unumwunden öffentlich zu, dass in seinem Werk auch nach der Umstellung des Verfahrens weiterhin Arbeiter an Asbestleiden erkrankten: »Anfangs der 80er-Jahre haben wir versucht mit einem der in der Geschichte Südafrikas wohl fortgeschrittensten Arbeitsgesundheits-Programmen die Risiken des Asbests zu eliminieren. Doch unabhängig von den Sicherheitsmaßnahmen und dem Ausschluss von vorgängig exponierten Arbeitnehmer sind dennoch neun Arbeiter, die nach 1990 zur Everite stießen, vor Kurzem an asbestbedingten Leiden erkrankt.«[72] Weitere 42 Arbeiter, die ebenso nach 1980 in den Betrieb kamen, aber schon vorher für kurze Zeit asbestexponiert waren, seien ebenfalls erkrankt, sagte Gibson.

Das Umdenken des langjährigen Everite-Managers ist allerdings nicht ganz frei von Eigeninteressen. Denn die südafrikanischen Unternehmen wie Everite, die auf asbestfreie Produkte umgestellt haben, mussten Kosten in Millionenhöhe auf sich nehmen und werden jetzt von den Asbestprodukten aus Zimbabwe stark konkurrenziert. Seit Everite ihre Asbestprodukte vom Markt genommen hat, ist der Import von Asbestzement-Bauelementen aus dem Nachbarstaat um satte 15 Prozent gestiegen.

IV. Asbestland Schweiz

PORTRÄT

Therese Omlin

Dem Vater wuchs eine zweite Zunge

An gewissen Tagen kommt Therese Omlin alles wieder hoch. Da erinnert sie sich. An die Krankheit ihres Vaters. An die zweite Zunge, die ihm aus dem Rachen wuchs. An die blutverschmierten Taschentücher, welche sie vom Spital zum Waschen mit nach Hause nahm. Die Armut in ihren Jugendjahren. Die eiskalte Vierzimmerwohnung an der Tschachenstraße in Oberurnen gleich gegenüber der Eternit, in der Marie und Josef Omlin acht Kinder großzogen. Therese ist die Zweitälteste der Omlin-Kinder, das älteste Mädchen. Sie musste im Haushalt anpacken, wo immer es Hilfe brauchte. Wenn sie Zeit hatte, spielte sie mit den anderen Kindern am liebsten unten bei der »Röhri«, der Rohrabteilung der Eternit. Kroch in die Riesenröhren und schlug mit Steinen und Stecken daran, um zu lärmen. Mit elf musste Therese dann in den Ferien in einem Restaurant aushelfen. Das Geld wurde zu Hause gebraucht. Allein vom Lohn des Vaters war für die zehnköpfige Familie kein Auskommen. Harte Zeiten seien das gewesen, meint die heute 62-Jährige. Keine richtigen Schuhe hätten sie gehabt, nur Holzböden mit einem Stück Leder, welches den Fuß kaum bedeckte. So sei sie dann abends durch den Schnee hinüber in die Fabrik zu ihrem Vater gestapft. Alle paar Meter musste sie stehen bleiben, um den Schnee, der an der Holzsohle haften blieb, abzuschütteln. Wenn der Vater am Abend Schicht hatte, kam er für das Nachtessen nicht nach Hause. Da haben ihm die älteren Kinder abwechslungsweise das Essen in die Fabrik gebracht. Kaffee, abgefüllt in eine Flasche, und ein Stück Brot oder manchmal ein Eingeklemmtes. In die Fabrik zu gelangen sei für die Kinder kein Problem gewesen. In Vaters Abteilung kannten sie alle. Die Männer frästen die Eternit-Platten aus Asbestzement. Therese hätte den Männern gerne beim Arbeiten zugeschaut, doch der Vater habe das nicht gewollt. ›Geh aus dem Staub Kind, geh nach Hause‹, habe er jeweils gesagt. Nicht dass er gewusst hätte, wie gefährlich der Staub war. Der Staub sei einfach lästig gewesen. Den Geruch in der Fabrik werde sie nie vergessen. Asbest habe einen ganz eigenartigen Geruch.

Während Therese Omlin erzählt, kommen ihr immer mehr Bilder aus ihrer Kindheit in Oberurnen vor Augen. Sie erinnert sich an die Armut, die damals herrschte, und wie man die Dinge einfach hingenommen habe, als seien sie von Gott gegeben.

Vater Omlin ist aus Sachseln nach Oberurnen gezogen. Nach seiner Heirat 1941 ging er zur Eternit und blieb dort bis zu seiner Pensionierung 1976.

Acht bis zehn Stunden am Tag fräste er Asbestzement-Platten und abends, wenn er keine Schicht hatte, arbeitete er für die Fabrik als Nachtwächter. Manchmal ging er in seiner Freizeit auch noch für eine Baufirma arbeiten. Dennoch reichte das Gehalt für nicht viel mehr als Kartoffeln, die er in 50-Kilo-Säcken bei der Eternit günstig einkaufen konnte. Mundfäule hätten die Kinder von dieser einseitigen Ernährung gekriegt, das habe grässlich aus den Kindermäulern gestunken. Der Arzt erklärte, das komme vom Vitaminmangel, und verschrieb Lebertran. Vielen Nachbarsfamilien sei es gleich ergangen, erinnert sich Therese Omlin. Armut war zu dieser Zeit das bindende Glied im Dorf. Nur jene Familien, die aus Oberurnen stammten und von der Gemeinde unterstützt wurden, hatten es ein bisschen besser.

Nachts zog Vater Omlin als Nachtwächter seine Runden um die Fabrik, bis hinunter zu den Wohnbaracken der Italiener, die unterhalb der Rohrabteilung, der Röhri, standen. Fünf riesengroße Eternit-Baracken voller Italiener. Das war eine Welt für sich. Manchmal habe Vater Omlin der Mutter erzählt, was er da unten gesehen habe. ›Da war wieder eine Völkerwanderung‹, habe er schmunzelnd bemerkt. Das sei eine große Attraktion für die Frauen im Dorf gewesen, dieses Männervolk. Einmal, so habe der Vater erzählt, sei ein Schweizer auf der Suche nach seiner Frau mit dem Gewehr zu den Baracken gegangen und habe wild um sich geschossen. Da sei aus jeder Tür eine Frau gerannt.

Therese Omlin stockt in ihrer Erzählung und ihr Gesicht wird wieder ernst. So viele Menschen, die sie aus jener Zeit kannte, sind nun tot. Immer wieder seien während ihrer Kindheit und Jugend Beerdigungen

Marie und Joseph Omlin an ihrem Hochzeitstag.

gewesen, doch über die Todesursache habe nie jemand geredet. Sie könne sich nicht erklären, weshalb das kein Thema gewesen sei. Man habe einfach gesagt, es sei Krebs. Aber dass es vom Asbest komme, das habe niemand gesagt. Auch heute werde kaum darüber geredet und schon gar nicht von jenen, die noch in der Fabrik arbeiteten. Einer der Mitarbeiter, den sie kürzlich beim Arzt getroffen habe, habe ihr zu verstehen gegeben, dass er darüber nicht reden könne.

Vater Omlin starb am 15. Mai 1990. Er war 77, relativ alt angesichts der Unmengen von Asbest, die er eingeatmet haben muss, meint die Tochter. Fünf Wochen nachdem er ins Spital eingeliefert worden war, starb er. Schon einige Zeit davor habe er einen seltsamen Husten gehabt und sehr viel Gewicht verloren. Die Ärzte diagnostizierten eine kalte Lungenentzündung, doch dann überstürzte sich plötzlich alles. Beim Husten spie Josef Omlin Blut und aus dem Rachen wuchs ein Geschwür; es war wie eine zweite Zunge. Die Tochter habe sich immer gefragt, was denn das um Himmels willen sei. Die letzten Wochen besuchte Therese ihren Vater jeden Tag im Spital, und als er starb, war sie beim ihm. Der Anblick der »zweiten Zunge« habe sie nicht mehr losgelassen. Nach dem Tod ihres Vaters habe sie den Arzt angesprochen und ihm gesagt, sie wolle nun endlich wissen, was für eine Krankheit der Vater gehabt habe. Da habe der Arzt beiläufig gemeint: »Asbestlunge.« Als sei es das Normalste auf der Welt. Dass es sich um eine Berufskrankheit handelte und eigentlich die SUVA für die entstandenen Krankheitskosten hätte aufkommen müssen, habe ihr niemand erklärt. Das habe sie erst jetzt erfahren, wo in den Zeitungen so viel über Asbest berichtet wird. Wieder stockt Therese in ihrer Erzählung und jetzt ist Wut in ihrer Stimme: Zwei Wochen nach dem Tod ihres Vaters habe sich die SUVA noch bei ihr gemeldet, aber aus einem ganz anderen Grund. Frau Omlin solle doch ihren Vater zur jährlichen Arztkontrolle bringen. »Soll ich seine Leiche vorbeibringen?«, habe sie gefragt. Sie hatten den Vater ja jedes Jahr kontrolliert. »Weshalb wurden wir über die Krankheit nicht informiert?«

Die Wut in Therese Omlins Stimme legt sich und ihre Gedanken schweifen in die Ferne, denn da ist noch eine Geschichte, die sie erzählen möchte. Die ihres Bruders Sepp, der nur etwa eineinhalb Jahre in der Eternit gearbeitet habe. Sepp Omlin starb einen Tag vor Weihnachten 2001 an einem Herzversagen. Er war 59. Drei Monate vor seinem Tod habe er ein langes Gespräch mit der Schwester geführt. Sie müsse sich vorbereiten, er werde nicht mehr lange leben. Auch er habe eine Asbestlunge. Drei Monate später saß Sepp Omlin dann mit der Schwester im Auto, als er plötzlich kollabierte und an einem Herzinfarkt starb.

Therese Omlin unterbricht ihre Erzählung, sie kann nicht mehr. Sie habe Wut im Bauch, Wut gegen die Eternit und gegen ihre Besitzer und vor allem Wut gegen die SUVA, die doch gewusst haben müsse, wie schlimm das Ganze war. Frau Omlin öffnet ihre Handtasche und zieht vorsichtig einige Familienfotos hervor. Fotos aus ihrer Kindheit im Glarner Dorf mit der großen Fabrik, aus der Zeit, in der die Omlin-Kinder so gerne in den Eternit-Röhren herumtollten.

Therese Omlin (1.v.l.) mit sechs ihrer sieben Geschwister.

1. Vom Asbestdorf zum Asbestland

Ein Dorf im Schatten der Eternit

Die Nachbargemeinden Nieder- und Oberurnen liegen am Eingang ins Glarnerland, unmittelbar nach Ziegelbrücke. Die Hänge auf bei den Talseiten werden rasch sehr steil, Schneegipfel stemmen sich gegen den Horizont. Ein Rebberg, ein kleines Schloss und eine Villa zieren den nordöstlichsten Hang. In der Talsenke liegen eng ineinander verschmolzen die beiden Dörfer. Gemeinsam zählen sie an die 5000 Einwohner. Wo das eine Dorf beginnt und das andere endet, ist nicht ersichtlich. Mittendrin unübersehbar: die riesengroße Fabrik. Über Jahrzehnte hat die Eternit die Geschicke der Dorfbewohner gelenkt, sie war für viele Glarner der Inbegriff des sicheren Arbeitsplatzes. Nicht nur Festangestellte waren im Verlauf der Jahrzehnte im Werk tätig. Auch viele Bauern verdienten in der Fabrik im Winter, wenn die Arbeit auf den Äckern nachließ, einen willkommenen Zustupf. Und auch die Buben und Mädchen aus der nächsten Umgebung rundeten in den Schulferien ihr Taschengeld in der Fabrik auf. In seiner Blütezeit beschäftigte der Baumaterialhersteller bis zu 1000 Arbeiter im Schichtbetrieb.

Auf dem Friedhof hinter der Kirche liegen Dutzende ehemalige Mitarbeiterinnen und Mitarbeiter der Eternit. Überdurchschnittlich viele der hier bestatten Dorfbewohner sind einem Mesotheliom erlegen. Einige Familien können gleich mehrere Opfer aus ihrem Bekanntenkreis aufzählen. Dass viele der einstigen Mitarbeiter der Eternit erkrankten und an Asbestkrebs starben, wurde von den Ortsansässigen über Generationen tapfer ertragen; man wollte lieber nicht zu viel darüber reden, und noch heute hüllen sich die meisten Dorfbewohner und Amtsträger in Schweigen.

»Das ist doch eine alte Geschichte. Die Firma ist seit Jahren asbestfrei. So fatal die Auswirkungen für die Betroffnen sind: das war vor zwanzig oder dreißig Jahren. Wenn schon hätte man damals reagieren und Alarm schlagen müssen«, meint etwa Fritz Zweifel, Gemeindepräsident von Niederurnen.[73] Asbest sei im Gemeinderat kein Thema, und er sehe auch keinen Grund dafür. Mit dieser Meinung steht der Gemeindepräsident nicht allein da, das ist eine weitverbreitete Haltung in der Dorfgemeinschaft rund um die mächtige Fabrik.

Doch einige Betroffene haben es nach Jahren des Schweigens nun satt, die Faust im Sack zu machen. Franco Basciani, ehemaliger Eternit-Arbeiter und späterer Unia-Sekretär, ist einer von ihnen. Basciani ist gewohnt, dass ihm nichts in den Schoss fällt. Mit 17 folgte er seinen Eltern aus Süditalien in die Schweiz und arbeitet wie sein Vater als Hilfsdreher in der Eternit in Niederurnen. Er ist heute 44 Jahre alt und Familienvater. Seit im Jahr 2002 aufgrund eines drohenden Verfahrens aus Italien das mediale Interesse um die Eternit neu entfacht ist, hat er das Heft in die Hand genommen. In der Schweiz und in Italien suchte er nach einstigen Arbeitskollegen und erkundigte sich nach ihrem Gesundheitszustand. So erfuhr er, dass viele dieser Kollegen nicht mehr lebten.

Als Basciani zu Beginn der 80er-Jahre als Hilfsdreher in der Rohrabteilung angestellt war, hatte die Firma in anderen Abteilungen begonnen schrittweise asbestfreie Produkte auf den Markt zu bringen. In der Rohrabteilung wurde hingegen weiterhin mit dem krebserregenden Werkstoff gearbeitet. »Meine Aufgabe bestand darin, an einer halbautomatischen Drehbank Rohrteile aufs Band zu laden und die gedrehten Rohre danach zu messen«, erinnert sich Basciani. »Der eigentliche Drehvorgang war durch einen Absaugmechanismus zwar geschützt. An den beiden Enden der Anlage lagen jedoch abgesplitterte Materialreste, der Feinstaub ging in die Luft und wir atmeten ihn unweigerlich ein.«

Zu seiner Zeit habe man zwar schon gewusst, dass der Staub gefährlich sei, doch die Fabrikleitung habe nur spärlich darüber informiert. »Man wies vielleicht einen Arbeiter an, den Boden mit dem Staubsauger statt mit dem Besen zu wischen. Doch es gab keine systematische Information, weder über die Vorsichtsmaßnahmen noch über das Krankheitsrisiko.«[74] Lange Zeit war Basciani der einzige ehemalige Mitarbeiter, der seinem Unmut öffentlich Luft machte. Manchmal habe er das Gefühl gehabt, in Niederurnen herrsche wie in Sizilien das Gesetz des Schweigens: die Omertà.

Das hat sich seit einiger Zeit geändert – nicht zuletzt dank Bascianis Einsatz: Nach Jahren des Schweigens sind einige der Asbestopfer nun auch in Niederurnen und Payerne bereit, mit ihren Geschichten an die

Öffentlichkeit zu gelangen und Gerechtigkeit einzufordern. Seit 2002 gibt es in der Schweiz denn auch zwei Asbestopfervereine, einen in der Romandie und einen in der Deutschschweiz. Einige Mitglieder haben selbst in einem der Werke der Eternit gearbeitet oder sind Angehörige von Verstorbenen. Eine von ihnen ist die Tochter von K. M. Die Frau, die anonym beleiben will, hat gegen die einstigen Chefs ihres Vaters Strafanzeige eingereicht. Der Schweizer arbeitete nur kurze Zeit von 1977 bis 1979 bei der Eternit in Niederurnen in der Rohrabteilung. In derselben Abteilung wie Franco Basciani. 2005 ist er im Alter von 56 Jahren an Asbestkrebs verstorben. In der 50-seitigen Strafanzeige, die der Asbestopferanwalt Massimo Aliotta im Namen seiner Mandantin eingereicht hat, werden 17 Zeugen aufgeführt, die bestätigen, im Werk ohne jeglichen Schutz vor dem gefährlichen Staub gearbeitet zu haben, obwohl seit Jahren bekannt war, dass Asbest einen tödlichen Krebs auslösen kann. Doch die Strafanzeige, der sich drei weitere Opfer angeschlossen haben, steht auf wackligen Beinen. Denn das Schweizer Rechtssystem schützt die Unternehmen: Obwohl Asbestkrebs erst 10 bis 40 Jahre nach der Exposition ausbricht, gilt eine Verjährungsfrist von 10 bis 15 Jahren. Das zuständige Gericht hat die Strafanzeigen denn auch zurückgewiesen, doch die Opfer haben gegen die Einstellung des Verfahrens Beschwerde eingereicht und sind bis ans Bundesgericht gelangt.

Die 1903 von einer Glarner Interessengemeinschaft gegründete Firma ging 1920 in den Besitz der Familie Schmidheiny über und blieb über gut 80 Jahre fest in der Hand des Rheintaler Industriellenclans. Mitte der 70er-Jahre übernahm Sohn Stephan von Vater Max das Ruder der Eternit Schweiz und verkündete schon 1978 den Ausstieg aus dem Asbest. Obwohl bereits zu Beginn der 80er-Jahre die ersten asbestfreien Produkte hergestellt werden konnten, brauchte es aber noch mehr als 15 Jahre, bis dieser Prozess vollzogen war. Die Firma begründete den langsamen Ausstieg stets damit, dass lange Zeit, trotz intensiven Versuchen, keine geeigneten Ersatzmaterialien gefunden werden konnten. In Wirklichkeit ist aber bekannt, dass beispielsweise schon während des Zweiten Weltkriegs in der Eternit Berlin Ersatzfasern für die Produktion von sogenannten Durnat-Produkten eingesetzt wurden (Vgl. Kapitel III, 2).

Bei der Erbteilung waren Stephan auch sämtliche ausländischen Asbestzement-Aktivitäten der Schweizer Eternit-Gruppe zugefallen. Sein um zwei Jahre älterer Bruder Thomas hat den ganzen millionenschweren Zement- und Betonteil Holderbank (später Holcim) übernommen. Im Jahr 1990 verkaufte dann Stephan die zwei Eternit-Werke in der Schweiz im Rahmen einer Schlussbereinigung der Familieninteressen an den Bruder Thomas. Die ausländischen Asbestzement-Aktivitäten verblieben dagegen vorerst im Portefeuille von Stephan und wurden unter dem Dach der Nueva Holding zusammengefasst; erst zu einem späteren Zeitpunkt veräußerte der Eternit-Erbe auch die Werke im Ausland. Am 10. November 2003, nachdem bereits eine Untersuchung aus Italien wegen fahrlässiger Tötung gegen die einstige Schweizer Eternit-Spitze eingeleitet worden war, trennte sich schließlich auch Thomas Schmidheiny respektive seine Holcim in aller Eile von den »belastenden« Eternit-Werken in der Schweiz. Diese gingen an den Schweizer Unternehmer Bernhard Alpstaeg über. Alpstaeg ist Eigentümer der BA Holding AG in Baar und Mehrheitsaktionär der Swisspor-Gruppe in Steinhausen. Das Familienunternehmen Swisspor ist in den Bereichen Dämmung, Abdichtung und Fensterbau aktiv. Die Gruppe beschäftigt an 20 Standorten in fünf europäischen Ländern 1800 Mitarbeiter. Über den Verkaufspreis der Eternit vereinbarten die Parteien Stillschweigen. In einem dürren Communiqué teilte die Holcim mit, die Eternit sei verkauft worden, weil sie nicht mehr zur Unternehmensstrategie der Holcim passe. Nach genau 83 Jahren trennte sich der Industriellenclan aus dem Rheintal somit definitiv von diesem einstigen »Familienjuwel«.

Sie suchten Arbeit in Niederurnen und fanden den Tod

Ab Beginn der 60er-Jahre stammte ein Großteil der Eternit-Belegschaft in Niederurnen aus Italien und anderen Ländern Südeuropas. Die Migranten glaubten im Glarner Industrieort ihr Glück gefunden zu haben und ermutigten Freunde und Verwandte, ebenfalls in der Asbestzement-Fabrik Arbeit zu suchen. Wohnen konnte man in den Baracken hinter dem Bahnhof. Einige Migranten mit ihren Familien blieben, andere zogen im Verlauf der Zeit wieder in ihren Heimatort zurück. Sie hatten während der Krise der 70er-Jahre ihre Arbeit verloren oder sie hatten ihr Ziel erreicht, ihr Haus erbaut, das Geld beisammen für den Start in ein besseres Leben. Das böse Erwachen kam für die meisten Jahre nach ihrer Heimkehr, als der Krebs ausbrach, als Verwandte und Freunde zu sterben begannen. Einer der Orte, aus dem besonders viele Migrantinnen und Migranten stammten, ist der Gemeindeverbund rund um Santa Maria di Leuca in der südlichsten Ecke Apuliens.

Kakteen säumen die Straße, die von Santa Maria di Leuca nach Tiggiano führt. Klippen spiegeln sich im grünen Licht der letzten Sonnenstrahlen. Auf der anderen Straßenseite Olivenhaine, so weit das Auge reicht. In der südlichsten Ecke Apuliens leben die Menschen seit jeher, eher schlecht als recht, von der Landwirtschaft. Apulien ist eine der ärmsten Regionen Italiens. Von hier emigrierten die Menschen ab Ende der 50er-Jahre zu Tausenden. Nach Belgien, Deutschland und in die Schweiz, und auch heute noch zieht es die Jungen in den reicheren Norden Italiens.

Einwohner von Tiggiano, Corsano, Alessano und anderen Dörfern rund um Santa Maria di Leuca kamen zu Hunderten in das kleine Glarner Dorf mit der großen Fabrik. Ermelinda De Franscesco erinnert sich noch sehr gut an jene Zeit, denn sie war es, die vielen ihrer Landsleute eine Stelle im Eternit-Werk vermittelt hatte. Damals habe sie nicht gewusst, dass diese Arbeit so vielen zum Verhängnis würde, beteuert sie gleich zu Anfang des Gesprächs. Die Frau in ihren Siebzigern betreibt in Tiggiano eine Tankstelle. 1956 ist sie als junges Mädchen nach Niederurnen emigriert; ein Verwandter hatte ihr zu einer Stelle in einer Textilfabrik verholfen. Eine schöne Zeit sei das gewesen, meint sie wehmütig. »Während der Woche wurde geschuftet und am Wochenende gingen wir in den Hirschen tanzen und Kaffee trinken. Die Einheimischen waren anfänglich gegenüber uns Süditalienern misstrauisch. So blieben wir im Hirschen meistens unter uns.« Dennoch freundete sich die junge Frau auch mit einigen Schweizerinnen und Schweizern an. Auch der damalige Eternit-Chef war von der sympathischen Italienerin angetan, zwischen den beiden entwickelte sich eine langjährige Freundschaft. Einmal sei der Chef gar nach Tiggiano in die Ferien gekommen. Er sei entzückt gewesen vom Dorf und den netten Leuten. Die Freundschaft der jungen Frau mit dem mächtigen Mann sprach sich in Tiggiano sehr schnell herum. Ermelinda wurde die Kontaktperson zur Eternit. Wer nach Niederurnen emigrieren wollte, wandte sich fortan an ihren Vater. Dieser führte in jenen Jahren in Tiggiano eine kleine Kaffee-Bar. Wer auszuwandern gedachte, gab ihm seine Personalien an und er schickte diese per Post an seine Tochter, die sie dann in die Eternit-Chefetage weiterleitete. Wie vielen Landsleute Ermelinda De Francesco zu einer Stelle verholfen hat, weiß sie heute nicht mehr. Doch es seien viele gewesen. Manchmal habe sie den Eindruck gehabt, das halbe Dorf sei nach Niederurnen ausgewandert. Überall habe man Landsleute getroffen. Beim Spazieren am Sonntag oder werktags nach Feierabend in der Migros, mit verschmutzten Arbeitskleidern und vollen Einkaufstaschen.

Heute ist die Frau um ihre einstigen Freunde besorgt. Der Dorfarzt von Tiggiano habe ihr erzählt, viele von ihnen würden vom Krebs aufgefressen. Seit einigen Jahren nimmt das immer erschreckendere Ausmaße an: In den Dörfern rund um den Gemeindeverbund von Santa Maria di Leuca sind bereits Dutzende ehemalige Mitarbeiter der Eternit an Asbestkrebs gestorben. Hier kennt jeder jemanden, der schon gestorben oder krank ist. Genaue Zahlen gibt es aber nicht. Auch bei der Eternit nicht. Laut dem heutigen Eternit-Chef Anders Holte haben insgesamt etwa 2500 Männer und Frauen aus Italien in der Fabrik gearbeitet.

Seit der Turiner Staatsanwalt Raffaele Guraniello im Jahr 2001 eine Untersuchung gegen die Eternit in Niederurnen eröffnet hat, sind die Leute in dieser Gegend sensibilisiert. Es wird offen über diese Tragödie gesprochen, die sie alle betrifft. Dem stillen Sterben wollten einige der Betroffenen nicht länger untätig zusehen. Biagio Mastria, der seit mehreren Jahren im lokalen Verein der ehemaligen Migranten engagiert ist, hat deshalb im Febraur 2005 erstmals einen Informationsabend veranstaltet und dazu auch den Anwalt des Deutschschweizer Asbestopfervereins Massimo Aliotta und den Unia-Gewerkschaftler Franco Bascia-ni eingeladen.

Der Gemeindesaal von Corsano ist an diesem Abend bis zum letzten Platz besetzt. Die Besucher der Veranstaltung sind aus Alessano, Tiggiano, Casorano, Gagliano und Santa Maria di Leuca angereist. Sie kennen einander. Die Stimmung ist gedrückt. Alle teilen dasselbe Schicksal: Sie oder ihre Angehörigen haben jahrelang den tödlichen Staub in der Fabrik eingeatmet und bangen jetzt um ihre Gesundheit. Viele von ihnen sind bereits krank. Leiden an Atemwegbeschwerden, Asbestose und Krebs. Andere gehen vor Angst nicht mehr zum Arzt. »Gerechtigkeit für die Asbestopfer der Eternit«, steht auf einem Transparent hinter dem Rednerpult.

Dolorata Cazzato sitzt hinten im Saal. Die vierfache Mutter kann nachts nicht schlafen. Sie muss immer wieder husten und hat Atemnot. Weshalb, weiß sie nicht. »Hoffentlich zeigen sie keine Bilder von kranken Menschen. Das würde ich nicht ertragen«, sagt sie leise zu ihrem Mann Salvatore Chiarello. Neben ihm sitzt Mariarosaria Antonazzo. Ihr Vater, Cosimo Antonazzo, ist 1984 nach seiner Rückkehr aus Niederurnen an Lungenkrebs gestorben, erzählt sie. Damals war Mariarosaria dreizehn: »Er hat vor Schmerzen geschrien und musste Blut erbrechen.« Weiter vorne im Saal sind Elvira Longo und Christian Marini. Auch ihre Väter sind an Asbestkrebs gestorben.

Assunta Orlando ist, wie sie sagt, sehr enttäuscht von der Eternit. Ihr Ehemann Ippazio Chiarello sei 1990, vier Monate nach seiner Rückkehr aus Niederurnen an Krebs gestorben. »Der Arzt in der Schweiz hatte ihm gesagt, es sei alles in Ordnung, dabei hatte er schon Metastasen in den Knochen.« Eine Hinterbliebenenrente der SUVA hat die Witwe nie beantragt, denn dass sie ein Recht darauf hätte, habe sie nicht gewusst.

Ganz vorne im Gemeindesaal von Corsano steht Franco Basciani. Viele der Anwesenden kennt er persönlich aus seiner Zeit als Eternit-Arbeiter in Niederurnen. Er hat den Informationsabend gemeinsam mit dem Verein der ehemaligen Migranten von Corsano organisiert. »Die Menschen sind verzweifelt und wütend, denn niemand hat ihnen gesagt, wie gefährlich Asbest sei«, sagt Basciani.

Dazu kommt ein weiteres Problem: die Leute sind nicht über ihre Rechte aufgeklärt worden. Viele wussten vor dieser Informationsveranstaltung nicht einmal, dass ihre Verstorbenen als Eternit-Arbeiter bei der SUVA versichert gewesen sind. »Die meisten wissen gar nicht, dass ihnen Renten und Entschädigungen zustehen«, ärgert sich Massimo Aliotta.

Ein Großteil der ehemaligen Mitarbeiterinnen und Mitarbeiter der Eternit hatten nach ihrer Rückkehr keine Kontakte mehr zur schweizerischen Unfallversicherung. Erst seit kurzem, nachdem die Medien dieses Problem aufgegriffen hatten, nahm sich die SUVA der Sache an und organisierte unter anderem im Mai 2006 ein Treffen mit Vertretern der italienischen Unfallversicherung.

Den Besuchern der Veranstaltung in Corsano geht es aber an diesem frostigen Februarabend nicht nur ums Geld. Fontana Alessio, die Tochter eines verstorbenen Eternit-Mitarbeiters aus Tiggiano, bringt es auf den Punkt: Sie wolle vor allem eins – Gerechtigkeit. Die junge Frau erkundigt sich, ob in der Schweiz eine Anzeige gegen die Eternit eingereicht werden kann. Doch das ist nicht einfach, wie der Schweizer Anwalt den Anwesenden erklärt. Denn in der Schweiz steht es um den Schutz der Arbeitnehmer schlecht. Für die meisten Menschen im Saal ist die Verjährungsfrist von 10 bis 15 Jahren der reinste Hohn, denn sie haben in den 70er- und 80er-Jahren in der Eternit in Niederurnen gearbeitet. Auch wenn sie erst jetzt erkranken, ist es für eine Strafanzeige in der Regel zu spät.

Nach der Veranstaltung treffen sich einige Teilnehmer in einer Bar gegenüber der Gemeindebibliothek. Fernando Domenico Crudo, der von 1967 bis 1979 in der Eternit gearbeitet hat, erzählt, er sei einer der Ersten gewesen, die eine Schutzmaske angeschafft haben. »Überall war Staub, das war sehr lästig, deshalb habe ich mir in einer Apotheke selber eine Maske gekauft.« Was Crudo nicht weiß: Die Masken, die damals zum Verkauf standen, nützten gegen Asbeststaub kaum.

Crudo erinnert sich noch sehr gut an die Zeit in den 70er-Jahren, als Stephan Schmidheiny den Betrieb von seinem Vater Max übernahm. Sohn Stephan habe zwar nach Alternativfibern gesucht und verschiedene technische Neuerungen vorgenommen, doch die Arbeitsbedingungen seien nicht besser geworden. »Im Gegenteil«, meint Crudo, »Stephan hat die Akkordarbeit eingeführt. Eines Tages stand plötzlich ein Mann mit einer Stoppuhr und einem Notizblock in unserer Abteilung, er schrieb fein säuberlich auf, wie viel Zeit wir für unsere Arbeit benötigten, und schon wenige Wochen später mussten wir uns an die Vorgaben der Leitung halten. Der Druck nahm enorm zu.«

Auch Antonio Mariello hat 19 Jahre lang, von 1964 bis 1983, in der Eternit gearbeitet. »Der Asbest kam mit dem Zug aus Russland. Wir mussten in ausladen, die verschiedenen Asbestsorten mischen und mit einer Mistgabel in 17-Kilo-Säcke abfüllen. Manchmal war es in unserer Abteilung so staubig, dass wir einander kaum mehr sahen«, erinnert sich der Mann aus Alessano. Man habe ihnen nie erklärt, dass diese Arbeit gefährlich sei. »Wenn wir krank wurden und zu husten anfingen, schickten sie uns einfach in eine andere Abteilung, wo es weniger Staub gab«, erzählt Mariello weiter. Auch sein Freund Francesco Treveri ist um seine Gesundheit besorgt. Zu viele seien bereits gestorben, die mit ihnen dort gearbeitet hätten. »Wenn die SUVA kam, mussten wir die Fabrik blitzblank putzen«, erinnert sich der Mann. Und noch etwas: Irgendwann sei dann ein Rauchverbot eingeführt worden. Wer sich nicht daran hielt, musste zwei Franken bezahlen. So hätten sich die Arbeiter eben in den Toiletten versteckt. Doch nach einiger Zeit sei das Verbot wieder gekippt worden, denn die Männer hätten sonst zu viele Pausen gemacht. Für Treveri ist klar: »Sie müssen also gewusst haben, dass Rauchen für Asbest-Arbeiter besonders gefährlich ist, sonst hätten sie es uns nicht verboten.«

Mario Muccio ist traurig. Sein Bruder Virgilio und sein Cousin Antonio Muccio seien beide wenige Monate noch ihrer Rückkehr aus Niederurnen an Krebs gestorben. Jetzt fragt er sich: »Wann trifft es mich?«

Auch Fontana Alessio ist am Ende des Abends ziemlich entmutigt. Sie fragt immer wieder: Wie ist denn das nur möglich, dass die Verjährungsfristen in der Schweiz so absurd sind? Sie habe sich schon immer gefragt, weshalb die Schweizer Eternit-Mitarbeiter bisher kaum etwas gegen den Konzern unternommen hätten. »Wenn die Schweizer nichts tun, die die Sprache beherrschen und sich mit den Gesetzen ihres Landes auskennen, was können denn wir, aus Italien, gegen diese mächtige Fabrik ausrichten?«, meint die junge Frau. »Und Italien, was hat unser Staat für uns getan?«

Auch Antonio Martella wäre gerne an der Veranstaltung in Corsano dabei gewesen. Doch er ist zu Hause geblieben. Er braucht ständig Sauerstoff und ist von der Chemotherapie erschöpft. Er hat Asbestkrebs und weiß, ihm bleiben nur noch wenige Monate.[75]

INTERVIEW

Anders Holte

CEO der Eternit Schweiz

»Asbest ist ein dunkles Kapitel der Industriegeschichte«

Herr Holte, wie lange arbeiten Sie schon für die Eternit Schweiz?
Ich bin Ende 1986 als Finanzchef zur Eternit Schweiz nach Niederurnen gekommen und habe Ende 1990 die Geschäftsleitung übernommen. Zuvor war ich für die schweizerische Eternit-Gruppe in Deutschland tätig.

Ehemalige Mitarbeiter der Eternit erheben schwere Vorwürfe gegen ihr Unternehmen. Obwohl die Firma gewusst habe, wie gefährlich Asbest sei, habe sie jahrzehntelang keine Maßnahmen zum Schutz der Belegschaft getroffen und die Arbeiter über die Gefahren nicht informiert. Wie sehen Sie das?
Was Sie sagen, trifft nicht zu. Die Eternit hat stets und immer die Maßnahmen getroffen, die dem damaligen Wissensstand entsprachen. Ich frage mich auch, wen Sie mit »ehemalige Mitarbeiter« meinen? Ich bin überzeugt, dass Mitarbeiter, die in den 80er-Jahren bei der Eternit angestellt waren, von ganz anderen Verhältnissen berichten würden als jene, die in den 50er-Jahren bei uns arbeiteten. Das hat damit zu tun, dass man in den 50er-Jahren nicht im selben Maß über die Gefahren der Asbestverarbeitung Bescheid gewusst hat. Ich möchte hier nur daran erinnern, dass das Sicherheitshandbuch der schweizerischen Eternit-Gruppe später der ILO (International Labour Organisation) als Vorlage für die vorzuschreibenden Sicherheitsmaßnahmen gedient hat.

Ehemalige Mitarbeiter der Eternit erzählen zudem, dass die Kontrollmessungen der SUVA in Ihren Werken vorgängig angekündigt worden seien.
Ja, das stimmt. Warum?

Weil so die Möglichkeit bestand, die Fabrik am Vortag fein säuberlich zu reinigen und jene Maschinen, die viel Staub produzierten, am Kontrolltag erst gar nicht einzuschalten. So erzählen es zumindest ehemalige Mitarbeiter. War dies in Ihrem Betrieb tatsächlich üblich?
Nein, das ist eine Unterstellung, die ich entschieden zurückweise. Man kann einen Arbeitsplatz gar nicht blitzartig sauber machen. Zudem fanden die Messungen natürlich gerade an jenen Maschinen statt, die effektiv am meisten Staub verursachten. Dass man versucht haben soll, die Messungen zu fälschen, und unsere Mitarbeiter somit vorsätzlich gefährdet habe, ist eine böswillige Unterstellung.

Gegen die ergriffenen Gesundheitsmaßnahmen in der Eternit scheint aber auch die Tatsache zu sprechen, dass nicht nur Arbeiter aus der Produktion, sondern auch ein Anrainer, eine Raumpflegerin und ein ehemaliger Buchhalter, die nicht in den Werkhallen tätig waren, verstorben sind. Bisher hatten Sie in Interviews stets beteuert, dass für Anrainer keine Gefahr bestanden habe. Was stimmt nun?
Diese Fälle betreffen Menschen, die vor meiner Zeit in der Eternit gearbeitet haben oder in Niederurnen wohnten. Der Fall des verstorbenen Buchhalters ist mir persönlich nicht bekannt. Ich hoffe aber, dass sich seine Angehörigen bei der SUVA melden. Beim Anrainer handelt es sich um Herrn Marcel Jann, der als Kind in der Nähe unserer Fabrik gewohnt hat. Ich habe Herrn Jann nach dem Ausbruch seiner Krankheit besucht. Es handelt sich um einen sehr tragischen Fall. Seine Erkrankung ist nicht bei der SUVA versichert, da es sich ja nicht um eine Berufserkrankung handelt. Wir haben, obwohl wir damals noch keine Stiftung für die Opfer eingerichtet hatten, versucht, Herrn Jann finanziell zu helfen.

Und wie stellen Sie sich zum Fall der verstorbenen Raumpflegerin?
Die meisten Raumpflegerinnen haben auch in den Werkhallen geputzt, auch wenn sie nicht in der Produktion tätig waren. Dies spricht aber nicht gegen die Schutzmaßnahmen der Eternit. Auch hier steht im Vordergrund: Wann ist die Exposition erfolgt, was war der Wissensstand und welche Schutzmaßnahmen konnten damals getroffen werden? Es wird immer wieder unerwartete Krankheitsfälle geben – nicht nur bei der Eternit.

Ehemalige Mitarbeiter ihrer Firma klagen, dass sie zwar von der SUVA vorsorglich untersucht worden seien, doch die Resultate der Untersuchung nicht zu sehen bekommen hätten. Nur die Firmenleitung sei über den Gesundheitszustand der Mitarbeiterinnen und Mitarbeiter informiert worden. Die Eternit habe die Informationen aber nicht an die Betroffenen weitergegeben, sondern direkt Maßnahmen ergriffen. Ohne sie über die sich anbahnende Krankheit zu informiert, habe man die betroffenen Mitarbeiter einfach an einen anderen Arbeitsplatz versetzt. War das die Praxis in Ihrer Firma?
Sie wissen, ich habe erst 1990 die

Gesamtleitung der Eternit Schweiz übernommen. Entsprechend kann ich über die 60er- und 70er-Jahre nicht reden. Es ist aber allgemein bekannt, dass die SUVA seit den 60er-Jahren Vorsorgeuntersuchungen durchgeführt hat. Dabei scheint mir klar, dass die Diagnose jeweils zwischen Arzt und Patient diskutiert wurde. Wir als Firma hatten dagegen nie Einsicht in die Patientendossiers. Solche Informationen fallen unter das Arztgeheimnis. Der Firma wurde lediglich mitgeteilt, ob die Person geeignet war unter Staubbelastung zu arbeiten.

Das heißt, die SUVA bescheinigte, die Personen seien geeignet für Arbeiten mit Asbest. So stand dies doch im Arztzeugnis?
Nicht mit Asbest, mit Feinstaub. In der Mitteilung stand wörtlich: Die Person ist uneingeschränkt einsatzfähig oder die Person ist nicht geeignet für einen staubbelasteten Arbeitsplatz. Dossiers mit einer Diagnose haben wir hingegen nie erhalten.

Aufgrund dieser Aussage der SUVA haben Sie oder ihre Vorgänger entschieden, ob jemand von seinem Arbeitsplatz versetzt werden musste?
Ja, man befolgte die Ratschläge des Arztes beziehungsweise der SUVA. Genau gleich, wie wenn jemand beispielsweise ein Rückenleiden hatte, so durfte er auch keine Säcke stemmen. Das muss die Firma befolgen, das ist ein normaler Vorgang in einem Betrieb. Arbeitsplatzbelastung und Leistungsfähigkeit der Mitarbeiter müssen aufeinander abgestimmt werden. Wobei ich an dieser Stelle nochmals festhalten möchte, dass bei uns die Staubbelastung immer unter Kontrolle war und auch regelmäßig gemessen wurde. Schließlich gab es schon seit den 50er-Jahren entsprechende Grenzwerte.

Dennoch laufen gegen die Eternit verschiedene Rechtsbegehren. Gut 17 Jahre nach dem Inkrafttreten des Asbestverbots in der Schweiz hat die Vergangenheit das Unternehmen eingeholt. Haben Sie damit gerechnet?
Wir haben gewusst, dass mit dem Ende der Asbestproduktion uns das Thema weiterhin beschäftigen würde. Das war nur schon deshalb klar, weil das grausame Mesotheliom eine sehr lange Latenzzeit hat. Wir wussten also, dass wir unsere Vergangenheit stets mit uns tragen würden. Mit einem Rechtsfall habe ich allerdings nicht gerechnet. Vor allem darum nicht, weil ich überzeugt bin, dass die Eternit, auch vor meiner Zeit, stets alles damals Mögliche unternommen hat, um die Gesundheit der Mitarbeiter zu schützen. Die Verfahren haben mich ehrlich gesagt überrascht, und ich glaube nicht, dass dies der richtige Weg ist. Aber wir sind immer zu unserer Vergangenheit gestanden. Ich möchte hier allerdings klar festhalten: Gegen die Eternit selbst läuft kein Rechtsverfahren. In Italien laufen zwar verschiedene Verfahren, diese betreffen natürliche Personen, also frühere Manager und Führungspersonen der Eternit und nicht das Unternehmen an sich. In dieser Untersuchung wird lediglich abgeklärt, ob eine Straftat vorliegt.

Doch auch aus der Schweiz droht Ihrer Firma Ungemach. Hier hat die Tochter eines verstorbenen Mitarbeiters der Eternit Strafanzeige eingereicht und diesem Verfahren haben sich drei weitere Opfer angeschlossen.
Dieses Verfahren hat der Glarner Verhörrichter bereits eingestellt. Zum einen wegen Verjährung, zum andern wegen mangelndem Tatverdacht.

Abgeschlossen ist das Verfahren noch nicht, denn die Opfer haben dagegen Beschwerde eingelegt.
Das stimmt und das war vorauszusehen.

Eines der Verfahren in Italien, welches bereits seit 2001 läuft, betrifft ehemalige, italienische Mitarbeiter der Eternit in Niederurnen und Payerne. Diese sind nach ihrer Rückkehr in die Heimat an Lungenkrebs oder Mesotheliom gestorben. Der Turiner Staatsanwalt Raffaele Guraniello ermittelt wegen »mehrfacher fahrlässiger Tötung«. In mehreren Rechtshilfebegehren hat er um Unterlagen nachgesucht. Doch ihre Firma hat sich mit verschiedenen Beschwerden gegen die Herausgabe dieser Akten gewehrt und somit das Verfahren um Jahre verzögert. Wie beurteilen Sie dieses italienische Verfahren?
Das Verfahren in Italien kann ich schlecht beurteilen. Es stimmt aber, dass sich die Eternit Schweiz gegen die Herausgabe gewisser Akten gewehrt hat, weil wir der Auffassung waren, es sei nicht richtig. Das erste Rechtshilfebegehren verlangte beispielsweise die Herausgabe der Namensliste sämtlicher italienischer Mitarbeiter der Eternit, die je bei uns gearbeitet haben. Es handelte sich um über 2000 italienische Mitarbeiterinnen und Mitarbeiter. Beim zweiten Rechtshilfebegehren ging es um die medizinischen Akten unserer Mitarbeiter bei der SUVA. Man hätte auch medizinische Befunde von Mitabeitern, die teils heute noch bei uns arbeiten, nach Italien schicken müssen, die gar nichts mit Asbest zu tun haben. Und deshalb haben wir uns im Namen dieser Mitarbeiter gegen die Herausgabe dieser medizinischen Dossiers gewehrt. Wir sind aber in diesem Rechtshilfeverfahren nicht Partei. Es handelt sich um Akten der SUVA, die jetzt beim Bundesrat Einsprache erhoben hat.

Ich möchte hier aber nochmals festhalten: Ich erachte den Weg über den Gerichtssaal als mühsam für die Betroffenen. Die Herausgabe der Akten hilft den ehemaligen Mitarbeitern nicht. Viel wichtiger wäre es, dass sich die erkrankten Mitarbeiter bei der SUVA melden würden, damit sie die gesetzlich vorgesehenen Entschädigungen bekommen.

Die Eternit hat nach dem Inkrafttreten des Asbestverbots zwei Ausnahmebewilligungen für den Import von Asbestprodukten eingeholt. Die Genehmigungen waren bis 2001 respektive 2004 gültig. Bis dies durch die Medien publik gemacht wurde, gab Ihre Firma aber immer an, dass die Produktion im Hochbau zwischen 1980 und 1990 schrittweise auf asbestfrei umgestellt worden sei und die Röhrenproduktion bis 1994.

Und auch in den Verteilzentren der Eternit sind laut Angaben von ehemaligen Mitarbeitern noch nach dem Inkrafttreten des Verbots asbesthaltige Baumaterialien verkauft worden. Wie erklären Sie das?
Wir haben sämtliche Verteilzentren 1990 verkauft oder geschlossen. Wenn nach dem Inkrafttreten des Verbots noch asbesthaltige Produkte verkauft wurden, so geschah dies nicht unter unserer Regie. Dass der Ausstieg aus dem Asbest bei der Eternit 1990 respektive 1994 erfolgte, ist absolut korrekt. Dazu stehe ich heute noch. Wir haben nie verheimlicht, dass wir für Garantiearbeiten und Restauslieferungen beim BUWAL zwei Ausnahmebewilligungen angefordert hatten. Es lief damals ein Auftrag für großwellige Plattendachabdeckungen. Der Kunde hatte von uns verlangt, dass wir ihn auch nach dem Inkrafttreten des Verbots mit diesem Produkt beliefern. Wir importierten die Platten und haben sie in unserer Fabrik unter sehr strengen Sicherheitsvorkehrungen zurechtgeschnitten. Die Bearbeitung erfolgte im Freien mit sehr langsam laufenden Maschinen, damit möglichst wenig Feinstaub produziert wurde; die Arbeiter trugen dabei Schutzanzüge und Masken. Zu ihrem Schutz wurden zusätzlich Staubsauger eingesetzt. Wir haben somit nach dem Inkrafttreten des Asbestverbots nicht selbst Asbestzement-Produkte hergestellt, sondern sie nur bearbeitet. Nach einer gewissen Zeit haben wir diese Platten dann nicht mehr selbst zugeschnitten, sondern nur noch importiert. Die zweite Ausnahmebewilligung betraf die Druckrohre. Es kann immer passieren, dass ein Rohr platzt, deshalb gibt es auf diese Produkte eine Garantie. In einem Garantiefall hätten wir die Rohre ersetzen müssen. Somit handelte es sich um eine Verpflichtung gegenüber den Kunden, für weitere Jahre – auch nach Inkrafttreten des Verbots – Ersatzrohre an Lager zu halten. Wir importierten diese Rohre aus Frankreich und schnitten sie bei uns lediglich auf die gewünschte Länge zu. Gleichzeitig haben wir nach einem Verfahren gesucht, um die Druckrohre auch anders reparieren zu können. So konnten wir 1998 auch die Bearbeitung der Rohre aufgegeben. Die Eternit war ab diesem Datum für die SUVA keine asbestverarbeitende Firma mehr.

Das heißt, erst ab 1998, acht Jahre nach dem Inkrafttreten des Verbots, sind von der Eternit keine asbesthaltigen Produkte mehr importiert oder verarbeitet worden?
Ich kann nicht genau sagen, bis wann wir noch Platten importierten, aber ich denke, das war zur selben Zeit, als wir die Rohrverarbeitung einstellten, also auch 1998. Es ist mir wichtig, nochmals darauf hinzuweisen, dass es sich um kleine Mengen handelte, die von der Eternit Schweiz nicht verarbeitet, sondern bearbeitet wurden.

Wie viele Todesfälle von ehemaligen Mitarbeitern der Eternit in Niederurnen und Payerne sind Ihnen bekannt?
Laut der SUVA sind schweizweit bisher 900 Personen an einer asbestbe-

dingten Krankheit verstorben, wovon 850 an einem Mesotheliom. Die Eternit Schweiz zählt rund 70 Mitarbeiter, die an einem asbestbedingten Leiden starben, wovon 55 an einem Mesotheliom.

Das sind die von der SUVA anerkannten Fälle. Doch die Anerkennungspraxis der Unfallversicherung ist bekanntlich sehr streng. Dazu kommt, dass aus diesen Zahlen nicht ersichtlich ist, wie viele Menschen sterben mussten, weil sie Eternit-Produkte bearbeiteten, beispielsweise als Bauarbeiter oder Dachdecker.
Das sehe ich anders: Die Zahlen der SUVA sind sehr zuverlässig. Ich kenne denn auch keinen einzigen Fall einer Person, die durch Asbest berufsbedingt erkrankte, aber von der SUVA nicht anerkannt worden wäre.

Die Asbestopfer haben in der Schweiz keinen leichten Stand. Die Verjährungsfristen sind so kurz, dass die Opfer de facto schon eine Strafanzeige einreichen müssten, noch bevor der Krebs ausbricht. Sollte man dies nicht ändern?
Das ist eine juristische Diskussion, die in der Schweiz vor nicht allzu langer Zeit bereits geführt wurde und schlussendlich zu den heute geltenden Verjährungsfristen führte. Wichtig scheint mir vielmehr, dass Menschen, die aufgrund ihrer Arbeit erkranken, Zugang zu einer Versicherung haben. Und dass auch all jenen geholfen werden kann, bei denen es sich nicht um eine berufsbedingte Krankheit handelt. Um diesen Menschen zu helfen, hat die Eternit Schweiz AG beispielsweise eine Stiftung gegründet. Unsere Stiftung will explizit beiden Kategorien von Betroffenen, die in finanzielle Not geraten, helfen. Seit der Gründung im Frühjahr 2006 haben sich 9 Personen gemeldet. Wir haben von der Eternit aus versucht, auch andere ehemals asbestverarbeitende Betriebe für die Idee einer solchen Stiftung zu gewinnen. Leider haben die anderen Unternehmen abgesagt.

Wenn man die Geschichte des Asbests in der Schweiz genauer betrachtet, gewinnt man den Eindruck, die Eternit habe den Zeitpunkt des Ausstieges bestimmt und die Behörden hätten sich den Bedürfnissen der Industrie gebeugt. Wie sehen Sie das?
Ich glaube an die Kräfte in einer Demokratie. Damals stand die Asbestproblematik im Zentrum der öffentlichen Diskussion. Die Zeitungen berichteten darüber, es gab Eingaben im Parlament. Ich denke nicht, dass sich die Behörden und die Gewerkschaften den Zeitpunkt eines Verbots von der Industrie hätten diktieren lassen. Der eigentliche Zeitplan des Ausstiegs wurde 1986 im Anhang 3.3 der Gefahrstoffverordnung geregelt.

Fühlen Sie sich als CEO der Eternit Ihren ehemaligen – und heute erkrankten – Angestellten gegenüber moralisch verpflichtet?
Bei der Eternit Schweiz, mit den zwei Werken in Niederurnen und Payerne, kennen wir praktisch jeden Mitarbeiter und jede Mitarbeiterin persönlich. Da geht es nicht spurlos an einem vorbei, was mit den anderen ge-

schieht. Sicher fühlt man sich in solch einem Fall den Erkrankten gegenüber moralisch, aber auch persönlich verpflichtet. Wir probieren zu helfen, wo wir können.

Außerhalb Europas ist in den meisten Staaten der Welt der Abbau und die Verarbeitung von asbesthaltigen Produkten noch voll im Gange. Wenn Sie den Chefs dieser Betriebe einen Rat geben könnten, was würden Sie ihnen sagen?
Ich bin überzeugt, es gibt heute keinen Grund mehr, diesen Rohstoff für die Herstellung von Faserzementprodukten zu verwenden. Ich rate deshalb diesen Chefs ganz offen, schleunigst aus der Asbestproduktion auszusteigen. Heute weiß man, dass der sichere Umgang mit Asbest, der sogenannte »Save-use«, in der Theorie zwar möglich, aber in der Praxis schwierig umzusetzen ist. Es ist die Diskussion nicht wert.

Herr Holte, sie stehen hier Red und Antwort zu einem unrühmlichen Kapitel Ihrer Firmengeschichte. Das ist nicht selbstverständlich, die Exponenten der einstigen Besitzerfamilie Schmidheiny haben dies nie getan.
Der Begriff »unrühmlich«, bezogen auf Eternit Schweiz, gefällt mir nicht. Die Verwendung von Asbest ist Teil eines dunklen Kapitels der Industriegeschichte und betrifft die ganze Gesellschaft und nicht ein einzelnes Unternehmen. Es wird immer wieder Produkte geben, deren Nutzung problematisch ist, auch wenn die Vorteile auf den ersten Blick überwiegen; denken wir beispielsweise an Handys, Dieselmotoren, Nanotechnologie – wer weiß, was da noch auf uns zukommt?

Wer ist in der Schweiz wofür zuständig?

In der Schweiz sind verschiedene Stellen mit der Bewältigung der Asbestproblematik beauftragt. Auf Bundesebene handelt es sich in erster Linie um das Bundesamt für Gesundheit BAG, das Bundesamt für Umwelt (BAFU, vormals BUWAL) und die SUVA. Dazu kommen als Vollzugsorgane der Arbeitssicherheit die kantonalen Arbeitsinspektorate sowie die Kantone und Gemeinden für die Sanierung von Bauten. Zudem tragen auch Hausbesitzer, Vermieter und Arbeitgeber aufgrund der Baugesetzgebung, des Mietrechts sowie des Unfallversicherungsgesetzes eine klar definierte Verantwortung.

Das **Bundesamt für Gesundheit (BAG)** ist für die Volksgesundheit im Allgemeinen und im Rahmen der Giftgesetzgebung für die Einstufung von Stoffen zuständig. Lungengängige Asbestfasern sind in der Liste der Giftklasse als krebserzeugender Stoff eingestuft. Das BAG fördert die Information der breiten Öffentlichkeit über Innenraumbelastungen und hat zu diesem Zweck verschiedene Publikationen herausgegeben.

Das **Bundesamt für Umwelt (BAFU)** hat die Aufsicht über den Vollzug der Stoffverordnung, welche Verwendungs-, Abgabe- und Einfuhrverbote für Asbest und asbesthaltige Erzeugnisse festlegt. Im Rahmen des Umweltschutzes befasst es sich auch mit der Entsorgung von Asbest. Das BAFU nimmt Meldungen über die Nichteinhaltung der Stoffverordnung entgegen und kann Strafanzeige erstatten.

Die Zuständigkeiten der **Schweizerischen Unfallversicherung (SUVA)** konzentrieren sich in erster Linie auf den Arbeitnehmerschutz und die entsprechenden Pflichten der Arbeitgeber. Sie lassen sich, laut eigenen Angaben, wie folgt zusammenfassen:

- Vollzug der Verhütung von Berufskrankheiten durch Asbest am Arbeitsplatz;
- Kontrollen am Arbeitsplatz (deshalb Meldepflicht von Sanierungsarbeiten);
- Definition MAK-Wert (Maximaler Arbeitsplatzkonzentrationswert eines gesundheitsgefährdenden Stoffes), Kontrollmessungen, fachtechnische Grundlagen, Kontrolle und Beratung bei Sanierungsarbeiten;
- Anerkennung von Berufskrankheiten infolge Asbestexposition;

– Erbringen von Versicherungsleistungen bei Berufskrankheiten durch Asbest.

Auch die **Kantone** und **Gemeinden** sind für den Umweltschutz auf ihrem Gebiet verantwortlich und im Rahmen der Baureglemente für die Asbestsanierung an Gebäuden zuständig.

Die **Kantonalen Arbeitsinspektorate (KAI)** stellen zudem zusammen mit der SUVA und dem Staatssekretariat für Wirtschaft (SECO) Vollzugsorgane für den Gesundheitsschutz am Arbeitsplatz dar.

Klar ist: Bei einer solchen Verzettelung der Kompetenzen zwischen den vielen verschiedenen Akteuren sind für Außenstehende die Zuständigkeiten der einzelnen Behörden fast unüberschaubar. Das sehen selbst die zuständigen Stellen ein. Um den Aufwand zu reduzieren und den Informationsaustausch unbürokratisch zu fördern und zu koordinieren, haben sie deshalb im Herbst 2002 die **Koordinationsgruppe Forum Asbest der Schweiz (FACH)** gegründet. Die Ziele dieser Gruppe sind: Erfahrungsaustausch, die gemeinsame Standortbestimmung in wichtigen Fragen zu Asbest sowie die Koordination von Maßnahmen.

Zur Verhütung von Berufskrankheiten kann die SUVA einen Betrieb durch Verfügung den Vorschriften über die arbeitsmedizinische Vorsorge unterstellen.

Laut SUVA erfolgten die ersten Unterstellungen im Zusammenhang mit Asbest in den 40er-Jahren. Systematische Nachuntersuchungen wurden laut SUVA ab 1984 mit der Einführung des Unfallversicherungsgesetzes möglich. Sie umfassen Personen, die aus ehemals asbestverarbeitenden Betrieben ausgetreten sind, und werden alle zwei Jahre bis zum 75. Altersjahr durchgeführt; auf Wunsch der Betroffenen können diese Untersuchungen unbegrenzt weitergeführt werden. Bei Arbeitnehmenden, die neu asbestexponiert sind, erfolgen die Nachuntersuchungen nach 5, 10 und 15 Jahren ab Expositionsbeginn, danach alle zwei Jahre. Bei allen Untersuchungen übernimmt die SUVA die Kosten.

Laut der Unfallversicherung umfasst die Nachuntersuchung eine klinische Untersuchung, ein Brust-Röntgenbild sowie eine Lungenfunktionsprüfung. Zurzeit sind rund 5000 Personen in der Schweiz wegen früherer Asbestexposition unter medizinischer Beobachtung. Die Untersuchungen erfolgen nicht durch die SUVA selbst, sondern durch den Hausarzt oder behandelnden Arzt. Soweit die betroffenen Personen noch erfasst werden können, werden sie von der SUVA aufgefordert, eine solche Untersuchung durchzuführen. Außerhalb des Einfluss- und Kontrollbereichs der SUVA, also bei unbekannter Adresse oder wenn jemand im Ausland lebt, obliegt es laut der Unfallversicherung der »Eigenverantwortung der Arbeitnehmenden«, solche Untersuchungen durchführen zu lassen.

Einen ersten asbestbedingten Lungenkrebs anerkannte die SUVA zwar bereits 1955 und ein erstes Mesotheliom 1969. Offiziell haben die Schweizer Behörden aber erst Mitte der 80er-Jahre Asbeststaub in die Liste der schädigenden Stoffe nach Unfallversicherungsgesetz Art. 9 aufgenommen. In anderen europäischen Staaten geschah dies viel früher: Lungenkrebs infolge von Asbestose ist beispielsweise in Deutschland schon seit 1943 und in Österreich seit 1955 offiziell im Register der Berufskrankheiten eingetragen, und Dänemark hat schon 1959 das Mesotheliom offiziell aufgelistet.[76]

Zurzeit werden von der SUVA pro Jahr rund 70 asbestbedingte Erkrankungen anerkannt. Die Zahl steigt seit Mitte der 70er-Jahre laufend an. Aufgrund der langen Latenzzeit ist noch kein Rückgang zu erkennen.

Im Jahr 2005 anerkannte die Schweizerische Unfallversicherung 86 Mesotheliomfälle. Obwohl Experten davon ausgehen, dass Mesotheliome und asbestbedingter Lungenkrebs gleich häufig auftreten, entschädigte die SUVA bisher deutlich mehr Mesotheliome: Zwischen 1990 und 2003 waren dies 597 Mesotheliome gegen bloß 6 asbestbedingte Fälle von Lungenkrebs.[77] Praktisch aussichtslos ist die Anerkennung des asbestbedingten Lungenkrebses bei Rauchern.

Spießrutenlauf für die Anerkennung der Berufskrankheit

Gesetzliche Basis für die Anerkennung eines Leidens als Berufskrankheit ist in der Schweiz das Unfallversicherungsgesetz. Artikel 9.1 dieses Gesetzes hält fest: »Als Berufskrankheiten gelten Krankheiten, die bei der beruflichen Tätigkeit ausschließlich oder vorwiegend durch schädigende Stoffe oder bestimmte Arbeiten verursacht worden sind. Der Bundesrat erstellt eine Liste dieser Stoffe und Arbeiten sowie der arbeitsbedingten Erkrankungen.« Die erwähnte Liste führt wie erwähnt seit Mitte der 80er-Jahre »Asbestfeinstaub« sowie »Staublungen bei Arbeiten in Stäuben von Silikaten« auf.

Doch damit beginnt erst der Spießrutenlauf für die betroffenen Personen. Denn die Anerkennungspraxis der SUVA entpuppt sich als eigentliche Abschreckungspraxis: Damit eine asbestbedingte Krankheit anerkannt wird, muss der Erkrankte einen vierfachen Beweis erbringen:

- Die Diagnose muss überwiegend wahrscheinlich sein.
- Die Asbestexposition muss die vorwiegende Ursache der Erkrankung sein.
- Die Exposition muss während einer UVG-versicherten Anstellung stattgefunden haben.
- Eine Mindestlatenzzeit – in der Regel 15 Jahre – muss zwischen dem Expositionsbeginn und dem Krankheitsausbruch liegen.

Doch was heißt dies konkret? Martin Rüegger, Arbeitsmediziner bei der SUVA, erklärte dies anlässlich eines Medienseminars in Zürich so: »Damit **Pleuraplaques** als Berufskrankheit anerkannt werden, müssen sie ein gewisses Ausmaß erreichen, sie müssen beidseitig oder verkalkt sein und im Röntgenbild mindestens 5 Millimeter im Querdurchmesser messen.«

Für die Diagnose einer **Asbestose** »braucht es die typischen klinischen, funktionellen und radiologischen Veränderungen, wie sie allgemein bei einer Lungenfibrose zu beobachten sind, und in Zweifelsfällen ist der Nachweis von Asbest im Lungengewebe oder in der Lungenspülflüssigkeit erforderlich.«

Damit ein asbestbedingtes **Lungenkarzinom** anerkannt wird, »muss eine Asbestose nachgewiesen werden oder der Beweis erbracht werden, dass die betroffene Person einer kumulativen Asbestdosis von mindestens 25 Faserjahren ausgesetzt war.« Die Asbestdosis spielt für die Beurteilung eines allfälligen Krebsrisikos eine wichtige Rolle. Unter einem Faserjahr versteht man die akkumulierte Fasermenge während eines Arbeitsjahres à 48 Wochen zu 5 Arbeitstagen zu je 8 Stunden und einer Asbestkonzentration von 1 WHO-Faser/ml (d.h. 1 lungengängige

Faser pro Milliliter Luft). Auch eine niedrigere Dosis als 25 Faserjahre kann die Entstehung eines Lungenkrebses begünstigen. Doch in diesem Fall wird der Lungenkrebs nicht anerkannt. Der Arbeitsmediziner der SUVA hält denn auch in der Dokumentation fest: »Eine Anerkennung kommt in diesen Fällen aber deshalb nicht in Betracht, weil der berufliche Anteil im gesamten Ursachenspektrum weniger als die Hälfte beträgt, also nicht überwiegt, wie es die gesetzliche Definition erfordert.«[78]

Das maligne **Mesotheliom** ist neben seinen »typischen klinischen und röntgenologischen Veränderungen in erster Linie durch die Untersuchung einer Gewebeprobe einschließlich sogenannter immunhistologischer Tests zu diagnostizieren. Zudem muss man ausschließen können, dass der Brustfellkrebs kein Ableger eines anderen Krebsleidens ist. Da rund 80 Prozent aller malignen Mesotheliome asbestbedingt sind, muss der Betroffene in der Regel nicht beweisen, dass er einer hohen Asbestdosis ausgesetzt gewesen ist. Er muss aber glaubhaft machen, während einer UVG-versicherten Anstellung, mindestens während einiger Wochen, asbestexponiert gewesen zu sein.«

All das sind Voraussetzungen, die manchen Erkrankten davor abschrecken, sich um eine Anerkennung zu bemühen. Es ist verständlich, dass krebskranke Menschen, denen in der Regel nur wenige Monate oder Jahre zum Leben bleiben, psychisch und physisch nicht in der Lage sind, sich mit versicherungstechnischen Problemen auseinanderzusetzen.

Dies widerspiegelt sich auch in den Zahlen der von der SUVA anerkannten Berufskrankheiten. Seit 1939 hat die Schweizerische Unfallversicherung laut eigenen Angaben lediglich 1456 Fälle von Berufskrankheiten infolge einer Asbestexposition anerkannt (Stand 2005). Davon betrafen 672 Mesotheliom-Erkrankungen. 490 Fälle wies die SUVA ab. Das heißt, rund 25 Prozent der eingereichten Dossiers wurden von der Unfallversicherung abgelehnt. Seit 1939 hat die SUVA rund 350 Millionen Franken für medizinische Behandlungen, Lohnausfall, Invaliditäts- und Hinterlassenenrenten sowie Integritätsentschädigungen bezahlt. Die Unkosten für die Versicherungsgesellschaft belaufen sich demnach durchschnittlich pro anerkannten Fall auf 240 384 Franken. Es versteht sich somit von selbst, dass die SUVA im eigenen Interesse eine äußerst restriktive Anerkennungspraxis betreibt.

INTERVIEW

Franz Steinegger

Verwaltungsratspräsident der SUVA

»Keine Notwendigkeit für einen Kurswechsel«

Herr Steinegger, Sie sind seit 1991 Verwaltungsratspräsident der SUVA. Die SUVA geriet in den letzten Jahren im Zusammenhang mit der Asbestproblematik immer wieder unter Beschuss. Vorgeworfen wird der Versicherung insbesondere, dass sie viel zu spät und ungenügend auf die Asbestgefahr reagiert habe. Wie beurteilen Sie das?

Diese Kritik hat mich alarmiert und ich habe mich eingehend informiert – nicht nur bei unseren eigenen Experten. Ich bin zum Ergebnis gekommen, dass diese Vorwürfe unverhältnismäßig und teilweise gar etwas hinterhältig sind. Dies, weil man den heutigen Wissensstand nimmt, um die Maßnahmen der SUVA in den 60er- und 70er-Jahren zu beurteilen. Es ist offensichtlich: Wenn heute der Grenzwert um das Zweihundertfache tiefer ist als 1978, dann war der einstige Grenzwert wohl zu hoch. Die Frage ist nur, was konnte man 1978 wissen? Per Saldo hat die SUVA sehr sorgfältig reagiert und in der Regel im Gleichschritt mit den anderen europäischen Ländern. Es ist aber zu bedauern, dass man zu jener Zeit nicht mehr über Gefahren dieses Rohstoffs wusste. Damals stand vor allem die Asbestose im Vordergrund. Dieses typische Asbestleiden hat man verglichen mit der Staublunge der Mineure. Über die Krebserkrankungen des Brustfells wurde erst in den 60er-Jahren diskutiert. Doch aufgrund der langen Latenzzeit war dieser Krebs viel schwieriger zu beurteilen. Nochmals: Diese pauschalen Vorwürfe sind meiner Meinung nach haltlos.

Der Vorwurf, zu spät reagiert zu haben, trifft auch auf die Meldepflicht zu. Die Behörden haben erst 1988 eine Meldepflicht für Asbestsanierungsarbeiten eingeführt. Die SUVA hat dies über Jahre nicht als notwendig erachtet. Dennoch verlangt die SUVA von den Versicherten für die Anerkennung einer asbestbedingten Berufskrankheit, dass sie den Beweis erbringen, einer gewissen Menge Asbest ausgesetzt gewesen zu sein. Doch wenn die Arbeiten nicht meldepflichtig gewesen sind, gab es auch keine Messungen. Ist das nicht widersprüchlich?

Nein, absolut nicht. Ich denke, es ist normal, dass man beweisen muss, an einem asbestexponierten Arbeitsplatz gearbeitet zu haben. Nehmen wir beispielsweise die arbeitsbedingten Krebsfälle. Davon gibt es in der Schweiz jährlich etwa 100, davon sind etwa 80 asbestbedingt; aber es gibt auch Fälle von Mesotheliomen, bei denen kein Zusammenhang mit Asbest erkennbar ist. Die SUVA ist eine Unfallversicherung. Um Leistungen zu erhalten, muss man während der Arbeit mit der Substanz in Kontakt gekommen sein. Wenn ich die SUVA-Praxis anschaue und sehe, wie früh beispielsweise die Asbestose und später das Mesotheliom als Berufskrankheit anerkannt wurden, kann niemand behaupten, dass die SUVA besonders restriktiv gewesen sein soll.

Stoßend finden viele frühere Asbest-Arbeiter, beispielsweise viele Mitarbeiter der Eternit, dass sie nach den Kontrolluntersuchungen der SUVA nicht über ihren Gesundheitszustand informiert wurden. Meistens merkten sie, dass etwas nicht stimmte, weil man sie an einen weniger staubbelasteten Arbeitsplatz versetzte. Weshalb dieses untransparente Vorgehen?

Verantwortlich für Arbeitssicherheit und Gesundheitsschutz sind die Arbeitgeber. Ergo müssen sie die entsprechenden Meldungen erhalten, damit sie Maßnahmen treffen können. Ich weiß nicht, ob es zutrifft, dass ein Mitarbeiter, der nach seinem Gesundheitszustand nachfragte, tatsächlich keine Antwort erhielt. Aber ich denke, die Information ist sicher korrekt gelaufen. Dazu trägt nicht zuletzt die Organisation der SUVA bei: Unser Verwaltungsrat besteht aus gleich vielen Vertretern der Arbeitgeber wie der Arbeitnehmer. Es sitzen 16 Vertreter der Arbeitnehmer in diesem Gremium, praktisch alles Gewerkschaftler. Ich bin fest davon überzeugt: Wenn es irgendwo Unregelmäßigkeiten gegeben hätte, dann hätten die Gewerkschaftler bestimmt interveniert.

Fakt ist: Die SUVA erstellte den Arbeitern Zeugnisse, in denen sie attestierte, die Arbeiter seien uneingeschränkt einsetzbar oder nicht geeignet für einen staubbelasteten Arbeitsplatz gewesen. Mit anderen Worten die SUVA attestierte ihnen, sie seien geeignet für Arbeiten mit Asbest.

Maßgebend für die SUVA ist das Unfallversicherungsgesetz bzw. die Verordnung über die Verhütung von Unfällen und Berufskrankheiten. Die SUVA erlässt die entsprechenden Verfügungen. Entscheidend ist jedoch, dass die SUVA Arbeitsplätze, an denen die zulässigen Grenzwerte überschritten wurden, nicht tolerierte. Auch bei der Eternit hat man keine Ausnahme gemacht. Das Problem war vielmehr, dass die Grenzwerte nach dem heutigen Wissensstand zu hoch waren.

Und wie ist die Praxis der SUVA heute im Kampf gegen die gefährliche Faser? Immer wieder werden Fälle bekannt, in denen Arbeiter nichts ahnend bei Sanierungsarbeiten auf Asbest stoßen und in kontaminierten Räumen arbeiten müssen. Sehen sie Handlungsbedarf?

Zunächst sei hier gesagt: Wir haben heute in der Schweiz den europaweit tiefsten Grenzwert, mit 0,01 Fasern pro Milliliter. Dieser muss eingehalten werden. Allerdings kennt die SUVA nicht sämtliche Abläufe, Maschinen und Werke und weiß nicht, wo es überall Asbest gibt. Ich denke, das läuft zurzeit eigentlich gut. Zu sagen ist aber auch: Die Unfallversicherung verfügt nicht über eine Liste, in der sämtliche Gebäude aufgeführt sind, in denen Asbest vorhanden ist. Soweit es sich um Gebäude handelt, ist es Aufgabe der Kantone, solche Verzeichnisse zu führen.

Die SUVA kann aufgrund ihrer Erfahrung signalisieren, wo bei gewissen Arbeiten Probleme auftreten könnten. Doch es ist die Aufgabe des Arbeitgebers, die SUVA beizuziehen, damit Messungen stattfinden können und die nötigen Maßnahmen getroffen werden.

Die SUVA bietet ehemalige Asbest-Arbeiter, die in der Schweiz wohnen, zu präventiven Untersuchungen auf. Anders verhält es sich für jene, die nach ihrer Arbeit in der Schweiz wieder in ihre Heimat zurückgekehrt sind. Es ist beispielsweise bekannt, dass viele italienische Versicherte von der SUVA nicht mehr zu den periodischen Präventivkontrollen aufgeboten werden. Obwohl ihnen möglicherweise Renten oder andere Versicherungsleistung zustehen würden, sind sie nicht über ihre Rechte informiert. Was unternimmt die SUVA, um diesen Versicherten entgegenzukommen?

Das Problem der Präventivuntersuchungen für Personen im Ausland stellt sich in Tat und Wahrheit nicht. Heute besteht ein breiter Konsens darüber, dass bei asbestbedingten Krebsfällen diese präventiven Screenings keinen Erfolg versprechen. Denn mit den heutigen Methoden ist eine Erkrankung offenbar nicht rechtzeitig erkennbar. Das heißt, man kann die Leute zwar aufbieten und untersuchen, aber die Krankheit ist erst erkennbar, wenn es schon zu spät ist. Die Forderung, alle diese Leute zu Nachuntersuchungen aufzubieten, ist somit auch keine Lösung für das Problem.

Was die Versicherungsleistungen anbelangt, gehen wir hingegen davon aus, dass auch Ärzte im Ausland in der Lage sein müssen, asbestbedingte Krankheiten zu erkennen. Wenn ein Arzt also feststellt, dass es sich um ein asbestbedingtes Leiden handelt, wird er den Patienten fragen, ob er in einem asbestverarbeitenden Betrieb gearbeitet hat, und er muss ihn aufklären, dass ihm Versicherungsleistungen zustehen.

Doch das funktioniert offenbar zurzeit nicht. Wie soll denn ein Arzt in Italien wissen, dass es in der Schweiz die SUVA gibt und dass der Arbeitgeber seines Patienten tatsächlich versichert war?
Wir sind uns der Problematik bewusst und wollten über die italienische Unfallversicherung sämtliche Ärzte in Italien und die entsprechenden Organisationen darauf aufmerksam machen. Wir wollten Ihnen mitteilen, dass die SUVA bei Arbeitern, die vormals in der Schweiz tätig waren und bei denen asbestbedingte Leiden auftauchen, nach wie vor zahlen wird. Unsere Bemühungen haben bei den italienischen Stellen wenig Begeisterung ausgelöst. Unser Anliegen wurde zwar nicht abgelehnt, doch die Italiener nehmen sich Zeit. Warum sie so langsam vorgehen, bleibt für mich ein Rätsel.

Sie reichen den Schwarzen Peter an die Italiener weiter?
Nein, natürlich nicht. Wir wollten die Versicherten nicht persönlich anschreiben und sie zu einem Screening aufbieten, um sie nicht zu verängstigen. Deshalb wollten wir sie über die italienische Ärzteschaft informieren. Doch das war so schwierig, dass wir uns schlussendlich entschieden, eine Informationsveranstaltung in der Schweiz durchzuführen. Zur Info-Veranstaltung in Lugano luden wir sämtliche italienischen Stellen ein, die sich für das Problem interessierten. Nochmals: Wenn uns Fälle asbestbedingter Berufskrankheiten gemeldet werden, dann bezahlen wir sie. Das ist für die SUVA nicht in erster Linie ein finanzielles Problem.

Die SUVA hat eine sehr strenge Anerkennungspraxis in Bezug auf Asbesterkrankungen. Besonders streng ist die Anerkennung eines Lungenkarzinoms, hier muss eine Asbestose nachgewiesen oder der Beweis erbracht werden, dass die betroffene Person einer kumulativen Asbestdosis von mindestens 25 Faserjahren ausgesetzt war. Doch das ist ein Ding der schieren Unmöglichkeit. Weshalb beharrt die SUVA auf dieser Praxis?
Die SUVA anerkennt ein asbestbedingtes Bronchialkarzinom, wenn eine Asbestose – auch nur minimalster Ausprägung – oder ausgedehnte asbestbedingte Brustfellveränderungen oder eine Asbestbelastung von mindestens 25 Faserjahren vorliegen. Es müssen also nicht alle Kriterien zusammen erfüllt sein. Diese sogenannten Helsinki-Kriterien werden in der Mehrheit der nord- und mitteleuropäischen Staaten zur Beurteilung eines Lungenkrebses bei Asbesteinwirkung angewendet. Wichtig ist in diesem Zusammenhang: Wenn die Helsinki-Kriterien erfüllt sind, so erfolgt eine Anerkennung als Berufskrankheit unabhängig davon, ob der Versicherte geraucht hat oder nicht.

Wann hat die SUVA erstmals ein Bronchialkarzinom beziehungsweise ein Mesotheliom anerkannt?
1955 ist erstmals ein asbestbeding-

ter Lungenkrebs anerkannt worden. Der erste anerkannte Mesotheliomfall geht hingegen auf 1967 zurück. Zu sagen ist: Asbest ist erst mit dem Unfallversicherungsgesetz von 1981, welches 1984 in Kraft trat, in der Liste der schädigenden Stoffe und der arbeitsbedingten Erkrankungen nach Artikel 14 der Verordnung über die Unfallversicherung aufgenommen worden. Aber bereits vor 1984 wurden immer wieder Fälle von asbestbedingtem Lungenkrebs anerkannt.

Die SUVA gibt an, dass in der Schweiz jährlich 50 bis 70 Menschen an asbestbedingten Leiden sterben. Doch hier handelt es sich nur um die anerkannten Fälle. Opfer, deren Erkrankung nicht anerkannt wird, die nicht mehr in der Schweiz leben, deren Betriebe nicht bei der SUVA gemeldet waren oder Anrainer eines Asbestbetriebes waren, werden in der Schweiz nicht erfasst. All diese Faktoren deuten auf eine hohe Dunkelziffer hin. Wie sehen Sie das?
Wir sind nicht derselben Meinung, sonst müssten wir ganz andere Rückstellungen vornehmen.

Ein Kapitel für sich ist der Anspruch auf eine sogenannte Integritätsentschädigung. Die Asbestopfer finden die Praxis der SUVA stoßend. Denn obwohl ein Mesotheliompatient nach der Diagnose in der Regel nur wenige Monate überlebt, anerkennt die SUVA den Anspruch auf eine volle Integritätsentschädigung erst, wenn der Patient 18 Monate nach Ausbruch der Krankheit noch lebt. Überlebt er 6 Monate, bekommt er bloß 40 Prozent. Weshalb diese strenge Regelung?
Diese Regelung wird nicht von der SUVA, sondern durch das Gesetz bestimmt. Das eidgenössische Versicherungsgericht hat zudem in einem Gerichtsurteil klar festgehalten, dass es sich bei der Integritätsentschädigung nicht um eine Entschädigung für die Erben handelt. Dazu kommt, dass die Integritätsentschädigung von den Arbeitgebern politisch unter Druck steht. Die Arbeitgeber verlangen, dass sie ganz abgeschafft wird. Sie habe, so sagen sie, keine Berechtigung im Sozialversicherungssystem.

Ein weiteres Kapitel ist die seit 2001 laufende Untersuchung der Turiner Staatsanwaltschaft gegen die Eternit. Der Staatsanwalt hatte diesbezüglich im Sommer 2004 ein Rechtshilfeersuchen eingereicht, in welchem er von der SUVA die Herausgabe der medizinischen Dossiers der Eternit-Arbeiter verlangt. Die SUVA ist ans Bundesgericht gelangt, um diese Dossiers nicht aushändigen zu müssen. Als das Bundesgericht nun gegen die SUVA entschieden hat, hat sie gar beim Bundesgericht interveniert, um die Veröffentlichung dieses Entscheides zu verhindern. Weshalb?
Das stimmt nicht. Das Bundesgericht fragt einen zwar immer an, ob ein Urteil veröffentlicht werden kann. Letztendlich ist es aber ein souveräner Entscheid des Bundesgerichtes.

Um die Herausgabe dieser Dossiers der Eternit-Mitarbeiter zu stoppen,

hat die SUVA laut Artikel 1a des Rechtshilfegesetzes auch beim Bundesamt für Justiz interveniert. Nun soll das EJPD oder der Bundesrat darüber befinden. Weshalb sind diese Dossiers für die SUVA so wichtig?
Das ist eine komplizierte Angelegenheit: Im Zusammenhang mit dem Rechtshilfeersuchen der Turiner Staatsanwaltschaft muss zunächst abgeklärt werden, welche Zuständigkeit Italien hat. Wir leben ja in einem Rechtsstaat. Die Turiner Staatsanwaltschaft ist für italienische Staatsbürger, die in Italien wohnen, zuständig. Die Unterlagen zu diesen Fällen hat die Turiner Staatsanwaltschaft erhalten. Es handelte sich konkret um die medizinischen Dossiers von 12 ehemaligen Mitarbeitern der Eternit. In einem zweiten Rechtshilfebegehren verlangte die Turiner Staatsanwaltschaft weitere knapp 200 Dossiers. Für diese Fälle ist sie aber nicht zuständig, weil diese Personen noch in der Schweiz wohnen. Die SUVA darf, ohne die Zustimmung der Betroffenen, die Patientendossiers nicht an jemanden herausgeben, der nicht zuständig ist. Hier stellt sich für uns ein Problem des Datenschutzes. Der Staatsanwalt verlangte zudem auch andere Dokumente, die die SUVA in ihrer Funktion als Arbeitssicherheitsbehörde erstellt hat. Doch in dieser Funktion übt die SUVA hoheitliche Befugnisse aus. Auch gegen die Herausgabe dieser Akten wehren wir uns, denn es ist nicht üblich, dass staatliche Akten einem anderen Staat zur Verfügung gestellt werden, ohne dass eine politische Instanz über die Freigabe entscheidet. Da könnte ja beispielsweise eines Tages ein italienischer Staatsanwalt die Herausgabe der Akten der eidgenössischen Bankenkommission verlangen. Deshalb haben wir entschieden, uns an das Justizdepartment und wenn nötig an den Bundesrat zu wenden.

Das Bundesgericht ist allerdings anderer Meinung und hat entschieden, dass die SUVA die Akten nach Turin schicken muss.
Das stimmt. Doch wir sind der Meinung, dass es einen politischen Entscheid braucht. Wenn der Bundesrat meint, dass wir die Akten aushändigen sollen, dann werden wir dies selbstverständlich tun.

Können Sie bitte konkreter werden: Um was für Akten handelt es sich genau?
Wenn die SUVA arbeitssicherheitliche Maßnahmen trifft, Aufsichtsfunktionen erfüllt, dann erfüllt sie eine staatliche Aufgabe, eine sogenannte hoheitliche Aufgabe. Gemeint sind die Kontrollprotokolle der SUVA von Betriebsbesuchen bei der Firma Eternit.

Es handelt sich konkret also beispielsweise um die in der Eternit gemessenen Asbestemissionswerte?
Ja, aber nicht nur. Damit kein falscher Eindruck entsteht: Wir wehren uns nicht gegen die Herausgabe der Akten, weil wir jemanden schützen wollen. Ich könnte mir gar vorstellen, dass sich die Erwartungen der Staatsanwaltschaft Turin überhaupt nicht erfüllen.

Die SUVA hat eine institutionelle Doppelrolle: Auf der einen Seite ist sie eine Versicherung, die für Schäden aufkommen muss. Auf der anderen Seite bestimmt sie aber auch die notwendigen Sicherheitsmaßnahmen und führt die Kontrolle in den Betrieben durch. Ergibt sich daraus kein Interessenkonflikt?
Nein, im Gegenteil. Das war die Grundidee bei der Schaffung des deutschen und des schweizerischen Unfallversicherungssystems: Man erachtete es als effizienter, wenn Prävention und Versicherung zusammengelegt sind. Keine Versicherung hat ein Interesse daran, Versicherungsleistungen zu erbringen. Das heißt, die Verbindung dieser zwei Funktionen ist eine Motivation, bei der Arbeitssicherheit streng zu sein. Die bisherigen Erfahrungen sprechen eindeutig für dieses System. Ich sehe denn auch keinen Grund, um an diesem Modell zu zweifeln.

Herr Steinegger, ein guter Kapitän zeichnet sich nicht nur dadurch aus, dass er in stürmischen Zeiten an Bord bleibt, sondern auch dadurch, im richtigen Moment Gegensteuer zu geben. Sehen Sie in Sachen Asbest die Möglichkeit für einen Kurswechsel?
Ich sehe keine Notwendigkeit für einen Kurswechsel. Das habe ich nun intensiv überprüft. Ich denke sogar, die Erkenntnisse der letzten Jahre bestätigen die Richtigkeit unseres Kurses.

Anerkannte asbestbedingte Lungenkrebsfälle 1980–2003

Jahr	Deutschland	Belgien	Frankreich	Italien	Schweiz
1980	20	3	13	–	–
1985	43	2	0	–	–
1990	132	7	13	0	0
1995	796	13	93	21	0
2000	681	27	557	66	1
2003	739	40	1018	189	1

Quelle: EuroGIP, März 2006

Anerkannte Mesotheliome 1980–2003

Jahr	Deutschland	Belgien	Frankreich	Italien	Schweiz
1980	36	0	20	–	0
1985	135	12	25	–	11
1990	291	25	65	1	29
1995	498	35	154	40	37
2000	652	65	279	227	63
2003	788	92	421	389	54

Quelle: EuroGIP, März 2006

2. Im Visier der italienischen Justiz

Die Mühlen der Justiz mahlen langsam

»Palazzo di Giustizia«, prangt in fetten Lettern am Eingangstor des Turiner Gerichtshofes. Hier ist im obersten Stockwerk des Nordflügels auch die Staatsanwaltschaft untergebracht. Metalldetektoren stehen mitten in der Eingangshalle und versperren den Zugang ins Innere des Palazzo. Uniformiertes und bewaffnetes Aufsichtpersonal befragt jeden einzelnen Besucher, kontrolliert den Ausweis und bittet, allfällige Taschen auf das Fließband der Sicherheitsschleuse zu legen. Wer Einlass erhält, wird zur betreffenden Stelle eskortiert. Ein schier nicht enden wollender Korridor führt, vorbei an unzähligen Büros, ins Vorzimmer von Raffaele Guraniello. Der 65-jährige Staatsanwalt, der seit Jahren eine Untersuchung gegen die ehemaligen Eternit-Obersten führt, sitzt in schwarzem Anzug und schwarzem T-Shirt in einem großen Sessel hinter seinem Pult. Akten türmen sich wie ein Schutzwall um den Mann der Justiz.

Der wohl bekannteste Staatsanwalt Italiens hat nur wenig Zeit für Journalisten, auch wenn sie extra aus der Schweiz angereist sind. Schon zu Beginn des Interviews weist er darauf hin, die Untersuchung rund um die Eternit unterstehe dem Amtsgeheimnis. »Mi dispiace«, fügte er mit einem charmanten Lächeln an. So ist er, der Turiner Staatsanwalt Raffaele Guraniello: unbequem und erfolgreich. Das kriegen auch die einstigen Besitzer des Schweizer Faserzementriesen zu spüren. Seit sechs Jahren führt Guariniello, ungeachtet der Verzögerung durch die Beschwerden des Unternehmens, eine akribische Untersuchung. Er sammelt Akte um Akte, legt immer neue Dossiers an und weitet das Verfahren immer weiter aus. Im Jahr 2001 hat der Staatsanwalt eine Untersuchung wegen mehrfacher fahrlässiger Tötung eröffnet, nachdem zwölf ehemalige Eternit-Mitarbeiter aus Niederurnen nach ihrer Rückkehr ins Heimatland an einem Mesotheliom verstorben waren. Seither ist die Anzahl der gesammelten Dossiers der verstorbenen und erkrankten Eternit-Mitarbeiter auf gut 2800 angestiegen und das Verfahren beschränkt sich längst nicht mehr auf die einstigen Asbestzement-Werke in Niederurnen und Payerne, sondern betrifft sämtliche Werke der Eternit in Italien, die einst zum Unternehmensgeflecht der Schmidheinys und der Emsens gehörten: vom sizilianischen Syrakus über Bagnoli bei Neapel und kleineren Werken in Mittelitalien bis zur größten italienischen Eternit-Fabrik in Casale Monferrato nahe bei Turin. Der Staatsanwalt will untersuchen, ob die einstigen Besitzer die nötigen Sicherheitsvorkehrungen zum Schutz der Belegschaft getroffen hatten. Die italienische Justiz führte schon mehrere Prozesse gegen die Manager der italienischen Eternit-Fabriken und es kam schon mehrmals zu Verurteilungen. Die Untersuchung von Raffaele Guariniello hat aber nicht nur die jeweiligen lokalen Manager in der Schweiz und in Italien im Visier, sondern es wird auch gegen Mitglieder der einstigen belgischen und schweizerischen Besitzerfamilien ermittelt.

Staatsanwalt Raffaele Guariniello in seinem Büro, Frühjahr 2007.

Guariniello eröffnete in seiner Karriere Dutzende ähnlich gelagerte Prozesse zum Thema Arbeitsgesundheit und führte sie mit Verurteilungen erfolgreich zu Ende. Schon zu Beginn seiner Laufbahn legte sich Guariniello 1971 mit Italiens mächtigstem Arbeitgeber, nämlich dem Fiat-

Konzern an: Eine Hausdurchsuchung im Fiat-Hauptquartier brachte rund 300000 Dossiers von fichierten Fiat-Mitarbeitern und -Mitarbeiterinnen ans Licht. Vom Parteibuch und anderen Präferenzen bis hin zu persönlichen Beziehungen – alles wurde widerrechtlich in den Personalakten des Automobilriesen festgehalten. Die Staatsanwaltschaft entzog Guariniello den politisch brisanten Fall zwar nach kurzer Zeit, doch das war bloß der Anfang einer steilen Karriere: Ein einziges Mal saß der letzte – im Januar 2003 verstorbene – Fiat-Patriarch, Gianni Agnelli, vor einem Staatsanwalt; es war Raffaele Guariniello, der gegen den Automagnaten wegen der Gesundheit der Fiat-Arbeiter ermittelte.

Am 14. Dezember 2001 reichte Guariniello im Falle Eternit ein erstes Rechtshilfebegehren beim Schweizer Bundesamt für Justiz ein. Er ersuchte um die medizinischen Dossiers und die Adressen der ehemaligen italienischen Mitarbeiter der Eternit. Damit begann ein zähes Ringen um die Dossiers der italienischen Eternit-Mitarbeiter in den Werken von Niederurnen und Payerne, das heute noch kein Ende gefunden hat. Denn der Faserzementriese legte sich sogleich quer und schöpfte sämtliche Rechtsmittel aus. Das italienische Verfahren sei ein »unbegründetes Ausforschungsersuchen«, schrieb die Eternit in einer Pressemitteilung und legte zuerst beim Präsidenten des Glarner Kantonsgerichts und anschließend beim Bundesgericht eine Beschwerde ein.

Das Rechtshilfeersuchen konnte somit erfolgreich um fast zwei Jahre verzögert werden, bis im September 2003 das Bundesgericht die Überweisung der Akten anordnete. Im Sommer 2004 folgte dann ein zweites Rechtshilfebegehren aus Turin, ein sogenanntes Nachbegehren. Guariniello verlangte von der SUVA 196 weitere Dossiers von italienischen Eternit-Mitarbeitern und 396 andere Aktenstücke, insbesondere die Kontrollprotokolle der SUVA-Inspektoren. Vermerkt sind in diesen Letzteren unter anderem die gemessenen Asbestemissionen in den Eternit-Werken in Niederurnen und Payerne. Daraus ist ersichtlich, ob die Grenzwerte in den beiden Werken gemessen und eingehalten wurden. Doch bei diesem zweiten Rechtshilfebegehren stellte sich die Schweizerische Unfallversicherung quer und legte nicht nur beim Bundesgericht eine Beschwerde ein, sondern suchte indirekt auch die

Protektion des Bundesrates: Am 14. Januar 2005, noch bevor das Bundesgericht darüber beschieden hatte, reichte die SUVA in aller Eile beim Eidgenössischen Justiz- und Polizeidepartement (EJPD) eine Eingabe nach Art. 1a des Rechtshilfegesetzes[79] ein. Ein absolut unübliches Vorgehen, denn dieser Artikel ist seit Bestehen bisher nur etwa vier oder fünf Mal genutzt worden und ausschließlich bei Rechtshilfebegehren, die die Staatssicherheit betrafen. Doch was haben die von der SUVA angelegten Dossier der Eternit-Mitarbeiter und die Kontrollprotokolle mit Staatssicherheit zu tun?

Von den schweizerischen Medien darauf angesprochen, rechtfertigte die Unfallversicherung ihr unübliches Vorgehen wie folgt: Die Gewährung der Rechtshilfe, so schrieb die SUVA in einer Pressemitteilung, würde ihrer Auffassung nach wesentliche Interessen der Schweiz beeinträchtigen. Die Staatsanwaltschaft Turin verlange die Herausgabe von Tausenden von Dossiers und medizinischen Daten aller Mitarbeitenden der Firma Eternit. Für die SUVA handle es sich um eine grundlegende Angelegenheit, zumal es um besonders schützenswerte medizinische Daten gehe, die ohne Einwilligung der Betroffenen einer ausländischen Behörde zu übergeben wären. Neben der Wahrung des Datenschutzes stelle sich die Frage, »ob die SUVA in ihrer Eigenschaft als Bundesbehörde überhaupt auf diese Weise durch eine ausländische Behörde überprüft werden« dürfe, denn dies sei letztlich eine politische Frage, über welche der Bundesrat entscheiden müsse.

Anderer Meinung ist in dieser Sache das Bundesgericht: Im Dezember 2006 sprach sich das oberste Gericht gegen die Beschwerde der SUVA aus und ordnete an, die Unfallversicherung habe die von Guariniello verlangten Akten auszuhändigen. Doch trotz dem Entscheid des Bundesgerichtes lagern die Akten noch immer in den Archivgeschossen der Unfallversicherung, und ob sie je ausgelieferten werden, steht bei der heutigen politischen Zusammensetzung des Bundesrates in den Sternen. Der Ball liegt nun beim Bundesamt für Justiz und, aller Voraussicht nach, schlussendlich beim Bundesrat.

Obwohl diesbezüglich im Dezember 2006 von den Nationalräten André Daguet (SP) und Marianne Huguenin (PdA) zwei Vorstöße im Parlament eingegangen sind, kann der definitive Entscheid noch Monate wenn nicht Jahre dauern. »Aufgrund der Komplexität der vorliegenden Angelegenheit sind gegenwärtig noch keine präzisen Voraussagen zur Dauer des Verfahrens möglich«, schreibt der Bundesrat in seiner Antwort an die Interpellation von Marianne Huguenin. Der Bundesrat scheint sich der Eile in dieser Angelegenheit nicht bewusst zu sein. Doch klar ist, je länger die Herausgabe der Akten verzögert wird, desto schwächer wird die Position der Opfer, denn auch in Italien dauern die Verjährungsfristen nicht ewig. Mindestens Finanzminister Hans-Rudolf Merz sollte sich der Problematik bewusst sein, hat er doch als externer Berater der Eternit und Präsident der Anova Holding die schmidheinyschen Interessen lange Zeit vertreten. Und war zu jener Zeit über die laufenden Verfahren in Italien bestens informiert.

Staatsanwalt Raffaele Guariniello will sich indes von den Verteidigungsstrategien der Eternit-Obersten in seiner Arbeit nicht aufhalten lassen und führt die Untersuchung unbeirrt weiter. Er sei schon ein bisschen verblüfft gewesen, dass sich die SUVA an den Bundesrat gewendet habe, meint er. Und er sei erstaunt, wie viele Rekursmöglichkeiten es in der Schweiz gebe, doch er lasse sich dadurch nicht stören. In den nächsten Wochen wolle er die Untersuchung abschließen und dem zuständigen Richter überreichen. »Wenn nicht anders möglich, auch ohne die angeforderten Dossiers der SUVA.«

Gemäß italienischem Gesetz wird der zuständige Richter dann entscheiden müssen, ob genügend Elemente für die Anklageerhebung und die Eröffnung eines Prozesses gegeben sind.

Am Ende des Interviews schüttelt Raffaele Guariniello der aus der Schweiz angereisten Journalistin herzlich die Hand und begleitet sie zur Tür. Der Mann ist zuversichtlich. Wie sagt doch ein altes Sprichwort? Die Mühlen der Justiz mahlen langsam, aber sie mahlen.

Und tatsächlich: Am 1. August 2007, zwei Monate nach dem Interview mit der Schweizer Journalistin, schließt der Staatsanwalt endlich, nach sechs langen Jahren, seine Ermittlungen ab. Nach Ablauf der gesetzlichen Fristen wird er aller Voraussicht nach dem zuständigen Richter beantragen, gegen die einstigen Besitzer der italienischen Eternit-Werke, namentlich gegen Stephan Schmidheiny und gegen den belgischen Baron Jean-Louis de Cartier de Marchienne, Anklage zu erheben. Weil Guariniello die Dossiers der SUVA von den Schweizer Behörden noch immer nicht erhalten hat, will er laut Pressemeldungen vorerst die strafrechtlich relevanten Tatbestände nur bezüglich der italienischen Eternit-Werke durch das zuständige Gericht beurteilen lassen. In einem möglichen zweiten Teil gilt es dann auch die Verantwortlichkeiten bezüglich der Eternit-Werke in der Schweiz weiter abzuklären.

Casale Monferrato: Das tödliche Vermächtnis der Eternit

Via 20 Settembre, nur wenige Gehminuten von der Piazza Castello entfernt. Dort, wo bis vor Kurzem das Hauptgebäude der Eternit stand, klafft heute ein Riesenloch in der Landschaft. Ringsherum Industriebrachen, die ebenfalls zum Asbestzement-Unternehmen gehörten. Hier stand sie also, die »Fabbrica della morte«, wie die Eternit von den Einwohnern von Casale Monferrato genannt wird. Bis zu Beginn der 70er-Jahre fest in Händen des belgischen Asbestmagnaten Emsens, wechselte sie 1973 in Schweizer Besitz und gehörte bis zum Konkurs im Jahr 1986 zum Asbestzement-Imperium von Stephan Schmidheiny.

Wo in den 60er-Jahren bis zu 3000 Arbeiter und Arbeiterinnen geschäftig mit ihren Fahrrädern ein und aus fuhren, steht heute ein rostiges Metallgitter und alle fünf Meter ein gelbes Warnschild: »Zona pericolosa, vietato l'ingresso!«

Rund 500 Menschen sind in Casale Monferrato bereits an Asbestkrebs gestorben und die Anzahl der Opfer nimmt 21 Jahre nach der Schließung der Faserzementfabrik noch immer dramatisch zu.

Jährlich sterben in der 37 000-Seelen-Stadt 25 Menschen allein an Brust- und Bauchfellkrebs (Mesotheliom), und bis zum Jahr 2020 wird sich aufgrund der langen Latenzzeit diese Zahl noch verdoppeln.

Die Fabrikhallen des Hauptgebäudes, in denen einst verschiedenste Baumaterialien vom Faserzementrohr bis zum klassischen Eternit-Welldach produziert wurden, sind in den letzten Jahren unter strengsten Sicherheitsmaßnahmen abgebrochen worden. Vier Mal täglich maßen während der Abbruchphase Arbeiter in Schutzanzügen den Asbestgehalt in der Luft. Sieben Jahre brauchte eine spezialisierte Firma allein für den Abbruch des Haupttraktes; und jetzt ist das Geld aufgebraucht. Wie lange die restlichen Industriegebäude in diesem heruntergekommenen, tristen Zustand noch da stehen, ist nicht absehbar.

In einem Nebengebäude wird heute noch produziert: Bestandteile für Kühlschränke. Die Belegschaft besteht fast ausschließlich aus Albanerinnen und anderen Migranten. Ob die Räumlichkeiten noch mit Asbest kontaminiert sind, weiß niemand. Der Fabrikteil wurde nach dem Konkurs der Eternit veräußert. Dort, wo einst das Hauptgebäude der Eternit stand, soll ein Park entstehen. Zu sehen ist davon allerdings noch nichts. Über den kontaminierten Erdwall ist eine Betonschicht gegossen worden – ein Betonsarg. Die Bewohner der kleinen piemontesischen Industriestadt haben eine Riesenwut im Bauch, gegen die einstigen Besitzer aber auch gegen die Behörden, die die Sanierungsarbeiten mangels Geld nur schleppend vorantreiben. »Sindaco ci fai morire« (Bürgermeister, du bringst uns um), hat jemand in fetten Lettern auf die Außenwand der Industriebrache geschrieben.

Doch mit dem physischen Verschwinden der Fabrik ist das Asbestproblem von Casale Monferrato noch lange nicht gelöst, wie der zuständige Umweltdelegierte des Stadtrates erklärt. In Casale sei praktisch alles aus Eternit. Von den Dächern bis zur Wasserleitung. Die Sanierung der öffentlichen Gebäude ist zwar fast abgeschlossen, doch das wirkliche Problem ist die Sanierung der Privathäuser. »Der gefährliche Asbestmörtel und Produktionsabfälle wurden den Eternit-Mitarbeitern geschenkt und mit nach Hause gegeben, weil sie sich gut als Isoliermaterial eigneten«, erklärt Bruno Pesce, ehemaliger Gewerkschaftler und Gründer des Asbestopfervereins von Casale Monferrato. Dies habe katastrophale Folgen für die ganze Region.

Von der Industriezone bis in die engen Gassen der Innenstadt, überall reihen sich Eternit-Welldächer. Einige in relativ gutem Zustand, andere sichtlich beschädigt, für die Anwohner eine dauernde Gefahr. Allein in der Stadt müssten eine Million Quadratmeter Eternit-Welldächer entsorgt werden und in den umliegenden Gemeinden weitere 700 000 Quadratmeter.

Damit die dringend notwendige Entsorgung vorangetrieben wird, hat das italienische Umweltministerium vor Jahren 22 Milliarden Lire (rund 11 Millionen Euro) gesprochen. »Ein Tropfen auf den heißen

Stein«, meint Pesce. Nach seinen Berechnungen kostet die Sanierung aller Gebäude und der Abbruch der Fabrik 80 Millionen Euro.

Camera del Lavoro, der Sitz der italienischen Gewerkschaft CGIL, nur einige Minuten vom ehemaligen Arbeitsort von Anna Maria Giovanola entfernt. Die einstige Eternit-Mitarbeiterin, Mutter von zwei Kindern, spricht sehr langsam, immer wieder wird ihre Erzählung von einem trockenen Husten unterbrochen. Seit 1975 hat sie Staublungen. Als sie 1955 als junges Mädchen bei der Eternit angestellt wurde, habe sie sich sehr gefreut, erzählt sie. »Der Lohn war wirklich gut, 37 000 Lire pro Monat. So viel kriegte man sonst nirgends.« Auch der Arzt, welcher sie vor dem Antritt untersuchte, habe ihr versichert, dass für eine Arbeiterin eine Stelle bei der Eternit eine Stelle fürs Leben sei. Wie für einen Angestellten ein Posten bei einer Bank. Doch sieben Jahre später sei der Arzt dann selbst an Asbestkrebs gestorben.

Anna Maria Giovanola arbeitete mit Hunderten anderen Frauen in der Manufakturabteilung. Hier haben die Frauen die Eternit-Platten nach Plan mit Hammer und Meißel und später mit einem kleinen Presslufthammer zugeschnitten. »Wir banden uns ein Kopftuch um, damit wir vor lauter Staub nicht weiße Haare kriegten. Doch wie gefährlich dieser Asbeststaub war, wusste niemand von uns«, erzählt sie. Erst als die ersten Frauen aus ihrer Abteilung und andere Kollegen erkrankten und zu sterben begannen, habe sie realisiert, wo sie arbeitete.

Anna Maria Giovanola hat eine große Wut auf die Verantwortlichen der Firma. »Sie hätten uns sagen müssen, wie gefährlich Asbest ist. Der Betriebsarzt forderte uns zwar auf, nicht zu rauchen, aber er erklärte uns nie warum. Und auch als wir schon husteten, schrieb er uns nie krank.« Eine persönliche Schutzmaßnahme wie eine Atemschutzmaske hätten sie und die anderen Frauen ihrer Abteilung nie gekannt. Erst Ende der 70er-Jahre seien Staubfilter installiert worden. Doch diese hätten den Menschen in Casale mehr geschadet als geholfen, denn nachts seien die Filter im Freien geöffnet worden und der Wind habe den Staub über die ganze Stadt getragen.

Heute sorgt sich Anna Maria Giovanola vor allem um die Gesundheit ihrer Kinder. Denn als diese noch klein waren, ging sie während der Arbeitszeit in der Arbeitskleidung nach Hause, um sie zu stillen, und

Casale Monferrato: Auf dem Betonsarg des ehemaligen Eternit-Areals wächst wilder Mohn. Rundherum Eternit-Dächer.

Das Direktionsgebäude der Eternit in Casale Monferrato, Frühjahr 2007.

nahm den Bub und das Mädchen auf ihren verstaubten Schoß. Eine berechtigte Angst, wie die Onkologin Daniela Degiovanni meint. »Heute sterben in Casale immer öfter auch jüngere Menschen an Asbestkrebs, die nie in der Eternit gearbeitet haben. Sie sind 30 bis 40 Jahre alt und viele sind Kinder von ehemaligen Mitarbeiterinnen.« Daniela Degiovanni ist eine Schlüsselfigur in der Aufarbeitung der Geschichte der Eternit. Die Onkologin und engagierte Gewerkschaftlerin arbeitete früher in der Beratungsstelle der CGIL und hat mit akribischer Sorgfalt alle Daten zu den Erkrankungen der Eternit-Belegschaft registriert: Allein zwischen 1978 und 1990 meldeten sich bei der italienischen Versicherungsanstalt Inail 750 erkrankte Mitarbeiterinnen und Mitarbeiter. Die meisten von ihnen hatten Asbestose, Mesotheliom oder Lungenkrebs.

Heute arbeitet Daniela Degiovanni in der onkologischen Abteilung des Ospedale Santo Spirito und ist noch immer täglich mit dem Asbestdrama konfrontiert. »In Casale erkranken 16-mal mehr Menschen an Mesotheliom als in anderen italienischen Städten«, erklärt die Ärztin. Das triste Vermächtnis der Eternit sei eine enorme psychologische Belastung für die Patienten, aber auch für die Ärzte, die selber Angst hätten.

Die ehemaligen Mitarbeiterinnen und Mitarbeiter der Eternit, die heute noch erkranken und sterben, haben einen bitteren Trost. Ihre Krankheit wird zumindest von der Versicherungsanstalt als Berufserkrankung anerkannt, und sie oder ihre Angehörigen erhalten eine Rente. Doch dies war nicht immer so. In den 70er-Jahren mussten Daniela Degiovanni und die Gewerkschaftler der CGIL praktisch um jede Rente kämpfen, denn die Gesuche wurden anfangs einfach zurückgewiesen. Erst nach mehreren Musterprozessen wurde die Anerkennung der Berufskrankheit etwas erleichtert.

Einer dieser doppelt geprellten Mitarbeiter war Mario Buso. Er hat 35 Jahre lang Asbestsäcke von den Lastwagen in die Fabrikhalle getragen. »Als er starb, sagten uns die Ärzte, er sei erstickt. Das war alles. Ohne eine genaue Diagnose konnte seine Frau keinen Anspruch auf eine Rente erheben«, erzählt sein Schwiegersohn Italo Formica. »Einige Zeit später sagten sie uns, wir müssten Mario für eine Biopsie exhumieren. Aber das wollten wir auf keinen Fall. So hat meine Schwiegermutter auf die Rente verzichtet.«

Kein Recht auf eine Rente haben auch die Einwohner von Casale Monferrato, die erkrankten, ohne je in der Eternit gearbeitet zu haben. Und das sind viele, denn während Jahrzehnten wurden Asbesttransporte vom Depot beim Bahnhof quer durch die ganze Stadt bis zur Fabrik am Po-Ufer in offenen Lastwagen vorgenommen. Triste Tatsache ist auch, dass das Abwasser der Eternit direkt in den Po floss. Der Asbeststrand, der sich in den vielen Jahren gebildet hat, wurde erst 2001 durch die städtische Verwaltung mit einer Beton- und Steinbeschichtung saniert.

Nicola Pondrano, Gewerkschaftssekretär der CGIL und selbst ehemaliger Eternit-Mitarbeiter, kennt die Geschichte der Fabrik wie kaum ein anderer. Er hat in den 70er-Jahren die ersten Streiks zur Verbesserung der Sicherheitsmaßnahmen organisiert und begleitete die Belegschaft durch die verschiedenen Prozesse der letzten zwanzig Jahre.

Nicola Pondrano, ehemaliger Gewerkschaftler der CGIL.

»Die Sicherheitsvorkehrungen im Betrieb gegen den gefährlichen Asbeststaub waren völlig ungenügend. Dennoch behauptete die Firma, staubfrei und sicher zu produzieren. Das war ein völliger Unsinn. Es gibt keine risikofreie Asbestverarbeitung«, sagt Pondrano. Das Gericht hat dies 1983 bestätigt und die damalige Leitung der Eternit der mehrfachen fahrlässigen Tötung schuldig gesprochen. Doch der Schuldspruch hat den 1700 Eternit-Opfern außer einer kleinen moralischen Genugtuung nichts gebracht.

Stephan Schmidheinys Eternit hat 1986 nach einem jahrelangen Tauziehen mit den Gewerkschaften und der Belegschaft zur Verbesserung der Sicherheitsmaßnahmen Konkurs eingereicht. So schlossen sich die ehemaligen Mitarbeiter und die Angehörigen der Opfer zu einer Zivilpartei zusammen, um im Konkursverfahren Schadenersatzansprüche geltend zu machen. 1993 wurden 7 Milliarden Lire (rund 3,5 Millionen Euro) aus der Konkursmasse für die 1700 Opfer gesprochen. Die meisten Hinterbliebenen der Opfer kämpfen heute noch für eine Entschädigung und haben sich in einer Opfervereinigung zusammengeschlossen.

Doch nicht nur in Casale ist das Vermächtnis der Eternit verheerend für die einstigen Mitarbeiter und die Bevölkerung. An allen ehemaligen Eternit-Standorten in Italien sind Opfer zu beklagen. Besonders tragisch ist die Situation in Syrakus. In der sizilianischen Hafenstadt starben mindestens 100 Menschen an den Folgen der Asbestexposition und weitere 190 sind an Asbestose erkrankt.

Die Geschichte der Eternit in Italien sehen die damals verantwortlichen Manager der Schweizer Gruppe freilich ganz anders. Sie beteuern immer wieder, dass mit der Übernahme der Werke durch Stephan Schmidheiny neue Schutzmaßnahmen eingeführt worden seien. Der Appenzeller Leo Mittelholzer, der zu jener Zeit Verwaltungsratsdelegierter der Eternit Italia war, sagte denn auch vor Gericht in Syrakus aus, es seien unter seiner Führung, trotz der maroden Finanzlage, erhebliche Verbesserungen für den Schutz der Arbeitnehmer getroffen worden. Das Werk in Syrakus bezeichnete er gar als »kleines Juwel«.

Das Stadttheater von Casale Monferrato ist an diesem Abend hell beleuchtet. Vor dem Eingangstor sammelt sich eine Menschenmenge. Ganz vorne beim Eingang steht Bruno Pesce in Begleitung von Romana Blasotti, Präsidentin des lokalen Asbestopfervereins. Anlässlich des internationalen Asbestopfertages, der jedes Jahr am 28. April gefeiert wird, soll heute eine Premiere über die Bühne gehen: *La nuvola bianca* (Die weiße Wolke) von Alessandro Cappai. Der Einakter erzählt die tragische Geschichte der Belegschaft der Eternit von Casale Monferrato. Romana Blasotti ist auf das Stück gespannt; niemandem geht die Geschichte dieser Fabrik wohl so nahe wie ihr. Seit über zwanzig Jahren setzt sich die 75-jährige Witwe für die Asbestopfer ein. Fünf Familienangehörige hat sie wegen des Asbests verloren. Als Erster starb 1983, knapp 60-jährig ihr Mann Mario Pavesi, dann ihre Schwester und deren Sohn, später ihre Cousine und schließlich im Herbst 2004 auch noch ihre Tochter Maria Rosa Pavesi – knapp 50 Jahre alt. Alle starben an einem Pleuramesotheliom, obwohl nur Romanas Mann Mario in der Fabrik gearbeitet hatte. »Als ich erfuhr, dass auch meine Tochter wegen des Asbests sterben würde, konnte ich nicht einmal mehr weinen«, sagt die Frau mit fester Stimme.

Weinen, das wolle sie erst wieder, wenn Asbest weltweit verboten wird: Dann sollen Freudentränen fließen!

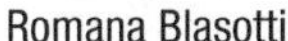

Romana Blasotti

Bruno Pesce

Sicherheitsanweisungen aus Niederurnen

Mit den Strafanzeigen ehemaliger Asbest-Arbeiter in Italien will Stephan Schmidheiny nichts zu tun haben. Sie seien »völlig absurd«, ließ er in den letzten Jahren mehrmals über seinen Presseprecher verlauten, denn für den Gesundheitsschutz in ausländischen Eternit-Werken seien die lokalen Managements verantwortlich gewesen. Doch ein brisanter Briefwechsel, der im Zusammenhang mit den in Italien laufenden Untersuchungen an die Öffentlichkeit gelangt ist, zeigt: Die Anweisungen zu den Sicherheitsvorkehrungen kamen aus der Konzernzentrale in Niederurnen. Das Sagen hatte der Patron in der Schweiz.

Ein Großteil der brieflichen Lageberichte stammt von Luigi Giannitrapani, damals Delegierter des Verwaltungsrates der italienischen Eternit SpA in Genua: Stephan Schmidheiny ließ sich mehrmals im Monat über die Situation in den italienischen Werken informieren und traf die wichtigen Entscheidungen selbst.

Alles war Chefsache, und alles wurde dem Chef fleißig rapportiert: die Produktionsprogramme der verschiedenen Werke, die steigende Anzahl der an Asbestose erkrankten Mitarbeitenden, die Arbeitsbedingungen, die Probleme mit den Betriebsräten wegen des unzureichenden Gesundheitsschutzes, der ewige Kampf gegen die Gewerkschaften und selbst die Organisation einer internationalen Asbestkonferenz an der Technischen Hochschule in Turin.

Die Briefe zeigen zudem: Über Arbeitsbedingungen und Sicherheitsmaßnahmen in den italienischen Eternit-Werken wurde in der Schweiz entschieden. Die lokalen Manager hatten beschränkte Einflussmöglichkeiten. Die Amiantus AG (heute Anova Holding AG) mit Sitz in Niederurnen, die von der Familie in den 20er-Jahren für die Bewirtschaftung der ausländischen Asbestzement-Werke gegründet worden war, verkaufte die technischen Serviceleistungen an die ausländischen Niederlassungen. Die Fabrikationsabläufe und somit ein Großteil der Schutzmaßnahmen wurden also direkt von der Amiantus AG bestimmt.

Auch über die Asbestosefälle in den Betrieben wusste Stephan Schmidheiny Bescheid. Mitte der 70er-Jahre beispielsweise schlug der Betriebsrat der Eternit in Casale Monferrato Alarm. Die Belegschaft sorgte sich um die Gesundheit und es kam zu mehreren Streiks. Im Juli 1976 erhielt Stephan Schmidheiny einen Lagebericht von Giannitrapani: Der Italienchef teilte ihm mit, der Betriebsrat fordere nun einen Bericht zum Gesundheitsschutz im Betrieb. Im Januar 1977 traf Giannitrapani dann die italienischen Gewerkschaften und informierte abermals seinen Chef in der Schweiz: »Noch liegen über die Asbestproduktion in Italien dunkle Wolken. Umso mehr, als die Prozentzahl der anerkannten Asbestosefälle in den Fabriken noch sehr hoch ist«, schrieb Giannitrapani.

Als dieser brisante Briefwechsel im April 2005 von der Schweizer Gewerkschaftszeitung *work* publik gemacht wurde, reagierte Stephan Schmidheiny äußerst gelassen. Das lokale Management habe sehr wohl Einflussmöglichkeiten gehabt: »Die Eternit-Gruppe war ein dezentral geführtes Industriekonglomerat mit fast ausschließlich Minderheitsbeteiligungen, deren Führungskompetenzen an die lokalen Managements delegiert waren«, schrieb sein Pressesprecher Peter Schürmann in einer Stellungnahme. Dass Schmidheiny vom Management direkt informiert wurde, sei doch »so unbestritten wie normal«.

Mit dem immer häufigeren Auftreten von Asbesterkrankungen rückte für Schmidheiny ein weiteres Betätigungs- und Beobachtungsfeld ins Zentrum: die Gewerkschaften. Besonders die internationale Vernetzung der Eternit-Belegschaft war ihm ein Dorn im Auge. Schmidheiny ließ sich regelmäßig über die Tätigkeiten der Gewerkschaften informieren. Auch dies ist in verschiedenen Briefen dokumentiert. Ganz besonders interessierte er sich für die Arbeit von Charles Levinson, dem damaligen Generalsekretär der Internationalen Föderation der Chemie-, Energie- und Fabrikationsverbände (ICEF) mit Hauptsitz in Genf. Dieser kontaktierte Schmidheiny im Winter 1977 und stellte Forderungen in Bezug auf den Gesundheitsschutz. Der Konzernchef war daraufhin äußerst alarmiert und warnte in einem Brief Giannitrapani vor den Aktivitäten des Gewerkschaftlers. »Halten Sie mich über Ihre Kontakte mit den Gewerkschaften in Italien auf dem Laufenden. Ich denke, wir müssen uns gegen eine koordinierte Aktion der Gewerkschaften in den verschiedenen Ländern wappnen, denn wir können sicherlich nicht die Forderungen von Monsieur Levinson erfüllen.«

Der 1920 in Kanada geborene Gewerkschaftler Charles Levinson war einer der Ersten, die auf die Gefahren von Asbest insbesondere für die Arbeitenden hinwiesen. Von 1964 bis 1983 war er Generalsekretär der ICEF. In dieser Funktion forderte er Schutzmaßnahmen gegen Asbest, auch bei der Eternit. Der Gewerkschaftler starb 1997 in Genf.

In der ICEF arbeitete Levinson mit dem Deutschen Karl Hauenschild zusammen, der zuerst Vizepräsident und von 1970 bis 1982 Präsident der ICEF war. Hauenschild war zur selben Zeit auch Vorsitzender der deutschen Industriegewerkschaft Chemie. Offenbar pflegte man bei der Eternit indirekte Kontakte zu Hauenschild, denn der Schmidheiny-Mitarbeiter Hans Stoffel schlägt in einem Brief an Stephan Schmidheiny vor, man könne »Herrn K. informieren, damit er mit seinem guten Bekannten, Herrn Hauenschild, abklärt«, ob Levinson eine Tagung der Eternit-Arbeiter plane. Mit anderen Worten: Der Präsident des ICEF, Karl Hauenschild, gab der Eternit Informationen über die Tätigkeit seines Generalsekretärs Levinson weiter. Ob er dies mit Absicht tat oder sich dessen gar nicht bewusst war, ist aus den Briefwechseln nicht ersichtlich. Dass der ICEF-Präsident und der ICEF-Generalsekretär in Bezug auf die Eternit derart divergierende Positionen einnahmen, lag wohl an ihrer unterschiedlichen Auffassung von Gewerkschaftsarbeit. Während Levinson vor allem die Gesundheit der Arbeiter am Herzen lag, maß Hauenschild wohl eher dem Kampf um die Erhaltung der Arbeitsplätze erste Priorität zu und spielte somit der Asbestindustrie in die Hand.

Hans Stoffel, der sich unter anderem um die Beteiligungen der Eternit in der Türkei kümmerte, rapportierte Ende 1977 im Zusammenhang mit Entlassungen in der Türkei: »Lieber Stephan [...] Unser guter Bekannter Herr Levinson organisiert eine Tagung der Welt-Eternit-Arbeiter.« Indirekt schlägt Stoffel seinem Chef vor, zu intervenieren: »Ich muss es Dir überlassen [...]. Unter Umständen lohnt sich der Versuch, dieses Vorhaben zu hintertreiben, wobei ich allerdings auch keinen Rat weiß, wie das geschehen könnte.« Schmidheiny reagiert auf den Brief von Stoffel und warnt eine Woche später Giannitrapani, wenn Levinson an der Tagung teilnehme, »müssen wir negative Schlagzeilen befürchten. Darum bitte ich Sie, die Entwicklung dieser Affäre genau zu beobachten und mich auf dem Laufenden zu halten, wenn Sie Neuigkeiten erfahren.«

Der Briefwechsel spricht Klartext. Dennoch spielte Schmidheiny-Sprecher Peter Schürmann gegenüber der Schweizer Presse die Brisanz dieser Briefe herunter. Von einem gezielten Vorgehen gegen die Gewerkschaften könne nicht die Rede sein: »Das Interesse von Stephan Schmidheiny für die Gewerkschaften ist doch normal«. Es sei eine »reine Vermutung beziehungsweise Behauptung, dass Eternit-Manager bestrebt gewesen sein sollen, eine internationale Vernetzung zu verhindern«.

Viva: Schmidheinys Wandlung zum Philanthropen

Heute lebt Stephan Schmidheiny nach eigener Aussage als moderner Nomade zwischen Hurden am Zürichsee und seiner »Altersresidenz« in Costa Rica. Zu seiner Vergangenheit als Eternit-Chef mag sich der 60-jährige vormalige Unternehmer und heutige Vollzeit-Philanthrop, trotz mehrmaliger Anfrage, nicht äußern. Der Schweizer, der Costa Rica als seine zweite Heimat bezeichnet, verfügt über ein geschätztes Vermögen von rund fünf Milliarden Franken. Das Startkapital stammt aus dem Asbest-Geschäft. Sein Sprecher betont allerdings, das große Geld habe Stephan Schmidheiny nicht mit der Eternit verdient, sondern mit seinen neuen Anlagen in den frühen 80er-Jahren: Die Großbanken stießen damals ihre Beteiligungen ab, er kaufte große Anteile an der Uhrenindustrie, investierte in die Swatch, in die Kiosk AG, in die BBC, Landis & Gyr und war maßgeblich beteiligt an der Entwicklung neuer industrieller Strategien. Später fusionierten verschiedene Betriebe, die Aktienanteile gewannen an Wert, die Börsenkurse stiegen, Schmidheiny verkaufte, und es entstand ein Milliardenvermögen.[80] Dieses investierte der Wahl-Costa-Ricaner hauptsächlich in Lateinamerika, in der Forstwirtschaft und in der Produktion von Wasserleitungen.

Am 9. Oktober 2003 zog sich Stephan Schmidheiny aus seinen aktiven Unternehmerfunktionen zurück. Der Eternit-Erbe gründete einen Trust namens Viva (Kürzel für Visiones y Valores, zu Deutsch: Visionen und Werte). Dieser Stiftung mit Sitz in der costa-ricanischen Hauptstadt San José vermachte er alle Aktien seines Grupo Nueva im Wert von einer Milliarde Dollar. An der für die Ankündigung des Trusts einberufenen Pressekonferenz in San José erklärte ein strahlender und entspannter Stephan Schmidheiny: »Nach drei Jahrzehnten Arbeit als Unternehmer ist das für mich ein naheliegender Schritt. Ich habe meine Nachfolge seit

Jahren sorgfältig vorbereitet, in die bestmöglichen Hände gelegt und mit dem Viva-Trust eine langfristige Lösung für die Gruppe Nueva und die Stiftung Avina angestrebt. Die Schenkung meiner privaten Holdings an den Trust ist als persönliches Geschenk zu verstehen. Die Schenkung ist ein weiterer Schritt auf dem Weg, den ich seit vielen Jahren gehe.«[81]

Der Grupo Nueva besteht heute aus über 40 Unternehmen, welche in 17 Ländern Lateinamerikas tätig sind. Laut Peter Fuchs[82], Präsident des Viva-Trusts, sind diese Unternehmen der »triple bottom line« verpflichtet, das heißt, dass sie »nach den Prinzipien der Nachhaltigkeit, des Umweltschutzes und der sozialen Verantwortung arbeiten und finanziell erfolgreich sind«. Ein »beträchtlicher Teil der Dividenden« des Trusts gehe an die Avinar Foundation. Diese Stiftung mit Sitz in Hurden engagiert sich, laut eigenen Angaben, im In- und Ausland für soziale und ökologische Nachhaltigkeit. »Sie will«, so liest man auf der Homepage der Stiftung, »Chancen schaffen für möglichst viele Menschen, ihre Lebensbedingungen durch eigene Anstrengungen zu verbessern.«

Die Lateinamerikanische Presse kommentierte die ungewöhnliche Geste des Milliardärs verblüfft bis enthusiastisch: »Schweizer Philanthrop schafft Stiftung von 1000 Millionen Dollar«, titelte etwa *La Nación,* die bedeutendste Zeitung von Costa Rica. In der Schweiz schlug die Gründung des Trusts keine großen publizistischen Wellen, und die Opfer des weltweiten Asbestimperiums nahmen die Schaffung des Trusts mit großem Misstrauen zur Kenntnis. Bevor sich der ehemalige Eternit-Besitzer um die Finanzierung nachhaltiger Projekte kümmere, solle er sich endlich um das Überleben seiner einstigen Mitarbeiter sorgen, kommentierte etwa Fernanda Giannasi, Galionsfigur des brasilianischen Asbestopfervereins, die Ankündigung der Schenkung.

Und auch François Iselin vom welschen Asbestopferverein CAOVA fand keine lobenden Worte für den Philanthropen: »Er hat Ende der 80er-Jahre seine Betriebe verkauft und sich aus dem Staub gemacht. Doch er hätte bleiben und sich seiner Verantwortung stellen müssen, denn er verfügte über das nötige Wissen und die Mittel, um seinen einstigen Arbeitern zu helfen.«

Stephan Schmidheiny selbst äußert sich seit Juni 2004 nicht mehr öffentlich zum Thema Asbest. In seinem letzten Fernsehinterview in der »Sternstunde Philosophie« des *Schweizer Fernsehens* ließ er durchblicken, dass er ein gutes Gewissen habe: »Grundsätzlich glaube ich, dass nur wer nichts macht, keine Fehler macht und keine Kritik erhält, das ist normal. Ich glaube, ich hatte am meisten Erfolg, weil ich aus Fehlern gelernt habe und die Lehren daraus auch umgesetzt habe. Zum Thema Asbest: Als ich damals von meinem Vater die Verantwortung übernommen habe, habe ich das Problem von Anfang an ernst genommen. Ich habe so rasch und konsequent, wie mir das möglich war, Maßnahmen ergriffen, um den Asbest zu eliminieren. Einerseits wurde ich in den eigenen Reihen, aber vor allem in der Branche kritisiert für ein zu schnelles, zu unbedachtes, zu unüberlegtes Vorgehen, ich würde die Industrie und die Arbeitsplätze gefährden. Anderseits wurde ich damals als Pionier gelobt, der den Ausstieg aus dem Asbest aus eigenem Antrieb gemacht hat und bevor der Gesetzgeber das verlangte«.

3. Der Ausstieg

Verbote, Sammelklagen und öffentlicher Druck

Obwohl seit Beginn des letzten Jahrhunderts die gesundheitsschädigenden Wirkungen von Asbest bekannt waren, hat es in den meisten europäischen Ländern noch Jahrzehnte gedauert, bis der tödliche Rohstoff aus den Fabrikhallen verbannt wurde. Als erstes Land handelte Schweden und setzte bereits Mitte der 70er-Jahre eine partielle Einschränkung für Bauelemente durch. Diesem Beispiel folgte fünf Jahre später Dänemark. In der Schweiz sollten hingegen nochmals fast zwanzig vergehen, ehe die Behörden ein allgemeines Verbot erließen und dies in Kraft trat. Und wie wir gesehen haben, gibt es in der Schweiz heute noch neun Betriebe, die dank behördlichen Sonderbewilligungen den tödlichen Rohstoff unbehindert verarbeiten können.

Doch wie kam es in Europa überhaupt zum Ausstieg? Wesentlich dazu beigetragen haben nebst dem wachsenden öffentlichen und medialen Druck insbesondere drei Faktoren: Die Diskussion über Verbote in Schweden und Dänemark führten der Asbest-Industrie mit einer Deutlichkeit, die nichts zu wünschen übrig ließ, vor Augen, dass zumindest in Europa der Ausstieg nur noch eine Frage der Zeit war. Erste Veröffentlichungen über die Anzahl möglicher Asbestopfer erschütterten die öffentliche Meinung zu einer Zeit, in der Umweltschutz eine immer größere gesellschaftliche Bedeutung gewann. Die Industrie musste zur Kenntnis nehmen, dass sie kaum noch Einfluss auf die Grundfrage eines Verbots nehmen konnte. Durch ein koordiniertes Auftreten konnte sie aber zumindest versuchen, den Zeitpunkt des Verbots hinauszuzögern und wenn möglich in einigen Staaten gar selbst zu bestimmen.

Der zweite Faktor hatte mit der Entwicklung in den Vereinigten Staaten zu tun: Hier reichten Asbestopfer bereits ab Mitte der 60er-Jahre erste Klagen gegen die verantwortlichen Betriebe ein. Am 10. Dezember 1966 war es in Beaumont (Texas) zum ersten großen Prozess gegen elf amerikanische Konzerne gekommen, darunter die Asbestriesen Johns-Manville, Fiberboard und Owens Corning Fiberglass. Bei diesem ersten Prozess waren für die Richter die Argumente der Industrie noch überzeugend, doch bereits drei Jahre später obsiegte das Recht auf Gesundheit der Arbeitnehmer, und die Opfer erhielten erste Entschädigungszahlungen zugesprochen. Der Fall Borel gegen Fiberboard Paper Products Corporation, in dem die Richter dem Asbest-Arbeiter 79 000 Dollar zusprachen, wurde zum Präzedenzfall für Tausende von Klagen. 1978 reichten 5000 Arbeiter einer Werft in Südkalifornien eine Sammelklage gegen die 15 wichtigsten Asbestproduzenten der Vereinigten Staaten ein. Diese wurden angeklagt »sich unrechtmäßig bereichert zu haben, weil sie weiterhin Asbest produziert und verkauft hatten«, obwohl sie sich »der Risiken, die ihre Arbeitnehmer eingingen, seit 1934 bewusst waren«.[83]

Interessant war auch das Urteil, das im selben Jahr die amerikanische Chemie-Gewerkschaft erwirken konnte. Dank der Klage der Oil, Chemical and Atomic Workers Union (OCAW) mussten 445 Asbest-Arbeiter entschädigt werden. Insgesamt wurden den Geschädigten rund 20 Millionen Dollar zugesprochen. Zur Kasse gebeten wurden aber nicht nur die Unternehmer. Diese mussten lediglich 13 der zugesprochen 20 Millionen aufbringen. Belangt wurden auch der Werkarzt mit 1 Million und die zuständigen Behörden mit 6 Millionen Dollar, weil sie die Arbeiter nicht auf die Gefahren aufmerksam gemacht hatten, obwohl sie sie seit 1964 kannten. Aber auch die Gewerkschaft der Chemie-Arbeiter selbst wurde zur Zahlung von 100 000 Dollar verurteilt, weil sie ihre Mitglieder nicht früh genug über die Risiken informiert hatte. Zwei Jahre nach diesem Urteil waren in Amerika bereits 16 000 Asbestklagen eingereicht worden, und im Jahr 2002 stieg deren Zahl auf 730 000 gegen 8400 Firmen mit einer erkämpften Entschädigungssumme von insgesamt 70 Milliarden Dollar. Zwischen 1970 und 2004 haben in den Vereinigten Staaten 37 Konzerne aufgrund der Asbestklagen Konkurs eingereicht. Asbest ist somit nicht länger nur die arbeitsbedingte Todesursache Nummer eins, sondern auch der größte Schadensfall aller Zeiten geworden. Obwohl solche Prozesse in Europa aufgrund der ganz anderen Gesetzgebungen nicht möglich sind, haben sie dennoch entscheidend zum Ausstieg beigetragen.

Der dritte für das Asbestverbot bedeutsame Faktor war der ab Mitte der 70er-Jahre wachsende Druck der Gewerkschaften: 1977 drangen in Großbritannien Angehörige von verstorbenen Asbest-Arbeitern, unterstützt von den Gewerkschaften, in die Generalversammlung des Asbestriesen Turner and Newall und schütteten falschen Asbeststaub über die Direktoren. Der Dachverband der britischen Gewerkschaften forderte im selben Jahr ein Programm, um Asbest im Verlauf der folgenden zehn Jahre zu ersetzten. In Frankreich kam es unter anderem zur Besetzung des Asbestkonzerns Amisol in Clermont-Ferrand. Vier Jahre lang führten die Belegschaft und die Gewerkschaft einen harten Kampf, in dessen Verlauf 19 Arbeiter an Asbestkrebs starben. 1976 hatten die Arbeiterinnen und Arbeiter einiger Werke des amerikanischen Riesen Johns-Manville die Arbeit niedergelegt, um bessere Sicherheitsmaßnahmen einzufordern und dagegen zu protestieren, dass innerhalb von nur 14 Monaten 12 Mitarbeiter verstorben waren. In einer Werft in Kalifornien schickte die Gewerkschaft die Röntgenbilder von 25 Asbest-Arbeitern einem Arbeitsmediziner. Der Befund war erschreckend: 17 Arbeiter hatten asbestgeschädigte Lungen. Darauf veranlasste die Gewerkschaft die Untersuchung sämtlicher gefährdeten Werftarbeiter und verfasste einen Forderungskatalog. Auch im Süden Europas wuchs Widerstand, aber nicht überall konnte sich das Argument des Gesundheitsschutzes gegen jenes der Arbeitsplatzsicherheit durchsetzen, wie dieses Beispiel zeigt: Ende 1978 streikten die Arbeiter einer griechischen Asbestfabrik in Patras 120 Tage lang, um gegen die gefährlichen Arbeitsbedingungen zu protestieren. Doch die Gewerkschaft verweigerte die Unterstützung des Streiks und die Firma drohte mit der Betriebsschließung. Nach 120 Tagen kapitulierten die Streikenden; sie erhielten zwar rund 20 Prozent mehr Lohn, doch keine Verbesserung der Arbeitsbedingungen.[84]

Das Zusammenspiel dieser drei Faktoren markierte in Europa das Ende der Asbesteuphorie und läutete ein neues Kapitel ein, das ein Vierteljahrhundert später, am 1. Januar 2005, mit dem Inkrafttreten des Asbestverbots in allen Staaten der EU der Verarbeitung und dem Verkauf der einstigen Wunderfaser ein Ende setzte.

Deutschland gibt den Takt an

In der Schweiz erfolgte das Asbestverbot praktisch zeitgleich wie in Deutschland, und das ist kein Zufall. Der Fahrplan des Ausstiegs wurde de facto im Nachbarland entschieden. Grund dafür ist die enge Zusammenarbeit und strategische Vernetzung der verschiedenen Asbestbetriebe, besonders zwischen der deutschen und der schweizerischen Eternit, die beide unter dem Einfluss der Schweizer Industriellendynastie Schmidheiny standen.

Doch beginnen wir die Geschichte von vorne: 1981 läuteten bei den Asbestimporteuren und den asbestverarbeitenden Betrieben in Deutschland die Alarmglocken. Grund dazu bot ein umfangreicher Bericht des Umweltbundesamtes über die Umweltbelastung durch Asbest und andere faserige Feinstäube. Das zuständige deutsche Bundesamt kam darin zum Schluss, die Herstellung und die Verwendung von Asbestzement-Produkten müsse prinzipiell verboten werden. Aus Erwägungen zum Schutz der Asbest-Industrie beziehungsweise zum Erhalt der Arbeitsplätze in diesem Sektor empfahl das Bundesamt jedoch, das Verbot fünf bis zehn Jahre aufzuschieben, um in dieser Zeit ein gestaffeltes Auslaufen der Produktion zu ermöglichen. Daraufhin trat der damalige Bundesinnenminister Gerhard Baum (FDP), in seiner Funktion auch zuständig für den Umweltschutz, am 19. Januar 1981 vor die Fernsehkameras und forderte an einer Pressekonferenz ein Asbestverbot.[85] Ein solches wurde zumindest teilweise in einigen Bundesländern prompt auch eingeführt. So erließen die Bundesländer Bremen, Hessen und Hamburg Verbote für die Verwendung von asbesthaltigen Produkten bei öffentlichen Bauvorhaben. Auch in zahlreichen deutschen Kommunen kam es zu entsprechenden Empfehlungen. Damit war in Deutschland der Höhepunkt der Krise der asbestverarbeitenden Industrie, zu welcher nebst den Asbestzement-Werken auch die Hersteller von Reibe- und Kupplungsbelägen sowie die Produzenten von Dichtungen gehörten, erreicht.

Für die Asbestzement-Industrie hatten sich zu diesem Zeitpunkt gleich drei negative Entwicklungen zugespitzt: die entfachte öffentliche Asbestdiskussion, die in Deutschland stark rückläufige Baukonjunktur und ein verändertes Architekturverständnis, das nach größerer Gestaltungsfreiheit verlangte.

Hinauszögern solange es geht!

Für die deutsche Asbest-Industrie zeichnete sich eine existenzbedrohende Entwicklung ab, denn die öffentliche Hand gehörte sowohl bei den Tiefbau- wie bei den Hochbauprodukten zu den wichtigsten Abnehmern. Zudem war mit dem Ruf nach einem Verbot nicht nur für Spritzasbest, sondern auch für Asbestzement-Produkte der von der Faserzementindustrie seit Jahren propagierte »sichere, kontrollierte Umgang mit Asbest« (Controlled-use) in Frage gestellt.

Die Asbest-Industrie handelte daraufhin schnell, und zwar auf zwei Ebenen: Zum einen signalisierte sie Bereitschaft zum Gespräch sowohl mit den zuständigen Behörden als auch mit den Gewerkschaften, zum anderen lobbyierte sie gegen ein Verbot, wo es nur ging. Die späte Reaktion der Behörden ist denn auch nicht zuletzt das Ergebnis der erfolgreichen Einflussnahme der Industrie auf die zuständigen Stellen und auf die Medien. Ziel der Bestrebungen der Industrie war es, bei den verantwortlichen Behörden darauf einzuwirken, dass von einem Asbestverbot möglichst lange abgesehen werde, und natürlich sollten allfällige kritische Positionen verhindert werden.

Zu dieser Strategie im Kampf um die öffentliche Meinung zählte bereits seit einigen Jahren die Schaffung eines vermeintlich »unabhängigen wissenschaftlichen Beirates der Asbest-Industrie«, zu dessen Vorsitzendem ein wirtschaftsfreundlicher Arbeitsmediziner von der Universität Erlangen berufen wurde. Die Industrie erhoffte sich damit, dass die kritischen Ärzte sich nicht gegen die einberufene Kapazität von der Universität Erlangen stellen würden. Ähnliche Ziele dürfte auch das »Asbest-Institut für Arbeits- und Umweltschutz« in Neuss bei Düsseldorf verfolgt haben. Die Gründung des Instituts ging auf die Eternit zurück. Geleitet wurde es von Professor K. Robock, einem Wissenschaftler, der sich zum Ziel gesetzt hatte, die einstige Wunderfaser wieder »salonfähig«[86] zu machen.

Das deutsche Fernsehmagazin »Kontraste« deckte zu jener Zeit eine gängige Praxis der deutschen Asbestlobby auf: Das Institut für Wasser-, Boden- und Lufthygiene, damals dem Bundesgesundheitsamt (BGA) unterstellt, hatte jahrelang Geld und Sachwerte von der Asbest-Industrie erhalten. Die Prüfer stellten unter anderem Verstöße gegen die Beschaffungsvorschriften sowie höchst fragwürdige Finanzierungspraktiken fest. So habe es kaum ein Forschungsvorhaben des Instituts zum Thema Asbest gegeben, in welches nicht langfristig Gelder der betroffenen Industrie geflossen seien. Mit anderen Worten, die Asbest-Industrie finanzierte und beeinflusste in Deutschland die öffentliche Asbestforschung – genau so wie dies über Jahrzehnte auch in Südafrika der Fall gewesen ist.

Ein weiteres Beispiel dieser fragwürdigen Praktiken, die die deutschen Medien aufdeckten, betraf die Eternit. In diesem Fall ging es darum, die Zahl der Asbestopfer zu verheimlichen: Im Jahr 1980 hatte die Firma erfolglos versucht, eine einstweilige Verfügung gegen das Umweltbundesamt zu erwirken, welches in einer Stellungnahme von jährlich 4000 durch Asbest verursachten Todesfällen in der Bundesrepublik gesprochen hatte.

Erfolgreich im Gegensatz zur Eternit war ein Jahr später der deutsche Wirtschaftsverband Asbest: Die Interessenvertretung der Asbest-Industrie hatte vom *Norddeutschen Rundfunk* mit Erfolg verlangt, dass dieser die Äußerung eines Arbeitsschutzexperten des Deutschen Gewerkschaftsbundes (DGB) nicht mehr verbreiten dürfe. Der Gewerkschaftler hatte gesagt, dass allein in der Bundesrepublik jährlich 10 000 Menschen an Asbestkrankheiten sterben.

Die »Geheimdiplomatie« und der Kampf um die öffentliche Meinung

Wie Gerd Albracht und Oswald A. Schwerdtfeger in ihrem Buch *Herausforderung Asbest* dokumentiert haben, reagierte die aufgescheuchte Branche auf die Forderung eines Verbots in Deutschland vor allem auf dem Wege der »Geheimdiplomatie«. Zur Durchsetzung ihrer Interessen hatte die Industrie in den 70er-Jahren eine schlagkräftige Organisation gegründet: die Asbestos International Association AIA In dieser Interessengemeinschaft waren die Förderer wie auch die Hersteller und die verarbeitende Industrie gleichermaßen vertreten. Die AIA koordinierte die Interessen der Asbestunternehmen in 35 Ländern. Hauptbestrebung der Organisation war, so Albracht und Schwerdtfeger, die Asbestproduktion weiterhin sicherzustellen. Der sogenannte Simpson-Bericht der britischen AIA kam beispielsweise zum Schluss, dass Asbest kein Risiko für die Allgemeinbevölkerung darstelle und somit die Notwendigkeit eines Asbestverbots nicht bestehe. Die zuständigen europäischen Behörden attestierten dem Bericht Ausgeglichenheit und Fairness. Es handle sich um den umfassendsten Bericht über Asbest, er könne bei der Formulierung der Asbestgesetzgebung in der Europäischen Gemeinschaft und in einzelnen Mitgliedsländern als Basis dienen, hieß es damals beispielsweise vonseiten einiger EG-Experten. Die massive Beeinflussung der Europäischen Gemeinschaft durch die AIA hat laut Albracht und Schwerdtfeger dazu geführt, dass die EG über Jahrzehnte der Mär vom »sicheren, kontrollierten Umgang« (Controlled-use) geglaubt hat und es versäumte, frühzeitig die Suche nach Alternativen zum Asbest voranzutreiben.

Während die Interessengemeinschaft AIA mit Erfolg auf dem internationalen Parket operierte, kümmerte sich der Wirtschaftsverband Asbest hauptsächlich um innerdeutsche Angelegenheiten.

Der vertrauliche Geschäftsbericht des Wirtschaftsverbandes Asbest von 1979 gibt einen Eindruck davon, wie die Asbestlobby in Deutschland bei den zuständigen Ämtern um ihre Gunst buhlte: »Seitdem sind die beiden Asbestverbände mit ihren Vorständen und den für Arbeits- und Umweltschutz verantwortlichen Experten fast pausenlos im Einsatz, um die jeweils zuständigen Ministerien, Gewerbeaufsichten oder Berufsgenossenschaften davon zu überzeugen, dass Verbote oder kategorische Substitutionsgebote nach den in Deutschland vorliegenden epidemiologischen Erfahrungen bei Einhaltung der TRK-Werte (Technische Richtkonzentration) nicht erforderlich, für unsere Volkswirtschaft schädlich und für die Asbest-Industrie existenzbedrohend sind. [...] In harten Auseinandersetzungen um tragfähige Kompromisse ist es gelungen, im Entwurf eines Gesetzes zum Schutz vor gefährlichen Stoffen, Verpackungs- und Kennzeichnungsregeln auf den Rohstoff Asbest zu begrenzen und Gefahrensymbole zu vermeiden!«

Besonders stolz war die Asbestlobby darauf, es geschafft zu haben, dass das tödliche Material nicht in die oberste Risikogruppe der Arbeitsstoffverordnung eingestuft wurde und dass die Arbeitszeit für asbestexponierte Arbeitnehmer nicht verkürzt wurde: »Ganz besonders schwierige Verhandlungen sind durch den Entwurf einer neuen Arbeitsstoffverordnung ausgelöst worden. [...] Das [die Klassierung in der obersten Risikogruppe] konnte ebenso verhindert werden wie eine Beschränkung der Arbeitszeit von exponierten Arbeitnehmern auf 35 Wochenstunden oder die Kennzeichnung asbesthaltiger Produkte mit dem negativen Hinweis ›krebsgefährdend‹«, schrieb die Asbestlobby in einem ihrer Geschäftsberichte.[87]

Der vertrauliche Hayek-Bericht von 1981

Schlechte Noten erhielt der deutsche Asbestzement-Produzent in einer externen Studie. Der Firmenvorstand hatte im Juni 1981 der Hayek Engineering AG in Zürich einen Bericht in Auftrag gegeben, in Hinblick auf das weitere Vorgehen. Die vertrauliche Studie kam zum Schluss, dass die vom Betrieb gesprochnen Gelder für Forschung und Entwicklung mit 6,1 Millionen D-Mark – etwa 1,1 Prozent des Umsatzes von 1980 – absolut ungenügend gewesen seien. Und nicht nur das: Der Bericht warf dem Unternehmen vor, dass keine »generalstabsmäßige bis ins letzte Detail gehende Abwehrstrategie« bestehe und man zu lange nur das Ziel vor Augen gehabt habe, »ein Asbestverbot zu verhindern, ohne eine Alternative für den Fall eines Verbots zu verfolgen«.[88] Wolle die Eternit noch retten, was zu retten sei, brauche es dringend eine neue Strategie, die von einem Asbestverbot ausgehe. Denn ein solches sei nur eine Frage der Zeit. Doch wann dieses Verbot komme, hänge auch von der Strategie ab, die die Eternit AG einschlagen werde.

Die Studie der Hayek Engineering schlug der Eternit-Führung ein gewieftes Maßnahmenpaket vor:

- Maßnahme 1: Erstellung eines starken Abwehrdispositivs und strategisches Vorgehen in der Asbest- und Umweltauseinandersetzung, um möglichst viel Zeit im Hinblick auf ein mögliches Asbestverbot zu gewinnen;
- Maßnahme 2: systematische Erforschung und Ausnutzung der Schwächen der gegnerischen Argumente;
- Maßnahme 3: Versachlichung der Asbest- und Umweltauseinandersetzung durch den Einsatz kompetenter und angesehener Institute und Experten;
- Maßnahme 4: Überprüfung der Zuverlässigkeit und Nützlichkeit von Bündnispartnern.[89]

Das Unternehmen scheint diese Maßnahmen beflissen verfolgt zu haben, jedenfalls hat die deutsche Asbestzement-Industrie in Absprache mit der Bundesregierung den Zeitpunkt des Ausstieges selber bestimmt. Möglich war dies durch den Abschluss eines »freiwilligen« Branchenabkommens.

Ein Branchenabkommen auf »freiwilliger« Basis

Wie es sich für eine vorbildliche Kommunikationsstrategie gehört, signalisierte die deutsche Asbest-Industrie kurz nach der Verbotsforderung von Bundesinnenminister Gerhard Baum die Bereitschaft zu Gesprächen. Noch im Juli desselben Jahres fand in München ein Treffen zum Thema Asbestzement-Produktion und Umstellung der Industrie statt. Am runden Tisch saßen Vertreter des Deutschen Gewerkschaftsbundes (DGB), der IG-Chemie und der IG-Bau-Steine-Erde gemeinsam mit den führenden Köpfen des Wirtschaftsverbandes Asbestzement, der Eternit AG, der Bundesvereinigung der Deutschen Arbeitgeberverbände und der Berufsgenossenschaften. Vonseiten der Gewerkschaften soll es Kritik gehagelt haben. Die Industrie habe die Substitution des krebserregenden Materials nicht mit genügender »Schärfe und Intensität« vorangetrieben. Der DGB hatte im Februar desselben Jahres ein 17-Punkte-Programm gegen den Asbestkrebs veröffentlicht, in dem ein schrittweises Verbot und die Substitution gefordert wurden. Die Gewerkschaften waren endlich zur Einsicht gekommen, dass krebserregende Arbeitsplätze nicht verteidigungswürdig sind. Das war nicht immer so gewesen: Zu bedenken ist, dass sich der Gesundheits- und Arbeitschutzgedanke erst in den 70-Jahren als gesellschaftlicher Konsens weitgehend durchgesetzt hat. Vonseiten der Gewerkschaften wurde vorher der Umgang von Arbeitnehmern mit gefährlichen Stoffen eher durch erkämpfte Lohnzahlungen kompensiert, als dass eine Einschränkung oder ein Verbot gefordert worden wäre.

Praktisch zeitgleich begannen auch die deutschen Medien sich des Themas anzunehmen. Fast täglich berichteten sie über gefährliche Asbestfunde in öffentlichen Gebäuden, insbesondere in Schulen und Universitäten. Die Meldungen über Sanierungen von mit Spritzasbest isolierten Gebäuden, wo sich Teile der Isoliermasse über die Jahre abgelöst hatten und Feinstäube in den Innenräumen freigesetzt wurden, hielten die Öffentlichkeit pausenlos in Atem. Vor allem Bauten der öffentlichen Hand wie Kindergärten, Turnhallen und Schulen mussten oft mit Millionenaufwand saniert werden. Innerhalb weniger Tage mussten in Berlin mehrere Bildungszentren und Sporthallen geschlossen werden. In teilweise erbitterten Diskussionen wehrten sich Eltern, Schüler und Lehrerschaft gegen den Verbleib in Gebäuden, in denen Asbest vorhanden war.

Vor diesem Hintergrund blieb der Asbest-Industrie – die jahrzehntelang behauptet hatte, es gebe keine gleichwertigen Ersatzmaterialien – kein Raum für ein weiteres Ausweichen: Ein Jahr nach der Fernsehansprache von Bundesinnenminister Baum schlossen auf Initiative der deutschen Eternit AG der Verband der Faserzementindustrie und die Bundesregierung ein Branchenabkommen auf »freiwilliger« Grundlage ab, das 1984 durch ein Zusatzabkommen ergänzt wurde. Kernbestandteile des Abkommens waren ein gestaffelter Ausstieg in der Herstellung von Hochbauprodukten bis 1990 und der Ausstieg im Tiefbau bis Ende 1993.

Somit war die Eternit fein raus und konnte sich selbst in Zeitungsinseraten als umweltbewusster Arbeitgeber feiern, der freiwillig auf den gefährlichen Rohstoff verzichtet hatte. Eine PR-Masche höchster Güte, die von einer perfekt geführten und bis ins letzte Detail durchdachten Kommunikationsstrategie zeugt. Tatsächlich aber sicherte sich die Faserzementindustrie mit dem Branchenabkommen den Fortbestand ihrer Geschäfte für weitere fast zehn Jahre. Heute kann man es kaum anders sehen: Das Branchenabkommen war ein cleverer Schachzug der Industrie, dem die Bundesregierung und die Gewerkschaften in der ewigen Angst um die Arbeitsplätze nichts entgegenzusetzen hatten. So dauerte der Ausstieg zu lange und verursachte zusätzliches menschliches Leid. Notwendig gewesen wäre damals nicht ein sanfter Übergang, sondern eine Notbremsung: ein sofortiges gesetzliches Verbot der Asbestproduktion und -verwendung. Doch sowohl die Gewerkschaften wie der Staat erkannten dies nicht.

Der »Geheimclub« der Schweizer Asbest-Industrie

Nicht nur in Deutschland konstituierte die Asbest-Industrie einen Verband zur Wahrung der eigenen Interessen. Das Pendant zum Wirtschaftsverband Asbest hieß in der Schweiz Arbeitskreis Asbest. Gegründet wurde dieser Verein nach gut schweizerischer Manier im Bahnhofbuffet Zürich. Am Valentinstag 1978 um 15 Uhr. Bereits am Morgen desselben Tages hatten sich fünf Vertreter der großen Asbestfirmen in der Schweiz ein Stelldichein gegeben. Pünktlich um 10 Uhr trafen sich diese in den Räumlichkeiten einer renommierten Zürcher Anwaltskanzlei, wenige Gehminuten vom Bellevue entfernt, an der Dufourstraße. Zweck des Treffens dieser Herren war die Vorbereitung der Gründungsversammlung des Arbeitskreises Asbest, denn sie wollten sichergehen, dass sie allesamt in Vertretung ihrer Firmen in den Vorstand des Vereins gewählt würden, und sie wollten festlegen, wie sie »auf allfällige Fragen und Kritik« der anderen Firmenvertreter reagieren sollten. Die Herren waren sich ihres Tuns so sicher, dass sie gar beschlossen, dieses morgendliche Treffen doch gleich als erste Vorstandssitzung gelten zu lassen. Der Vorstand des Arbeitskreises Asbest tagte somit noch vor der Gründungsversammlung des Vereins. Ein eher unübliches Vorgehen. Im Protokoll dieser ersten Vorstandssitzung, das aber erst nach der Gründungsversammlung schriftlich festgehalten wurde, lobten sich die Herren denn auch gleich selber für ihr cleveres Vorgehen: »Der Verlauf der Versammlung hat gezeigt, dass sich die gute Vorbereitung gelohnt hat; alles ist gut gelaufen«, hielt der Protokollführer fest.

Als die fünf Herren kurz vor Mittag die Räumlichkeiten der renommierten Zürcher Anwaltskanzlei verließen, um vor der Gründungsversammlung noch gemeinsam zu speisen, trug einer von ihnen in seiner Aktentasche ein Schreiben an das Eidgenössische Gesundheitsamt mit sich. Der Anwalt hatte diesen Brief fein säuberlich vorbereitet und den Herren an der Vorstandssitzung gleich als erstes Traktandum unterbreitet. Diese wünschten nach eingehender Lektüre noch ein paar kleinere Änderungen und schließlich genehmigten sie das Schreiben. Jetzt musste nur noch die Gründungsversammlung glatt über die Bühne gehen.

Als die fünf Herren am Nachmittag im Zürcher Bahnhofbuffet eintreffen, schütteln sie munter Hände. Ein Wort da, ein Lächeln dort … Dann wird es ernst. Herr B. M.[90] von der Eternit AG ergreift das Wort. Er begrüßt die Anwesenden und umreißt kurz Sinn und Zweck der Tagung. Danach orientiert er über den »aktuellen Stand der Asbest-Kontroverse«. Zuerst kommen die belanglosen Traktanden zur Sprache: Die Boxer Asbestos SA habe nach wie vor keine Betriebsbewilligung für die neu erstellte Fabrik in Balerna. Der Tessiner Staatsrat habe der Firma einen umfangreichen Fragebogen zugestellt, den diese aber in der vorgelegten Form aus »Geheimhaltungsgründen nicht beantworten«[91] könne. Auch bei der Tessiner Forbo SA habe es Probleme gegeben. Diese sei wegen der Asbestverarbeitung »unter Beschuss geraten«. Doch »die Firmenleitung, Betriebsrat und Gewerkschaften« hätten ein gemeinsames »sehr sachliches Communiqué« herausgegeben, und somit scheine sich »die Sache beruhigt zu haben«. Spannend wird die Sitzung erst beim

Punkt drei der Orientierung. Jetzt geht es ums Ganze: Meine Herren, »das Eidgenössischen Gesundheitsamt schlägt vor, Asbest als lungengängigen Feinstaub in die Giftklasse 1 aufzunehmen. Das ist an sich ein Unding. Denn Asbest als lungengängiger Feinstaub ist industriell wertlos, ein Abfallprodukt.« Ob Herr B. M. für seine Ausführung Applaus bekommen hat, ist aus dem Sitzungsprotokoll nicht ersichtlich, doch klar ist, dass die Herren im Saal mit ihm einiggingen. Die Klassierung in der obersten Giftklasse musste verhindert werden. Sie befanden, der zu konstituierende Vorstand müsse sich dieser Aufgabe annehmen. Der Protokollführer hielt denn auch unter »Spezialaufgaben des Vorstandes« an erster Stelle fest: »Eidgenössisches Gesundheitsamt: Verhinderung der Klassierung von Asbest in der Giftklasse 1, wenn möglich auch nicht in der vorgeschlagenen Form als lungengängiger Feinstaub.«

Die Einstufung eines Stoffes in der Giftklasse 1 hätte zur Folge gehabt, dass Asbestprodukte nicht mehr als Publikumsprodukte an Private hätten abgegeben werden dürfen, sondern nur noch ans Gewerbe. Zudem hätte das Produkt als krebserregend mit einem Totenkopf gekennzeichnet werden müssen.

Die Verhinderung der Klassierung des krebserregenden Stoffes in der entsprechenden Giftklasse sollte aber nicht die einzige Spezialaufgabe des Vorstandes sein, befanden die Herren im Bahnhofbuffet. Sie sahen für den Vorstand auch weitere Tätigkeitsfelder wie etwa: »der Ausbau von Kontakten zu Behörden und Fachorganen«, »der Aufbau einer Dokumentation«, »die Prüfung der Möglichkeit für Messungen in den Betrieben« und ganz allgemein »die Pflege des Erscheinungsbildes des Arbeitskreises Asbest«.

Damit die Ziele des Vereins zügig vorangetrieben werden konnten, beschlossen die Anwesenden Geschäftsherren auch die Schaffung einer Geschäftsstelle und hielten deren Aufgaben in den Statuten des Vereins fest: »Beschaffung und Vermittlung aller wichtigen Informationen«, »Vorbereitung von Maßnahmen: nach innen im Sinne eines aktiven Arbeitsschutzes, nach außen im Sinne der glaubhaften Darstellung der eigenen Anstrengungen«.

Als die fünf Herren um 16.50 Uhr den Saal im ersten Stock des Bahnhofbuffets verließen, hatten sie allen Grund stolz auf sich zu sein.

Die Sitzung war nach Plan gelaufen und die Wahl des Vorstands problemlos über die Bühne gegangen: Die Vertreter der Eternit AG, Niederurnen, der Imag AG, Münchenstein, der Filtrox-Werke, St. Gallen, der Schweizerischen Isola-Werke, Breitenbach, und der Asbest + Packungs AG, Glattbrugg, waren ohne Gegenstimmen in den Vorstand des Vereins gewählt worden. Als Delegierten des Vorstandes wählten die zwölf anwesenden stimmberechtigten Vereinsmitglieder den Vertreter der Eternit, B. M. Und nicht nur die Wahl des Vorstandes lief ganz nach ihrem Gusto. Die fünf Herren hatten es gar geschafft, schon an der ersten Sitzung ihres Vereins die Verhinderung der Klassierung von Asbest in der Giftklasse 1 als Aufgabe des Vorstands zu verankern. Jetzt konnte der Brief an das Eidgenössische Gesundheitsamt eingeworfen werden. Die Unterstützung der gesamten Branche war ihnen sicher.

Die fünf Herren konnten wahrlich stolz auf ihre Leistung sein! Denn Fakt ist: Asbest wurde in der Schweiz erst neun Jahre später, nämlich 1987 in die Giftklasse 1 aufgenommen. Zwei Jahre vorher hatte man zwar den Vermerk »lungengängiger Asbeststoff ist krebserzeugend« aufgenommen, doch die eigentliche Klassierung erfolgte tatsächlich erst 1987.

Am 29. Mai 1978 ist der Verein Arbeitskreis Asbest im Handelregister des Kantons Zürich eingetragen worden. Zweck des Vereins war offiziell: »Erfahrungsaustausch, Dokumentation und gemeinsame Förderung der Kenntnisse im Zusammenhang mit Asbest und Gesundheit; gegenseitige Beratung und koordiniertes Vorgehen in allen Belangen des Arbeitsschutzes, der öffentlichen Information und der Beziehungspflege zu wichtigen Partnern; einheitliche Vertretung der Branche nach außen.«

16 Jahre später, am 20. April 1994, wenige Tage nach dem definitiven Inkrafttreten des Asbestverbots, trafen sich die Herren des Arbeitskreises Asbest offiziell zum letzten Mal. Welche anderen ehrenwerten Ziele sie in der Zwischenzeit verfolgt hatten, bleibt ein Geheimnis – für immer verborgen im Archiv des Vereins, vermutlich im Kellergeschoss der renommierten Anwaltskanzlei an der Dufourstraße. An dieser 14. ordentlichen Generalversammlung beschlossen sie, den Arbeitskreis Asbest aufzulösen. Wie der Protokollführer festhielt, waren die Herren

- 5 -

4.4 Einstimmig werden schliesslich folgende Beitragsleistungen festgesetzt:

- Beitrittsgebühr Fr. 600.--
- Jahresbeitrag einfach Fr. 200.--
  bzw. dann Fr. 400.-- und Fr. 1'000.--

███ erklärt den Arbeitskreis Asbest damit als gegründet, die Organe für bestellt und die Beitragsleistungen festgelegt.

5. Ermitteln von Spezialaufgaben für den Vorstand

Der Vorstand sieht seine Tätigkeit für 1978 in folgendem:

- Eidg. Gesundheitsamt: Verhinderung der Klassierung von Asbest in Giftklasse 1, wenn möglich auch nicht in der vorgeschlagenen Form als lungengängiger Feinstaub.
- Ausbau Kontakte zu Behörden und Fachorganen
- Aufbau Dokumentation
- Prüfung der Möglichkeiten für Messungen in den Betrieben
- Pflege des Erscheinungsbildes "Arbeitskreis Asbest"

6. Weiteres Vorgehen

███ erläutert das weitere Vorgehen mit Handelsregistereintrag usw. Er stellt in Aussicht, dass die Mitglieder demnächst erhalten werden:

- bereinigte Statuten
- Mitgliederverzeichnis
- Rechnung für Beitrittsgebühr und ersten Jahresbeitrag

███ appelliert an die Branchensolidarität und ersucht die Versammlungsteilnehmer, für den Arbeitskreis Asbest zu werben.

Arbeitskreis Asbest: Auszug aus dem Protokoll der Gründungsversammlung.

mit ihrer Arbeit mehr als zufrieden; schon fast euphorisch notierte er: »Das Ziel, die Diskussion um Asbest zu versachlichen und den Ausstieg aus dem Asbest in geordnetem Rahmen abzuwickeln ist erreicht! [...] Der Vertreter der Eternit wird als Liquidator eingesetzt. Die Eternit AG deckt die Kosten für die Liquidation mit einem Spezialbeitrag.« Und zu guter Letzt wird die Geschäftsstelle mit einer letzten, aber nicht unwesentlichen Aufgabe betreut: Sie soll das BUWAL über die Auflösung des Asbestkreises informieren und das Amt an das »gegenseitige Abkommen erinnern, das Spritzasbestinventar nicht zu veröffentlichen«.

Heute, gut 13 Jahre später, wird die einst vom BUWAL erfasste Liste der gefährlichen Spritzasbest-Gebäude in der Schweiz noch immer unter Verschluss gehalten.

»Kein Kommentar«

Und wie stellen sich die Herren heute – im Wissen, dass in der Schweiz noch Tausende Menschen an Asbestkrebs sterben werden – zur Lobbyarbeit ihres damaligen Arbeitskreises? Die meisten der im Vorstand vertretenen Firmen existieren nicht mehr und auch einige der beteiligten Herrn sind verstorben. Stellung genommen haben lediglich die Filtrox AG in St. Gallen und die Eternit. Die Filtrox wollte allerdings die Verhinderung der Klassierung von Asbest nicht direkt kommentieren. In einem dürren Communiqué bestätigte sie zwar die Mitgliedschaft im Verein; doch die Ziele des Vereins seien ihres Wissens andere gewesen, nämlich »bessere Kenntnisse über Asbest zu erhalten« und »die Suche nach Ersatzmaterialien zur Substitution von Asbest«.

Sehr interessant ist auch die Rechtfertigung der Eternit. Denn der Asbestzement-Produzent aus Niederurnen hat bisher stets verlauten lassen, Stephan Schmidheiny habe bereits 1978 den Ausstieg aus dem Asbest entschieden. Wie lässt sich dann aber erklären, dass die Eternit 1978 gemeinsam mit anderen Asbestfirmen einen Verein gegründet hat mit dem Ziel, die Klassierung der giftigen Faser in der Giftklasse 1 zu verhindern? Anders Holte, der heutige Eternit-Chef, will dazu keinen Kommentar abgegeben. »Ich bin erst 1986 zur Eternit gestoßen. Damals hatte sich der Arbeitskreis Asbest schon längst konstituiert.« Zudem habe er lediglich Unterlagen des Arbeitskreises Asbest gesehen, in denen über die Gefahr dieses Materials informiert worden sei. Was vor seiner Zeit geschehen sei, könne er beim besten Willen nicht kommentieren. Wissen müsste er allerdings, was der Verein in den 90er-Jahren beabsichtigte, denn damals war er bereits Chef der Eternit. Hat es nun ein Abkommen mit dem BUWAL gegeben, um die Veröffentlichung der Liste mit den gefährlichen Spritzasbest-Gebäuden zu verhindern? Oder doch nicht? »Das weiß ich nicht. Ich kann dazu nichts sagen. Wir hatten nie etwas mit Spritzasbest zu tun«, sagt Andreas Holte dazu. Wie ist es denn möglich, dass die Eternit vollumfänglich die Spesen eines Vereins getragen hat, über dessen Aktivitäten sie nicht informiert gewesen sein soll? Auch darauf hat der Eternit-Chef keine Antwort: Es treffe zwar zu, dass die Eternit 1994 eines der wenigen im Arbeitskreis verblieben Mitglieder gewesen sei, aber mehr könne er dazu wirklich nicht sagen.

Ähnlich vielsagende Antworten gibt es auch von Peter Schürmann, dem Pressesprecher von Stephan Schmidheiny, zu hören. Er habe zum Arbeitskreis Asbest keine Unterlagen finden können und wisse deshalb leider nicht, was dieser Verein beabsichtigt habe. Und selbst wenn die Asbestlobby versucht haben sollte, die Klassierung von Asbest zu verhindern, sehe er keinen Widerspruch darin, dass Stephan Schmidheiny als »sozialer und weitsichtiger Arbeitgeber« schon sehr früh den Ausstieg aus dem Asbest vorangetrieben habe.

Das Zaudern der Ämter

Und was ist mit dem BAG und dem BAFU (vormals BUWAL)? Was meinen die beiden zuständigen Behörden zur Lobbyarbeit der Asbest-Industrie? Wie rechtfertigen sie, dass die Klassierung von Asbest um volle neun Jahre verzögert werden konnte? Georg Karlaganis, heutiger Chef der Abteilung Stoffe, Boden und Biotechnologie des Bundesamtes für Umwelt, bestätigt, dass es verschiedene Sitzungen mit den Vertretern des Arbeitskreises Asbests gegeben habe. Doch mit der Industrie Gespräche zu führen, gehöre nun einmal zu den Aufgaben einer Behörde. Eine gesetzliche Vorlage werde immer im Gespräch mit der Industrie ausgearbeitet, weil die Behörden allein gar nicht über das nötige technische Know-how verfügten. Druckversuche habe es vonseiten der Asbest-Industrie aber keine gegeben. »Lobbying ist eine ganz normale, legale Tätigkeit, egal ob dies von der Industrie, vom WWF oder von Greenpeace kommt. Alle Interessengruppen versuchen den politischen Prozess zu beeinflussen«, bemerkt Karlaganis. Ein Abkommen mit dem Arbeitskreis Asbest bezüglich der Spritzasbest-Gebäudeliste habe es aber »nie gegeben«. Der Satz sei wohl ins Protokoll des Arbeitskreises aufgenommen worden, um zu zeigen, dass die Lobbyisten ihre Arbeit gut gemacht hätten. Doch wie erklärt sich der Experte, dass Asbest in der Schweiz erst so spät verboten und die Gebäudeliste nie veröffentlicht wurde? Die Gebäudeliste sei wegen Personalmangels nicht weitergeführt und deshalb an die Kantone und die SUVA weitergeleitet worden. Das habe aber nichts mit einem vermeintlichen »Geheimabkommen« mit der Asbestlobby zu tun. Betreffend den späten Zeitpunkt des allgemeinen Verbots meint der Experte: »Es ist immer ein langer, komplexer Prozess, bis es zu einem gesetzlichen Verbot einer Substanz kommt. Die gesetzliche Grundlage der Verbotsregelung, nämlich das Umweltschutzgesetz, ist erst 1985 in Kraft getreten. Wir teilen aber die Auffassung der Autorin, dass ein Verbot schon viel früher nötig gewesen wäre.«

Anders sieht man dies beim Bundesamt für Gesundheit. Es sei sehr einfach, aus heutiger Sicht zu sagen, dass die Klassierung und das Verbot schon viel früher hätten erfolgen müssen, meint etwa Roger Waeber von der zuständigen Abteilung Chemikalien. Es sei jedoch zu bedenken, dass der Regulierung eines Stoffes immer ein langer und umfassender Prozess vorausgehe. Im Falle von Asbest sei sich der Fachausschuss zur Begutachtung der Gifte zwar im Jahr 1977 schon einig darüber gewesen, dass lungengängiger Asbeststaub krebserregend wirke. Doch sei man sich nicht im Klaren gewesen, inwieweit dies auch für die verschiedenen asbesthaltigen Produkte gelte und ob alle diese Produkte auch wirklich in den Geltungsbereich des Giftgesetzes fielen. »Eine Klassierung von Asbest in der Giftklasse 1 hätte automatisch die Kennzeichnung aller asbesthaltigen Produkte mit dem Warnzeichen für die stärksten Gifte, einem Totenkopf, zur Folge gehabt. Dies wurde damals zumindest von einem Teil des Ausschusses als unverhältnismäßig erachtet. Dazu kommt, dass das Giftgesetz nicht zur Regulierung von Asbestprodukten wie Bodenbeläge oder Faserzementplatten ausgelegt war.« Zudem habe es bei der Klassierung noch ein weiteres Problem gegeben. Asbest galt nämlich zu jener Zeit als zulässiger Hilfsstoff in der Lebensmittelverarbeitung und war als solcher in der Lebensmittelverordnung aufgelistet.

Über Jahrzehnte wurde Asbest als Kellerbehandlungsmittel und zur Filtration von Wein und Fruchtsäften verwendet. Bevor man die Klassierung in die strengste Giftklasse anging, habe man deshalb zuvor dafür sorgen müssen, dass Asbest aus der Lebensmittelverordnung gestrichen werde. Dazu brauchte es volle vier Jahre. Erst per 1. November 1980 ist der gefährliche Stoff aus der Lebensmittelverordnung gestrichen worden. In der Zwischenzeit seien vom Arbeitskreis Asbest mehrer Schreiben beim Bundesamt für Gesundheit eingetroffen. Und es habe Sitzungen mit Vertreten der SUVA und des Arbeitskreises Asbest gegeben. Der Arbeitskreis Asbest habe zur Klassierung der Substanz vor allem juristische Bedenken geäußert. Nicht die Asbestprodukte an sich seien gefährlich, sondern der lungengängige Feinstaub. Dieser sei aber gar kein marktfähiges Produkt; eine Klassierung in der Giftklasse sei deshalb gesetzlich nicht zulässig.

»Unser Amt nahm diese Bedenken ernst und hat deshalb von der juristischen Abteilung abklären lassen, ob die Klassierung gesetzeskonform sei. Denn ein Rekurs hätte das ganze Prozedere zusätzlich verzögert. All diese Abklärungen haben sehr lange gedauert«, erklärt Waeber. Dazu komme, dass ein Teil des Fachausschusses schon von sich aus der Meinung gewesen sei, Asbest sei wohl eher ein arbeitsmedizinisches Problem und weniger ein Fall für das Giftgesetz. Die Zuständigkeit wäre somit nicht mehr beim BAG gewesen. 1981 habe die juristische Abteilung des Bundesamtes dann die Ergebnisse der Abklärungen präsentiert: Das Fazit der Rechtsabteilung war eindeutig, die Klassierung von lungengängigem Asbeststaub war zulässig.

Doch das BAG sah immer noch keinen Grund, endlich zu handeln, sondern entschied sich, weiter zuzuwarten. »Das BAG hatte großes Vertrauen in die Arbeit der SUVA und dachte, dass die betroffenen Betriebe die notwendigen Arbeitssicherheitsmaßnahmen in Eigenverantwortung treffen würden. Zudem wussten wir damals noch nicht, wie viel Asbeststaub es braucht, um ein Mesotheliom auszulösen«, rechtfertigt Roger Waeber das Vorgehen des Amtes. Das BAG sei aber nicht untätig geblieben, sondern habe insistiert, zumindest den Rohstoff mit einem Warnetikett zu kennzeichnen. Die Vertreter des Arbeitskreises Asbest hätten aber abgewinkt. Das sei doch nicht notwendig. Über 98 Prozent des importierten Asbests gehe an ihre Firmen, da sei es doch unnötig, die Asbestsäcke zu kennzeichnen. Denn dass Asbest gefährlich sei, wüssten sie ja bereits und würden schon darauf achten, dass in ihren Betrieben die erforderlichen Sicherheitsmaßnahmen getroffen würden.

Ein unglaubliches Argument! Doch das BAG lenkte ein. Man sei mit den Vertretern der Asbest-Industrie übereingekommen, dass diese den Rohstoff auf freiwilliger Basis und in eigener Regie kennzeichnen solle. So verstrichen weitere vier Jahre bis 1985, ohne dass die Substanz in die Giftliste aufgenommen wurde. Und selbst 1985 suchte man nach einem Weg, den giftigen Stoff zwar in die Giftliste aufzunehmen, ihn aber nicht zu klassieren. »Damit wollten wir erreichen, dass der Rohstoff nun verbindlich gekennzeichnet werden musste, nicht aber die Produkte«, heißt es beim BAG. Erst 1987 kam dann die Einsicht, und die Klassierung von lungengängigem Asbeststaub in die Giftklasse 1 wurde endlich vollzogen. Zehn Jahre nachdem die Mitglieder des Fauchausschusses sich einig darüber waren, dass Asbestfeinstaub krebserregend ist.

Dennoch hält man beim BAG daran fest, dass die Dauer von zehn Jahren von der Kenntnis der Gesundheitsgefahren eines Stoffes bis zu dessen gesetzlicher Regulierung nicht außerordentlich sei. Man habe aus der Asbestgeschichte allerdings einiges dazugelernt. Heute ist für das Bundesamt klar, dass man frühzeitig fachübergreifend mit anderen Ämtern und Institutionen zusammenarbeiten müsse. Und vor allem: »Freiwillige Abkommen mit der Industrie brachten damals kaum etwas.«

Tatsache ist: Erst im Zuge der Einführung des Umweltschutzgesetzes, welche unter der Regie des BUWAL stattfand, ist das Problem ernsthaft angegangen worden. In der Stoffverordnung vom 9. Juni 1986 ist ein breites Asbestverbot verankert worden, welches am 1. März 1989, mit einer Übergangsbestimmung bis 1. März 1990, in Kraft treten sollte.

Also genau zu jenem Zeitpunkt, in dem die Asbestzement-Industrie in Deutschland den freiwilligen Ausstieg angekündigt hatte.

Die SBB bedauern Todesfälle

Die Schweizerischen Bundesbahnen waren zwar bei der Konstituierung des Arbeitskreises Asbest nicht im Vorstand vertreten, doch gemäß Angaben eines Mitglieds der Interessengemeinschaft war der Staatsbetrieb über Jahre im Verein dabei. Davon will man heute bei den SBB allerdings keine Kenntnis haben. Dennoch wolle man bei den Bundesbahnen die Asbestproblematik nicht herunterspielen, meint der zuständige Sprecher Roland Binz. Bekanntlich komme auch bei den SBB Asbest vor: einerseits als Spritzasbest in älteren Reisezugwagen und in Gebäuden, anderseits als gebundener Asbest in Bremsbelägen, Rotorwicklungen und Drehgestellen. Von diesen Materialien gehe aber keine unmittelbare Gefährdung für Kundschaft und Personal aus. »Bei Arbeiten namentlich in den Werkstätten kamen in der Vergangenheit auch SBB-Arbeiter in Kontakt mit Asbestfasern, weil damals das nötige Wissen über die Gefährlichkeit dieses Materials fehlte. Sobald die Gesundheitsgefährdung durch Asbest bekannt war, wurden in Absprache mit der SUVA die nötigen Maßnahmen getroffen. Dennoch stellte die SUVA im Zeitraum von 1978 bis 2005 insgesamt 78 Fälle von Pleuramesotheliom bei SBB-Mitarbeitern fest. Diese Erkrankungen bedauert die SBB außerordentlich«, hält der Pressesprecher fest.

Zurzeit zählen die SBB, laut eigenen Angaben, bei total 3900 Reisezugwagen noch 77 ältere Modelle mit asbesthaltiger Isolierung. Messungen hätten aber ergeben, dass die verkleideten Isolierungen keine Gefahr für die Reisenden darstellten. »Diese letzten alten Wagen werden bis Ende 2008 ersetzt«, verspricht Binz. Für die Entsorgung dieser Wagen sei eine spezialisierte Firma beauftragt. Das im Personenverkehr eingesetzte Rollmaterial werde somit ab 1. Januar 2009 keinen Spitzasbest mehr enthalten. Anders ist es allerdings für Lokomotiven und Spezialfahrzeuge älterer Bauart, hier könnten laut Binz nach wie vor asbesthaltige Materialien vorkommen. Von diesen gehe aber keine Gefahr für die Reisenden und das Personal aus. In den wenigen Fällen, wo beim Unterhalt Kontakt mit asbesthaltigen Bestandteilen möglich sei, würden strenge Sicherheitsvorkehrungen angewandt, um bei einem eventuellen Kontakt mit asbesthaltigen Materialien eine Gefährdung des Personals auszuschließen.

Der lange Weg zum Ausstieg

Doch was geschah in der Schweiz außerhalb der Amtsstuben in der Zivilgesellschaft, in den Parteien und Gewerkschaften? Ende der 70er-, anfangs der 80er-Jahre formierte sich auch hierzulande der Widerstand gegen den todbringenden Werkstoff. Anders als im nördlichen Nachbarland waren aber weder die zuständigen Behörden noch der Bundesrat die treibende Kraft hin zum Ausstieg.

Eine der ersten Mobilisierungen gegen Asbest kam aus dem Tessin: Mitte der 70er-Jahre wollte die Firma Boxer Asbestos in Balerna (Mendrisiotto) eine Fabrik für Asbestprodukte mit 50 Arbeitsplätzen errichten. Doch die Bevölkerung stellte sich quer. Sensibilisiert durch die Dioxin-Katastrophe in Seveso im Jahr 1976, leistete die Bevölkerung wochenlang aktiven Widerstand und reichte zwei Petitionen ein. Und auch der Regierungsrat hatte anfänglich Bedenken. Schließlich obsiegten aber die Interessen der Firma, und das Asbestwerk konnte gebaut werden. Ob die Intervention des Arbeitskreises Asbest, der sich des Problems schon in seiner allerersten Sitzung angenommen hatte, dabei entscheidend gewesen ist, bleibt eine offene Frage.

Eine der führenden Figuren im Kampf für das Asbestverbot in der Schweiz war François Iselin, einstiger Forscher an der Ecole Polytechnique Fédrérale de Lausanne (EPFL). Iselin war zu jener Zeit Experte für Bauschäden an der EPFL, als er von der Tageszeitung *24 heures* für eine Expertise angefragt wurde. Die Journalisten des renommierten Blattes bangten um ihre Gesundheit, weil das Redaktionsgebäude vermeintlich mit Spritzasbest kontaminiert war. Mit diesem ersten Auftrag begann das Engagement Iselins, der sich heute noch gemeinsam mit seiner Frau Pierrette Iselin im weltweiten Kampf gegen den gefährlichen Stoff engagiert und die treibende Kraft des Westschweizer Asbestopfervereins Comité d'Aide et d'Orientation des Victimes de l'Amiante (CAOVA) ist.

Pierette und François Iselin. *(Fotos: Giula Bianca Bozzolini)*

Sensibilisiert für das Thema wurde Iselin dank den Ereignissen in Paris. Zu der Zeit tobte in der französischen Hauptstadt der Kampf um die Sanierung der Universität Jussieu. Das Uni-Gebäude war vom Keller bis zum Dach mit Spritzasbest isoliert, welcher sich im Verlauf der Zeit löste und die Luft in den Hörsälen kontaminierte. Während Monaten streikten die Studenten und verlangten die Sanierung des Uni-Geländes. Der Studentenprotest schlug hohe Wellen und mobilisierte auch im Ausland dank verschiedenen Artikeln und Büchern eine ganze Generation von Ingenieuren und Architekten für den Kampf gegen Asbest.

Bewegung auf dem politischen Parkett gab es im Eternit-Land Schweiz indes erst, nachdem in der BRD 17 mit Spritzasbest isolierte Turnhallen geschlossen werden mussten: 1982 reichte der SP-Nationalrat Fritz Ganz im Nationalrat die Einfache Anfrage »Asbest in Sporthallen, Krebsgefahr« ein. Acht weitere Vorstöße[92] aus verschiedenen Fraktionen folgten in den Jahren darauf. Fritz Ganz forderte in seinem Text Maßnahmen zum »Schutz unserer Schüler und unserer Sportler gegen die Krebsgefahr«. Kurze Zeit später wurde auf nationaler Ebene eine Arbeitsgruppe damit beauftragt, die Asbestsituation in Schweizer Sportstätten zu analysieren. Zeitgleich erstellte das Bundesamt für Umwelt die Liste der Gebäude, in denen Spritzasbest verwendet worden war. Die ominöse Liste umfasste schweizweit 4000 Gebäude, rund 1000 davon im Kanton Zürich. 1986 gab das BUWAL die Liste an die Kantone weiter, um entsprechende Sanierungsmaßnahmen einzuleiten. Doch vielerorts wurde das Inventar von den zuständigen Behörden einfach schubladisiert. Im Jahr 2004 enthielt die Liste laut Angaben des Bundesamtes für Gesundheit noch immer 2750 Gebäude mit Spritzasbestanwendungen.

Der politisch engagierte François Iselin brachte das Thema Asbest Ende der 70er-Jahre innerhalb der SAP (Sozialistische Arbeiter Partei) zur Diskussion. Ein Autorenkollektiv machte sich schon bald an die Arbeit und verfasste innert kurzer Zeit ein Buch zum Thema: *Eternit: Asbest und Profit. Ein Konzern verseucht die Umwelt.* Dieses Buch ging nicht nur mit der Eternit hart ins Gericht, es prangerte auch die lasche Vorgehensweise der SUVA und der zuständigen Behörden an; zudem kritisierte es die Gewerkschaften, die nicht ein sofortiges Verbot, sondern – mit der Begründung »Erhalt der Arbeitsplätze« – einen gestaffelten Ausstieg favorisierten. Viele der Kritikpunkte der SAP-Autoren haben heute noch kaum an Aktualität verloren.

Besonders hart war die Kritik der SAPler an der Schweizerischen Unfallversicherung: Die SUVA besetze eine Doppelrolle, schrieben sie. Auf der einen Seite sei sie eine Versicherung, der die Arbeitgeber Prämien bezahlten und die die Verunfallten und Kranken entschädige. Auf der anderen Seite sei sie aber auch ein Organ mit den Kompetenzen einer Behörde, das beispielsweise die MAK-Werte (Maximale Arbeitsplatzkonzentration) der giftigen Stoffe veröffentliche. Die SUVA habe sich zudem mit ihrer strengen Anerkennungspraxis den »Ruf eines Wachhundes der Arbeitgeberinteressen« eingehandelt. Und weit wichtiger noch: Obwohl die SUVA bereits in den 30er-Jahren Entschädigungen für Asbestosefälle habe ausrichten müssen, habe sie bis 1978 zugewartet, um Maßnahmen zur Verminderung der Asbeststaubbelastung am Arbeitsplatz zu ergreifen.

Scharf kritisierte das Autorenkollektiv zudem die medizinischen Untersuchungen der SUVA in den Betrieben. Die SUVA habe beispielsweise nach 1975 bloß 732 Arbeiter in 34 Betrieben kontrolliert, wo doch die Eternit allein rund 1000 Mitarbeiterinnen und Mitarbeiter beschäftigte. Die Unfallversicherung habe es verpasst, die Meldepflicht für Asbestbetriebe einzuführen, obwohl sie dies aufgrund der Gesetze hätte tun können. Die Arbeiter in den Betrieben, die nicht asbesthaltige Produkte herstellten, diese aber verarbeiteten, seien der SUVA-Gewerbeaufsicht nicht unterstellt. Sie würden nicht medizinisch überwacht, ebenso wenig wie die zahllosen Handwerker, die Asbestzement verwendeten und es vor Ort bearbeiteten, schrieb das Autorenkollektiv. Es kommt noch dicker: Die Versicherung führe zwar in den ihr bekannten Asbestbetrieben Kontrollen und Messungen durch, doch sie melde sich vorher bei den Betrieben an und teile die Resultate nur dem Arbeitgeber, nicht aber der Belegschaft mit. Auch über die medizinischen Kontrollen würden die Arbeitnehmer nicht informiert. So hätten die Arbeitnehmer nicht die Möglichkeit zu erfahren, ob sie an ihren Arbeitsplätzen zu hohen Werten ausgesetzt seien und wie es um ihre Gesundheit stehe.

Von der Kritik nicht verschont blieben auch die Vertreter der Gewerkschaften im Verwaltungsrat der SUVA. Diese hätten es versäumt, im Zusammenhang mit der Asbestproblematik »eine eigenständige Politik« zu verfolgen. Sie respektierten »die Geheimhaltung der Verhandlungen, womit sie sich die Möglichkeit genommen« hätten, die Arbeiter für diese Fragen zu sensibilisieren und Druck auf die SUVA auszuüben.

Das Buch der SAP und die entfachte Diskussion rund um das Thema Arbeitsschutz und Ökologie blieben an den verschiedenen Fronten nicht ohne Reaktion: Bereits zwei Jahre später erschien Werner Catrinas *Eternit-Report.* Hier wurde eine andere Sichtweise als jene des SAP-Kollektivs verbreitet. In langen, teils auch kritischen Ausführungen und Interviews kamen vor allem die verschiedenen Exponenten der Familie Schmidheiny zu Wort. Viel Platz widmete der Autor dem jungen Stephan Schmidheiny, den er als Pionier des Ausstiegs darstellt. Der junge Unternehmer habe nach einer Reise nach Schweden, wo bereits ein Verbot diskutiert wurde, gemerkt, dass wohl kein Weg am Ausstieg vorbeiführe. Schon 1978 habe er nach seiner Wahl als Chef des international tätigen Familienunternehmens den Ausstieg aus dem Asbest beschlossen und gegen den Willen des eigenen Vaters und vieler anderer Asbest-Industrieller vorangetrieben. »Ich muss ehrlich sagen, das Schlimmste überhaupt ist der Kampf in der eigenen Gruppe, vom Vater angefangen bis hin zu den Managern in den Fabriken im Ausland. Der Vater hat mir zwar nie Prügel in den Weg gelegt. Er wollte es nicht glauben, er war einfach fundamental anderer Ansicht. Er war überzeugt, dass das Asbestproblem übertrieben werde wie anderes auch und dass es vorbeigehen werde. Keine schlafenden Hunde wecken, war jahrelang die Devise der Gegner in meinen eigenen Reihen. Ich sagte immer: Hört ihr es nicht bellen, die schlafen schon lange nicht mehr«, zitierte Catrina den jungen Schmidheiny.

Doch auch die Gewerkschaften wollten die Kritik des SAP-Autorenkollektivs nicht unerwidert lassen. Sie bildeten unter der Führung des Schweizerischen Gewerkschaftsbundes (SGB) eine Arbeitsgruppe, die unter anderem eine Anti-Asbest-Kampagne führen und eine Broschüre verfassen sollte. Die Arbeitsgruppe der Kommission »Gesundheit und Humanisierung der Arbeit« wurde von Vasco Pedrina, dem späteren

Kopräsidenten des Gewerkschaftsbundes und der Unia, geleitet. Die Kampagne war das erste Engagement des Tessiners überhaupt in den Gewerkschaften.

In der Arbeitsgruppe saßen nebst dem Vertreter des SGB auch je ein Mitglied der PTT-Union, der Gewerkschaft Bau und Holz (GBH), der Gerwerkschaft Textil, Chemie, Papier (GTCP), des Schweizerischen Eisenbahnerverbandes (SEV) und des Schweizerischen Metall- und Uhrenarbeiterverbandes (SMUV). Die Arbeitsgruppe holte zudem die Meinung verschiedener »Experten« ein. Dies waren nebst François Iselin und Professor M. Guillemin vom Institut für Arbeitshygiene der Universität Lausanne auch einige kantonale Arbeitsinspektoren und je ein Vertreter der SUVA und des Arbeitskreises Asbest, der ominösen Asbestlobby. Offensichtlich konnte sich der Arbeitskreis Asbest so gut verkaufen, dass er seine Argumente auch in der gewerkschaftlichen Arbeitsgruppe vorbringen durfte.

Die Arbeitsgruppe präsentierte im Februar 1985 die Broschüre mit dem Titel *Asbest und Gesundheit am Arbeitsplatz. Vorschläge des Gewerkschaftsbundes.* Darin wurden erstmals Schätzungen über die Zahl der zu erwartenden Opfer in der Schweiz genannt, errechnet aufgrund der verarbeiteten Asbestmengen: Danach dürften »zwischen 1980 bis im Jahr 2000 jährlich 100 bis 250 neue asbestbedingte Krebsfälle auftreten«. Und bis im Jahr 2030 würden die Krebsfälle kontinuierlich zunehmen, schrieben die Experten der Gewerkschaften.

Diese durchaus realistische Schätzung überschritt bei Weitem die Zahl der damals durch die SUVA anerkannten Opfer. Die Versicherung hatte bis im Jahr 1983 lediglich 81 asbestbedingte Krebsfälle anerkannt. Doch die Gewerkschaften hatten für ihre Schätzung eine plausible Erklärung: »Die SUVA kann nur Einzelfälle untersuchen und anerkennen, die mit ›überwiegender Wahrscheinlichkeit‹ auf die berufsbedingten Asbestexpositionen zurückzuführen sind. Da sie nur dann einen Lungenkrebs als asbestinduziert anerkennt, wenn der Patient auch gleichzeitig an anderen Asbestkrankheiten leidet, können auch in den gut besuchten Betrieben viele asbestbedingte Krebsfälle übersehen werden.« Dazu komme, dass jene Branchen und Betriebe, in denen Asbest unregelmäßig verarbeitet werde, von den präventiven Kontrollen der SUVA nicht erfasst würden; und die Zahl dieser Arbeiter übersteige bei Weitem jene der von der SUVA überwachten Betriebe. Laut den Berechnungen der Gewerkschaftler wurden in der Schweiz zwischen 1940 und 1985 rund 550 000 Tonnen Asbest zu Produkten verarbeitet und verkauft. Dabei seien »mehrere Zehntausend Personen während mindestens zwei bis drei Jahren mit erhöhten Asbeststaubkonzentrationen belastet« gewesen. Die SUVA habe aber 1983 insgesamt gerade mal »2860 asbestexponierte Personen in 86 Betrieben« überwacht.

Die Gewerkschaftler schlossen die Broschüre mit einem langen Forderungskatalog. Kernpunkte darin waren:

- Verbot der Fabrikation, des Verkaufs und der Einfuhr asbesthaltiger Produkte. Dabei sollten für die Substitution von asbesthaltigen durch asbestfreie Produkte »relativ kurze Übergangsfristen« festgesetzt werden.
- Aufforderung an die SUVA, eine »flexiblere Praxis bei der Anerkennung von Berufskrebs« anzuwenden.
- Kennzeichnung der Asbestprodukte mit einem entsprechenden Etikett.
- Führung und Veröffentlichung eines Inventars sämtlicher Gebäude, die mit asbesthaltigen Materialien gebaut wurden.
- Ein Inventar sämtlicher Spritzasbest-Gebäude und »Abbruch innert kurzer Frist der besonders gravierenden Fälle. Sanierung aller übrigen Gebäude innert nützlicher Frist.« Diese Abbruch- und Sanierungsarbeiten sollten nur von konzessionierten Firmen durchgeführt werden.
- Aufforderung an die SUVA, besondere Arbeitsanweisungen für die Demontage von Asbestzement-Dächern und -Fassaden zu erstellen.

Traurig aber wahr: Abgesehen vom Verbot sind gut 22 Jahre nach Erscheinen der Broschüre viele der damaligen gewerkschaftlichen Forderungen noch immer aktuell.

Kurz nach Erscheinen der Broschüre haben die Gewerkschaften ihre Anstrengungen im Kampf gegen Asbest verstärkt. Da sich das BUWAL noch immer weigerte, die Gebäudeliste zu veröffentlichen, schrieben sie die drei großen Schweizer Spritzasbestunternehmen direkt an und baten diese, die Liste zur Veröffentlichung freizugeben. Zudem richteten sie eine Anfrage an das BUWAL bezüglich Sanierung der Spritzasbest-Gebäude. Sie verlangten die Einführung einer Konzessionspflicht für die Sanierungsfirmen und eine spezielle Schulung des Personals dieser Firmen. Von der SUVA forderten sie, darauf hinzuarbeiten, dass eine Meldepflicht für sämtliche Asbestbetriebe eingeführt werde. Denn nur so könne die Unfallversicherung die Unternehmen flächendeckend kontrollieren und sämtliche gefährdeten Arbeiter präventiv untersuchen.

Doch in einem Brief vom 9. Juli 1985 wies die SUVA die Forderungen der Gewerkschaften zurück: Sie erachte diese als »nicht opportun« und habe aus verschiedenen Überlegungen beschlossen, dem Departement des Innern (EDI) auch keine Meldepflicht für Sanierungsfirmen zu beantragen. »Es gibt, nebst Sanierungen, eine Reihe von Arbeiten in Gebäuden mit Spritzasbestisolationen (z. B. Installationen von Wasser-, Gas- und Dampfleitungen, Beleuchtungskörpern, Verschiebung von mobilen Trennwänden usw.), die ebenfalls zur Beeinträchtigung der Gesundheit führen können, wenn sie nicht mit der nötigen Sorgfalt und den erforderlichen Schutzmaßnahmen durchgeführt werden. De facto müsste somit die Meldepflicht auf alle Staub erzeugenden Arbeiten an Spritzasbestisolationen ausgedehnt werden«, schrieb die Unfallversicherung in einem Brief an die Gewerkschaft Bau und Holz. Die Grenzen der meldepflichtigen Arbeiten seien somit »sehr schwer zu ziehen und für die in Frage kommenden Firmen nicht immer eindeutig feststellbar«. Die SUVA könne aber auch ohne Meldepflicht »über Betriebsbeschreibungen und Betriebsbesuche oder Anfragen von Betriebsinhabern oder Arbeitnehmern« die Asbestbetriebe erfassen. Sie sei zudem überzeugt, dass durch eine umfassenden Aufklärung die Sensibilisierung der Betriebsinhaber und Arbeitnehmer am besten erreicht werden könne, ohne unnötig »Angst zu verbreiten«.

Das Vorgehen der SUVA mutet seltsam an: Da verzichtet doch die Schweizerische Unfallversicherung auf die Einführung einer Meldepflicht zu einem Zeitpunkt, in dem in anderen Ländern längst ein Asbestverbot ausgesprochen worden war. Die Frage, ob die SUVA in diesem Zusammenhang den Arbeitnehmerschutz wirklich priorisiert hat, scheint plausibel: Denn die Versicherungsanstalt verlangt heute noch für die Anerkennung der Berufskrankheit, beispielsweise eines asbestbedingten Lungenkrebses (ohne zusätzliche Asbestose), der Arbeitnehmer müsse den Beweis erbringen, dass er in einem Asbestbetrieb gearbeitet habe und »einer kumulativen Asbestdosis von mindestens 25 Faserjahren« ausgesetzt war. Ein Ding der Unmöglichkeit, wenn es keine Messungen gegeben hat, weil die Arbeiten gar nicht gemeldet wurden.

Auch mit der Leitung der Eternit suchten die Gewerkschaftler das Gespräch. Am 28. Juni 1985 empfing der damalige Eternit-Chef eine Delegation der Gewerkschaften im Werk in Payerne. Das war ein absolutes Novum, denn die Gewerkschaften hatten bisher keinen Zutritt zur Firma gehabt, auch hatten sie weder in den zwei Werken der Firma noch in den Verteilzentren eigene Mitglieder. Wie aus den Protokollen des Treffens hervorgeht, beharrte die Delegation des SGB insbesondere auf zwei Punkten: die Beschleunigung der Substitution der Asbestprodukte durch asbestfreie Erzeugnisse für den Hochbau – deren Auslaufen von der Eternit auf 1990 terminiert war – und die Diversifikation der Tiefbauprodukte, wo die Substitution der asbesthaltigen Rohre wegen technischer Probleme erst zu einem späteren Zeitpunkt angesetzt war. Wenn keine rasche Lösung für die Produktion der Röhren mit Alternativfasern gefunden werden könne, so schlugen die Gewerkschaftler vor, solle die Firma für diese Produkte künftig nicht mehr Faserzement, sondern andere Materialien verwenden. Schließlich existierten auf dem internationalen Markt ja bereits Ersatzprodukte.

Die Eternit sei aber auf diese Forderungen nicht eingegangen, hielten die Gewerkschaftler in einem Protokoll des Treffens fest; sie habe vielmehr »auf ihrer Position beharrt«. Und diese lautete: »Keine rechtlichen Schritte, dafür das Versprechen der vollständigen Substitution bis 1990, aber ausschließlich für Hochbauprodukte.« Das lässt aufhorchen. Die Eternit Schweiz hat den hiesigen Gewerkschaftlern denselben Ausstiegsplan präsentiert, nach dem die Faserzementindustrie mit dem »freiwilligen Branchenabkommen« vier Jahre zuvor schon in Deutschland vorgegangen war.

Das Asbestverbot in der Schweiz, das dann auch tatsächlich 1990 für den Hochbau und 1994 für den Tiefbau in Kraft trat, erfolgte somit genau nach dem Taktplan der Eternit, dem weitaus größten Asbestbetrieb der Schweiz, der laut eigenen Angaben bereits ab Anfang der 80er-Jahre, genau wie in Deutschland, mit der Substitution gewisser Produkte begonnen hatte. Daraus lässt sich schließen: Die Einflussnahme der Industrie auf den politischen Prozess war in der Schweiz ebenso erfolgreich wie in Deutschland. Auch hier wurde der Zeitpunkt für das Verbot den Bedürfnissen der Industrie angepasst.

V. Gerechtigkeit für Asbestopfer

1. Die Katastrophe ist noch lange nicht ausgestanden

Weitere 3000 Tote in der Schweiz

Seit Beginn der industriellen Anwendung kamen in der Schweiz Hunderttausende von Menschen an ihrem Arbeitsplatz mit Asbest in Kontakt. Laut Schätzungen[93] einer Expertengruppe des Schweizerischen Gewerkschaftsbundes sind in der Schweiz allein zwischen 1945 und 1985

- rund 10 000 Arbeiterinnen und Arbeiter intensiv (täglich und über mehrere Jahre) und
- rund 100 000 Arbeiterinnen und Arbeiter gelegentlich, aber doch beachtlich (nicht täglich, aber immer wiederkehrend) dem Asbestfeinstaub ausgesetzt gewesen.

In der Schweiz wurde in den 70er-Jahren pro Einwohner gleich viel Asbest verarbeitet wie in den USA: nämlich rund drei Kilogramm pro Person und Jahr. Die Aufteilung der verarbeiteten Asbestmengen nach Branchen ist in der Schweiz nicht bekannt. Laut eigenen Angaben hat aber die Eternit AG rund 90 Prozent des importierten Asbests für die Produktion ihrer Produkte beansprucht. In anderen Industrieländern verteilte sich in den 80er-Jahren der Asbest auf folgende Hauptverwendungen:

- 75 Prozent Asbestzement
- 4 Prozent Asbestkarton
- 1 Prozent Spritzasbest
- 20 Prozent für rund 3000 verschiedenste Asbestprodukte

Die Namen der Unternehmen, in denen Tausende potenzielle Opfer arbeiteten, werden indes heute noch von den zuständigen schweizerischen Behörden unter dem Vorwand des Datenschutzes unter Verschluss gehalten. Es handelt sich aber im Wesentlichen, nebst den bereits namentlich erwähnten Firmen, um Betriebe, die Spritzasbest-Isolierungen anboten, aber auch um die SBB und andere schweizerische Bahnbetriebe, unzählige Sanierungsfirmen, Karosserien, Garagen, Dachdeckerbetriebe, Baubetriebe, Elektroinstallateure und viele KMU aus verschiedensten Brachen.

Da in der Schweiz kein komplettes Register geführt wird, ist es unmöglich zu sagen, wie viele Menschen bisher in diesem Land tatsächlich an asbestbedingten Leiden erkrankten und starben. Bekannt sind diesbezüglich bloß die erfassten Zahlen der Schweizerischen Unfallversicherung. Offiziell sterben in der Schweiz jährlich rund 70 Personen an asbestbedingten Krankheiten, und die Behörden rechnen mit weiteren 3000 Toten in Verlauf der nächsten 15 bis 20 Jahre. Zurzeit sind 5000 ehemals asbestexponierte Personen bei der SUVA in medizinischer Beobachtung. Bis Mitte 2006 wurden in der Schweiz 1635 Personen mit asbestbedingten Berufskrankheiten erfasst, darunter litten 750 am besonders aggressiven Mesotheliom. Jährlich registriert die Unfallversicherung zudem rund 70 neue Mesotheliomfälle.

Gegen vier Schweizer Unternehmen – Eternit, Lötschbergbahn (BLS), ABB und Paul-Scherrer-Institut – gingen Anzeigen ein, und es laufen verschiedene Untersuchungen. Gegen die Schweizerische Unfallversicherung selbst ist eine Verantwortlichkeitsklage eingegangen. Nun versuchen die Anwälte der Asbestopfer gegen die Verjährungsfalle anzukämpfen, denn obwohl der Krebs eine lange Latenzzeit hat, gilt in der Regel eine Verjährungsfrist von zehn Jahren. Doch für die meisten Opfer wird auf dem Rechtsweg kaum etwas zu tun sein, da die einstigen asbestverarbeitenden Betriebe nicht mehr existieren. Dazu kommt, dass Bundesrat Christoph Blocher die dringend notwendige Revision des Unternehmenshaftungsrechts blockiert, welches zumindest für künftige Opfer eine gerechtere Rechtspraxis versprechen würde. Dennoch geben die Schweizer Asbestopfer ihren Kampf für Gerechtigkeit nicht auf.

INTERVIEW

Massimo Aliotta

Präsident des Deutschschweizer Asbestopfervereins

»Blocher hat die Revision des Haftpflichtrechts schubladisiert«

Herr Aliotta, Sie sind Mitbegründer und Präsident des Vereins für Asbestopfer und Angehörige Schweiz. Welches sind die Ziele dieses Vereins?

Unser Verein bietet vor allem rechtliche und medizinische Beratung im Zusammenhang mit asbestbedingten Berufskrankheiten. Wir verfügen dafür über ein Netz von Vertrauensanwälten, die im Bereich des Sozial- und Haftpflichtrechts spezialisiert sind. Zudem vermitteln wir unseren Vereinsmitgliedern auf Wunsch spezialisierte Ärzte. Und in unserem juristischen Beratungsservice können Mitglieder eine kostenlose Erstberatung durch eine qualifizierte Juristin in Anspruch nehmen. Auf unserer Homepage (www.asbestopfer.ch) finden sich zudem umfangreiche Informationen über die Asbestproblematik.

Wie ist die Stimmung unter den Asbestopfern in der Schweiz?

Sehr unterschiedlich. Viele Asbestopfer sind froh, dass es unseren Verein gibt. Als wir vor fünf Jahren den Verein gründeten, war in der Öffentlichkeit die Asbestproblematik noch nicht so präsent wie heute. Auch dank den Aktivitäten unseres Vereins und unseren Vertrauensanwälten sind viele Asbestopfer auf ihre rechtlichen Möglichkeiten aufmerksam gemacht worden. Enttäuscht sind die Asbestopfer vor allem darüber, dass sich in der Schweiz offensichtlich zurzeit keine politische Mehrheit findet, um einen Fonds für Asbestopfer auf nationaler Ebene einzurichten. Gerade kürzlich hat der Nationalrat erneut einen entsprechenden Vorstoß abgelehnt und auch der Bundesrat sieht keinen Bedarf.

Gibt es denn Länder, die einen Fonds für Asbestopfer eingeführt haben?
Vor allem Frankreich und Holland sind in Europa bei der Zusprechung von Entschädigungen zugunsten von Asbestopfern führend. In Frankreich gibt es mittlerweile eine reiche Rechtsprechung zu dieser Problematik. Zudem hat Frankreich auch einen Asbestopfer-Fonds eingerichtet. Dasselbe hat Holland getan. Dort werden die Asbestopfer vom Staat entschädigt, wenn in rechtlicher Hinsicht nicht mehr auf den Betrieb zurückgegriffen werden kann.

Trotz den vielen Opfern hat es bisher in der Schweiz, anders als in unseren Nachbarländern, noch keinen Prozess gegen einen asbestverarbeitenden Betrieb gegeben. Wie lässt sich das erklären?
Das trifft nicht ganz zu. Gegen die ABB/Alstom läuft bereits ein zivilrechtlicher Prozess. Dass dies bis heute der einzige zivilrechtliche Prozess geblieben ist, hängt damit zusammen, dass in der Schweiz, gestützt auf das Obligationenrecht und gestützt auf die Rechtsprechung des Bundesgerichts betreffend die Verjährungsfristen, eine sehr strenge Praxis herrscht. Das Bundesgericht hat in einem wegweisenden Urteil festgehalten, dass die zehnjährige absolute Verjährungsfrist gemäß Artikel 60 des Obligationenrechts bei Arbeitsverhältnissen spätestens bei Beendigung des Arbeitsverhältnisses zu laufen beginnt. Dadurch sind bereits viele Ansprüche von Arbeitnehmern gegenüber ehemaligen Arbeitgebern verjährt. Diese Rechtsprechung des Bundesgerichtes ist in der Rechtslehre scharf kritisiert worden. Bis zum heutigen Tag hat aber dieses Bundesgerichtsurteil Bestand, da noch kein abweichendes Bundesgerichtsurteil vorliegt. Aus diesem Grunde scheuen sich viele Arbeitnehmer, einen Prozess gegen den ehemaligen Arbeitgeber anzustrengen. Hinzu kommt, dass in der Regel dem Arbeitgeber im Zusammenhang mit der Nichteinhaltung von Arbeitsvorschriften eine Grobfahrlässigkeit nachgewiesen werden muss. Diese strenge gesetzliche Hürde stützte sich auf Artikel 44 des Unfallversicherungsgesetzes, der jedoch in der Zwischenzeit abgeschafft worden ist. Zudem ist es äußerst schwierig, Vorgänge zu beweisen, die sich vor 20, 30 oder 40 Jahren abgespielt haben. Viele dieser Betriebe, die damals mit Asbest gearbeitet haben, existieren nicht mehr. Somit fehlt es auch meistens an einer juristischen Person, die eingeklagt werden könnte. Heute existieren nur noch wenige ehemalige Asbestbetriebe. Beispielsweise die ABB/Alstom oder die Eternit.

Kann man denn nichts tun, um die Verjährungsfristen in der Schweiz zu ändern?
Selbstverständlich könnten auf der politischen Ebene im Rahmen des Gesetzgebungsverfahrens die Verjährungsfristen gemäß Artikel 60 des Obligationenrechts geändert werden. Eine diesbezügliche parlamentarische Initiative wurde denn auch

bereits von Nationalrat Filippo Leutenegger eingereicht. Die Rechtskommission des Nationalrats hat den Vorschlag aufgenommen und fordert mit einer Motion vom Bundesrat, die Verjährungsfrist deutlich zu verlängern. Angesichts der Mehrheitsverhältnisse im Parlament ist aber davon auszugehen, dass dieser politischen Initiative kein Erfolg beschieden sein wird. Deshalb muss vermehrt auf juristischem Weg versucht werden, die Rechtsprechung des Bundesgerichts zu ändern. Es muss erreicht werden, dass die zivilrechtliche Verjährungsfrist erst dann zu laufen beginnt, wenn bei einem Asbestopfer die asbestbedingte Berufskrankheit ausbricht und somit auch erst dann bei diesem Asbestopfer ein finanzieller Schaden entsteht. Nur ist mit der Verjährungsfrist allein dem Asbestopfer nicht geholfen, da eben viele Betriebe gar nicht mehr existieren, gegen die zivilrechtliche Ansprüche geltend gemacht werden könnten.

Und wäre mit einem revidierten Unternehmenshaftrecht das rechtliche Problem für die Asbestopfer gelöst?
Es bestehen bereits umfangreiche Expertenberichte, um zugunsten von Geschädigten in der Schweiz das Haftpflichtrecht zu ändern. Insbesondere ist daran zu erinnern, dass eine Revision des Haftpflichtrechts vom Bundesrat angestrebt worden ist. Die von Prof. Pierre Widmer präsidierte Expertengruppe hatte denn auch vorgeschlagen, dass beispielsweise im Rahmen dieser Revision des Haftpflichtrechts statt der heutigen zehnjährigen eine dreißigjährige Verjährungsfrist im Obligationenrecht eingeführt würde. Bundesrat Christoph Blocher hat aber kurz nach seinem Amtsantritt die Revision des Haftpflichtrechts schubladisiert, wohl auch auf Druck der Versicherungsindustrie. Wenn das Gesetz im Sinne der Expertengruppe geändert worden wäre, hätte für Tausende von Opfern eine reelle Chance bestanden, entschädigt zu werden.

Wie ist die rechtliche Situation in anderen europäischen Ländern? Ist es dort möglich, gegen die einst asbestverarbeitenden Unternehmen vorzugehen?
Vor allem in Holland und Frankreich sind wegweisende Urteile gegen asbestverarbeitende Unternehmen gesprochen wurden. Meines Erachtens sollten diese Urteile auch von anderen Rechtsprechungen in anderen Ländern übernommen werden. In Holland ist beispielsweise die Verjährungsfrist zugunsten der Asbestopfer geändert worden. Dort bestand ähnlich wie in der Schweiz eine kurze Verjährungsfrist. Nun ist durch die Rechtsprechung die Frist auf 30 Jahre angehoben worden. Zudem gab es in diesem Land vor Kurzem ein sehr interessantes Urteil, wonach auch solche Asbestopfer entschädigt werden, die nicht direkt in einem asbestverbeitenden Unternehmen gearbeitet haben, sondern erkrankten, weil sie in der Nähe von Müllhalden mit Asbeststaub in Kontakt kamen. In Paris gibt es ein Anwaltsbüro, das auf die Durchsetzung

von Asbestklagen spezialisiert ist und große Erfolge erzielt hat. So ist nicht nur die Eternit AG in Frankreich verurteilt worden, sondern auch die Firmen Michelin und Alstom. Das sind wegweisende Urteile gegen die asbestverarbeitende Industrie. Doch auch in Großbritannien werden sehr viele Prozesse gegen asbestverarbeitende Unternehmen geführt. Die Rechtsprechung ist dort ständig im Fluss. Indes ist es dort eher als in der Schweiz möglich, zivilrechtliche Ansprüche gegenüber Arbeitgebern durchzusetzen .

Wie hoch sind in diesen Ländern die Entschädigungssummen?
Die Entschädigungssummen sind sehr unterschiedlich und können wegen der unterschiedlichen Rechtssysteme nicht direkt miteinander verglichen werden. In Holland bekommen die Opfer vom Staat mindestens 16000 Euro ausbezahlt, wenn die Asbestopfer von den ehemaligen Arbeitgebern keine Schadenersatzzahlung erhalten. In Frankreich erhalten die Opfer je nach Krankheitsbild 15000 bis 200000 Euro von den ehemaligen Arbeitgebern im Fall einer Verurteilung. In Italien wird je nach Erkrankungsbild bis zu einer Million Euro ausgerichtet. In den USA werden nebst den eigentlichen Schadenersatzsummen sogenannte »punitive damages« bezahlt, das ist eine Art Strafzahlung, die ein Vielfaches der eigentlichen Schadenersatzsummen ausmacht. Deshalb erhalten amerikanische Opfer weitaus mehr Entschädigungszahlungen als Opfer in Europa.

Sie haben vor gut einem Jahr Strafanzeige gegen die Schweizer Eternit eingereicht. Der Vater ihrer Mandantin ist an Asbestkrebs gestorben. Was hat sich in der Zwischenzeit in diesem Verfahren getan?
Das zuständige Verhöramt des Kantons Glarus hat das Strafverfahren zufolge Verjährung eingestellt. Ich habe diese Einstellungsverfügung beim zuständigen Kantonsgerichtspräsidium im Kanton Glarus angefochten. Vor Kurzem sind die Stellungnahmen aller beteiligten Parteien beim Kantonsgerichtspräsidium eingetroffen. Unabhängig von der Entscheidung des Kantonsgerichtspräsidenten gehe ich davon aus, dass die Frage der Verjährung in strafrechtlicher Hinsicht letztinstanzlich vom Bundesgericht entschieden werden muss.

Auch gegen die Verantwortlichen der ABB und der BLS laufen gegenwärtig Untersuchungen. Wird es je zu einem Prozess kommen?
Das ist schwer zu sagen. Fest steht jedenfalls, dass beide Strafuntersuchungen gegen die Verantwortlichen dieser Betriebe noch pendent sind. Wie bei all diesen Strafuntersuchungen handelt es sich um komplexe Sachverhalte, welche zum Teil Jahrzehnte zurückliegen. Die zuständigen Untersuchungsrichter sind wirklich nicht zu beneiden. Ich hoffe aber, dass die Untersuchungsrichter die in diesen Fällen auftauchenden Fragen den zuständigen Gerichten zur Klärung unterbreiten werden. Es braucht Urteile im Bereich des Strafrechts, damit verschiedene of-

fene Fragen betreffend die Verantwortlichkeiten der asbestverarbeitenden Betriebe geklärt werden können.

Während Hunderte Klägerinnen und Kläger in den USA von der ABB entschädigt wurden, sind die Chancen für die Schweizer Opfer minimal. Wie sollen das die Opfer verstehen?
In der Schweiz steht, wie gesagt, hauptsächlich die Problematik der Verjährung von solchen zivilrechtlichen Ansprüchen im Vordergrund. Ich denke, es wäre natürlich wünschenswert, wenn die großen einst asbestverarbeitenden Betriebe in der Schweiz von sich aus freiwillig einen Fonds für Asbestopfer einrichten würden. Die Eternit AG in Niederurnen hat diesbezüglich bereits einen ersten Schritt unternommen und eine Stiftung ins Leben gerufen. Dies aber erst, nachdem unser Verein ein Strafverfahren gegen die Verantwortlichen der Firma eingeleitet hatte. Es ist schade, dass man in der Schweiz zuerst solche Strafverfahren initiieren muss, bevor die heute noch bestehenden Unternehmungen den Asbestopfern mit einem Fonds entgegenkommen.

Vonseiten der einstigen Asbestunternehmen in der Schweiz heißt es aber, es brauche keine weitere Hilfeleistung für die Asbestopfer, weil diese »Fälle« durch die SUVA gedeckt seien. Die Asbestopfer hingegen klagen, asbestbedingte Erkrankungen, insbesondere Lungenkrebs, würden nur sehr selten als Berufskrankheiten anerkannt. Welche Erfahrungen haben Sie als Asbestopferanwalt gemacht?
Es ist richtig, dass vor allem die Anerkennung eines Lungenkrebses als asbestbedingte Berufskrankheit in der Schweiz sehr schwierig ist. Da Lungenkrebs auch durch andere Ursachen als Asbest hervorgerufen werden kann, sind die Kriterien für die Anerkennung strenger als etwa bei einem Mesotheliom. Dies führt zu einer Ungleichbehandlung unter Personen, die derselben Risikogruppe angehören, und kann so weit gehen, dass ehemalige Arbeitskollegen bei gleicher Ausgangslage je nach Krebsart von der SUVA unterschiedlich behandelt werden. Die von der SUVA bei Lungenkrebs verlangten Zusatzkriterien wie etwa der Nachweis einer bestimmten Asbestfaserkumulation am Arbeitsplatz ist oft nicht nachweisbar, da beispielsweise keine Asbestfasermessungen vom Arbeitsplatz vorliegen. Die Anerkennung als Berufskrankheit wurde deshalb schon mehrfach selbst bei nachgewiesener mehrjähriger beruflicher Asbestexposition abgelehnt. Zu dieser Frage führe ich zurzeit verschiedene rechtliche Auseinandersetzungen mit der SUVA. Es wird letztlich das Bundesgericht sein, welches die Zulässigkeit der verlangten Zusatzkriterien bei der Anerkennung von Lungenkrebs abschließend zu klären haben wird. Nicht zu vergessen ist auch, dass Rauchen bei Asbestexposition das Risiko, an Lungenkrebs zu erkranken, um ein Vielfaches erhöht. Dieser Effekt ist asbestbedingt und darf den Betroffenen nicht angelastet werden. Obwohl

die meisten Schwierigkeiten im Zusammenhang mit der Anerkennung als Berufskrankheit bei Lungenkrebs entstehen, sei angefügt, dass es auch bei den übrigen asbestbedingten Erkrankungen nicht immer einfach ist, eine Anerkennung durch die SUVA zu erwirken. Im Falle eines Pleuramesothelioms erweist sich die Praxis der SUVA zwar insgesamt als einfacher. Allerdings genügt auch hier nicht immer der Nachweis einer Asbestexposition am Arbeitsplatz.

Ein Kapitel für sich ist die sogenannte Integritätsentschädigung, die von der SUVA ausbezahlt wird. Was ist das genau und wem steht sie zu?
Eine Integritätsentschädigung steht Asbestopfern zu, wenn sie zufolge der Berufskrankheit dauernd und erheblich in ihrer körperlichen oder geistigen Integrität eingeschränkt sind. Wenn die rechtlichen Voraussetzungen gegeben sind, wird im Falle eines Pleuramesothelioms eine Integritätsentschädigung von höchstens 80 Prozent des versicherten Lohnes ausbezahlt. Dies bedeutet, dass das Opfer eine Entschädigungssumme von höchstens 85 000 Franken erhält.

Neuerdings hat das Versicherungsgericht des Kantons Aargau in einem sehr erfreulichen Grundsatzurteil entschieden, dass bei einem Pleuramesotheliom auch eine Integritätsentschädigung wegen der Beeinträchtigung der geistigen Integrität von der SUVA zu zahlen ist, falls das Asbestopfer psychische Beschwerden entwickelt. Beim Asbestopfer im Kanton Aargau konnte nachgewiesen werden, dass es auch starke psychische Beschwerden hatte, was das Gericht dazu bewog, eine zusätzliche Integritätsentschädigung von 20 Prozent zuzusprechen. Insgesamt darf die auszurichtende Integritätsentschädigung 100 Prozent des versicherten Lohnes nicht überschreiten. In einem solchen Fall werden von der SUVA bis zu 106 000 Franken ausbezahlt.

Wie lange muss der Patient nach der Diagnose überleben, damit die Integritätsentschädigung ausbezahlt wird?
Das Bundesgericht hat kürzlich in einem neuen Grundsatzurteil festgehalten, dass für die Zusprechung einer Integritätsentschädigung bei einem Pleuramesotheliom zumindest eine einjährige rein palliative, das heißt eine rein schmerzlindernde Behandlung erforderlich sei, damit von einer dauernden und erheblichen Schädigung ausgegangen werden könne. Dieses Urteil überzeugt aber nicht, da in medizinischer Hinsicht mittlerweile erwiesen ist, dass bei einem Pleuramesotheliom praktisch alle Fälle zum Tode führen und es keinen Sinn macht, zwischen kurativer und palliativer Behandlung zu unterscheiden. Es werden deshalb weitere Urteile beim Bundesgericht angestrebt.

Seit Juli 2005 besteht eine Praxis der SUVA, welche es den Asbestopfern ermöglicht, im Sinne eines Vorschusses nach sechs Monaten einen Teil der Integritätsentschädigung zu erhalten. So bekommen einige Opfer zumindest eine Teilsumme ausbezahlt, welche sie sonst, gestützt auf die Praxis des Bundesgerichts, nicht erhalten würden.

Das Bundesgericht ist also strenger als die Praxis der SUVA?
In diesem Fall schon. Denn das Bundesgericht unterscheidet leider zwischen kurativer und palliativer Behandlung. Das heißt zwischen einer Behandlung mit einem Heilungszweck und einer rein schmerzlindernden Behandlung bis zum Tod. Das Bundesgericht sagt, dass eine rein palliative Behandlung von mindestens einem Jahr bis zum Tod gegeben sein muss, damit der Anspruch auf eine Integritätsentschädigung überhaupt entsteht. Diese Rechtsprechung des Bundesgerichtes ist in höchstem Maße stoßend. Sie führt dazu, dass viele Opfer, damit ihnen die Integritätsentschädigung zugesprochen wird, sich die Frage werden stellen müssen, ob sie nicht von Beginn an auf eine heilende Behandlung verzichten und nur noch eine palliative Behandlung durchführen wollen. Zumal eine kurative Behandlung keine Heilungschancen verspricht.

Können die Angehörigen eines Opfers auch nach dessen Tod die Integritätsentschädigung beantragen?
Grundsätzlich ist es so, dass die Ausrichtung einer Integritätsentschädigung zugunsten des Asbestopfers selber zu erfolgen hat. Wenn indes der Anspruch auf eine Integritätsentschädigung entstanden ist, bevor das Opfer verstorben ist, können die Erben die Ausrichtung geltend machen. Die SUVA ist gehalten, den Erben die Entschädigung auszuzahlen, da eine Integritätsentschädigung grundsätzlich vererbbar ist.

Welche Kosten muss die SUVA bei einer anerkannten Asbesterkrankung übernehmen?
Die SUVA muss in diesem Fall die gesetzlichen Versicherungsleistungen übernehmen. Dies ist zunächst die Bezahlung aller Heilungskosten in medizinischer Hinsicht, das heißt alle medizinischen Behandlungen und notwendigen Operationen. Zudem werden bei Personen, die noch im Erwerbsleben stehen, Taggelder bezahlt. Leider muss die SUVA die Kosten der Spitex nicht übernehmen, die vor allem bei pflegebedürftigen Pleuramesotheliom-Patienten anfallen. In vielen Fällen werden Spitexleistungen bei pflegebedürftigen Erkrankten über die Krankenversicherung abgewickelt, jedoch in letzter Zeit von der SUVA übernommen.

In welchen Fällen gibt es für die Erkrankten oder die Hinterbliebenen eine Rente?
Für die Erkrankten selber gibt es eine Rente der SUVA, wenn von einer medizinischen Behandlung keine namhafte Verbesserung mehr erwartet werden kann. Dies ist eigentlich bei einem Pleuramesotheliom nach einer gewissen Zeit immer der Fall. Aus diesem Grunde hat die SUVA vermehrt begonnen, bei Pleuramesotheliom-Fällen eine Rente zuzusprechen. Hinzu kommt natürlich eine Rente der Invalidenversiche-

rung sowie Rentenleistungen der beruflichen Vorsorge. Auch die Hinterbliebenen haben Ansprüche auf Rentenleistungen der SUVA und der Invalidenversicherung. Die Rentenleistungen für die Hinterbliebenen bilden denn auch bei der SUVA den höchsten Ausgabenposten im Zusammenhang mit asbestbedingten Berufskrankheiten.

Was passiert mit den Opfern, die nicht selbst in einem asbestverarbeitenden Unternehmen gearbeitet haben?
Leider haben Opfer, die nie in einem asbestverarbeitenden Unternehmen gearbeitet haben, in der Schweiz praktisch keine Rechte. Sie können höchstens versuchen, im Zusammenhang mit einer außervertraglichen Haftung, gestützt auf Art. 41 OR, gegen noch existierende Betriebe eine Haftungsklage einzureichen. Andernfalls haben sie absolut keine Handhabe, bei irgendwelchen Versicherungen Leistungen zu beanspruchen. Gerade deshalb wäre es für diese Opfer umso wichtiger, dass ein nationaler Fonds geschaffen würde. Ich hoffe für die Opfer, dass die einstigen Asbestbetriebe und die politischen Kräfte in Bern zu einer Lösung Hand bieten.

2. Fälle und Vorstöße

Der Fall Paul-Scherrer-Institut: Der Albtraum des Lukas Klauser

Auch heute noch, gut 17 Jahre noch dem offiziellen Asbestverbot in der Schweiz, bleibt das krebserregende Material eine große Gefahr, insbesondere für die Mitarbeiter von Sanierungsfirmen und Deponien, aber auch für Dachdecker, Bauarbeiter und selbst für Hobby-Handwerker. Immer wieder stoßen nichts ahnende Arbeiter auf das tödliche Material und müssen wochen-, ja monatelang in kontaminierten Räumen arbeiten, bevor die nötigen Maßnahmen für eine Asbestsanierung getroffen werden. Seit vor einigen Jahren Bauarbeiter im Zürcher Einkaufstempel Globus, der bisher als asbestsaniert galt, zufällig auf die krebserregende Faser gestoßen sind, wird immer klarer: Ganz genau weiß niemand, welche Gebäude in der Schweiz noch immer mit Asbest verseucht und welche saniert sind. Bei der noblen Migros-Tochter Globus hieß es zuerst, nur die Eingangsbereiche seien mit Asbest versetzt. Doch einige Tage später drang an die Öffentlichkeit, dass die ganze Fassade noch Asbest enthielt. Die erste Asbestsanierung sei 1993 abgebrochen worden, weil sich Globus das Weihnachtsgeschäft nicht verderben lassen wollte. Für negative Schlagzeilen sorgten in den letzten Jahren auch die Vorfälle im St. Galler Rathaus, im Werd-Hochhaus in Zürich und im Sulzer-Hochhaus in Winterthur. Sie sind jedoch nur die Spitze des Eisbergs und zeigen, dass in Sachen Asbest heute noch in der Schweiz zum Schutz der Arbeitnehmer und auch der Hausbewohner dringender Handlungsbedarf besteht.

Der wohl bekannteste Vorfall ereignete sich bei der Sanierung eines Reaktors im Paul-Scherrer-Institut (PSI) im aargauischen Villigen: Nicht im schlimmsten Albtraum hätten Lukas Klauser und Philip Lechner je damit gerechnet, dass ihre Arbeit bei der renommierten Forschungsanstalt des Bundes so enden würde: »Wir fühlen uns gleich doppelt betrogen: Unsere Gesundheit ist womöglich futsch, und die Stelle sind wir auch los«, sagten die beiden Sanierungsarbeiter im Frühjahr 2006 gegenüber der Schweizer Presse.

Doch beginnen wir von vorne: Philip Lechner trat seine Arbeitsstelle als Monteur in der Forschungsanstalt des Bundes im März 2005 an.

Sein Kollege Lukas Klauser schloss sich der vierköpfigen Truppe, die mit dem Rückbau eines Versuchsreaktors betraut war, erst Ende September an. Die Arbeit des Teams bestand darin, denn stillgelegten Atomreaktor in der Diorit-Reaktorhalle 58 des Paul-Scherrer-Instituts abzubrechen. Der Rückbau erfolgte mit Unterbrüchen schon seit Jahren. Klauser und Lechner waren über ein Temporärbüro für etwa ein Jahr angestellt worden.

»Bei unserer Arbeit stießen wir immer wieder auf Rohre und Leitungen, die mit Isolationsschnüren umwickelt waren. Diese mussten wir mit einer Trennscheibe zertrennen und zerkleinern, um sie anschließend mit dem restlichen Schutt zu entsorgen«, erzählt Klauser. »Und als im Oktober ein neuer Kollege zu unserer Truppe stieß, äußerte er den Verdacht, dass es sich beim Isolationsmaterial um Asbest handeln könnte.« Ein Verdacht, den auch Klauser und Lechner teilten. Beide entschlossen sich daraufhin, mit ihrem Vorgesetzten darüber zu reden, damit die nötigen Sicherheitsmaßnahmen getroffen werden konnten.

Am 2. November 2005 redete Lukas Klauser ein erstes Mal mit seinem direkten Vorgesetzten. »Ich habe ihm erzählt, dass es sich bei der Ummantelung der Rohre sehr wahrscheinlich um Asbest handle und dass dringend Schutzmaßnahmen ergriffen werden müssten.« Doch sein Chef habe von Asbest im Reaktor nichts wissen wollen. Das sei sicher kein Asbest, habe er ihm gesagt und ihn an die Arbeit zurückgeschickt. Daraufhin zerlegte Klauser mehrere Tage lang weitere Rohre und Leitungen, die mit Asbest isoliert waren. Doch sein Verdacht ließ ihm keine Ruhe. Er ging nochmals zu seinem Chef und bat ihn, er möge doch bitte abklären lassen, ob es sich nicht doch um das tödliche Material handle. Klausers Vorgesetzter war indes nicht von seiner Meinung abzubringen. »Er sagte mir bloß, ich solle gefälligst meine Arbeit wieder aufnehmen.«

Knapp zwei Wochen später, am Vormittag des 14. November 2005, hatten Klauser und Lechner die Nase endgültig voll. Nachdem sie tagelang vergeblich auf eine Antwort von oben gewartet hatten, wandte sich Klauser nun an einen anderen Vorgesetzten. Und sein Albtraum wurde zur Realität, denn der Vorgesetzte bestätigte ihm seinen Verdacht. »›Sie haben recht, Herr Klauser‹, sagte er mir, ›es handelt sich tatsächlich um

Asbest.‹ Er war ganz gelassen und beschwichtigend«, erinnert sich Klauser. Dieser Asbest stelle keine Gefahr dar. Es reiche aus, wenn beim Abbau die Asbestisolation mit Wasser abgespritzt werde. Zudem könne Klauser ja jene Schutzmasken und Handschuhe tragen, die man generell beim Schleifen und Abspitzen trage. »Ich dachte, ich höre nicht recht«, erinnert sich der junge Sanierungsarbeiter. Er habe heftig protestiert und verlangt, dass die nötigen Schutzmaßnahmen getroffen würden. Doch der Chef habe ihm gedroht: Wenn die SUVA vom Vorfall erfahre, würde die Baustelle geschlossen. Als Klauser nicht klein beigeben wollte, kam es noch dicker: Sein Vorgesetzter sagte ihm geradeheraus, wenn ihm die Schutzmaßnahmen nicht ausreichten, könne er ja gehen!

Doch die beiden Sanierungsarbeiter gaben nicht auf. Noch am selben Tag telefonierte Klauser seiner Mutter und bat sie um Rat. Diese erkundigte sich bei der Eidgenössischen Materialprüfungsanstalt (Empa) und bei der Gewerkschaft Unia über die Gesundheitsgefahren. Beide rieten ihr, dringend zu handeln. Klausers Onkel nahm sofort mit dem Pressesprecher des PSI Kontakt auf und verlangte, dass unverzüglich die notwendigen Sicherheitsmaßnahmen getroffen würden.

Plötzlich ging dann alles sehr schnell: Noch am Nachmittag des 14. November wurde die Belegschaft zu einer Sitzung aufgefordert und informiert, dass die Baustelle zur Entnahme von Materialproben vorübergehend geschlossen würde. Aufgrund der Messresultate würde dann das weitere Vorgehen bestimmt.

Die Meldung war der reinste Schock für alle Mitarbeiter. Sie fürchteten um ihre Gesundheit und ihren Job. Klauser selbst musste noch Beschimpfungen von seinem Chef einstecken. »Dieser behauptete allen Ernstes, ich sei schuld daran, wenn wir jetzt keine Arbeit mehr hätten. Ich kam mir vor wie im falschen Film«, erzählt der 23-Jährige.

Am nächsten Tag beauftragte das Paul-Scherrer-Institut eine externe Firma mit der Messung der Asbestwerte. Die Messungen, die in der stillgelegten Halle durchgeführt wurden, ergaben, dass die Grenzwerte nicht überschritten worden seien. Doch Marcel Bosonnet, der Anwalt der beiden Sanierungsarbeiter, beanstandete die Messmethode, da diese den Vorschriften der SUVA widersprach. Die Messungen müssten wiederholt werden.

Schon am 15. November 2005 erhielt Klauser einen Anruf der Temporärfirma, die ihn ans PSI vermittelt hatte. Auch diese warf im und seinem Kollegen Lechner vor, schuld daran zu sein, dass die Baustelle nun geschlossen werde. Ein paar Tage später erhielten die beiden denn auch postwendend den blauen Brief: »Aufgrund dieser außergewöhnlichen Umstände sehen wir uns gezwungen, den bestehenden Arbeitsvertrag per sofort zu kündigen.«

Doch damit ist der Albtraum der beiden Temporärarbeiter noch lange nicht vorüber. Denn die Nachmessungen, die durchgeführt wurden, brachten ans Licht, dass die Sanierungsarbeiter zeitweise enormen Asbestwerten ausgesetzt waren. Wie das TV-Nachrichtenmagazin »10vor10« aufdeckte, wurden bei einer Zweitmessung zeitweise bis zu 30 Millionen Fasern pro Kubikmeter Luft gemessen.[94] Gesetzlich erlaubt sind an Arbeitsplätzen höchstens 10000 Fasern, für die Bevölkerung liegt der Höchstwert bei 700 Fasern pro Kubikmeter Luft.[95]

Klauser und Lechner, die nun um ihre Gesundheit bangen, haben daraufhin eine Strafanzeige gegen die Forschungsanstalt des Bundes eingereicht. Ihr Anwalt Marcel Bosonnet zeigte sich der Presse gegenüber konsterniert, wie in der Schweiz die Asbestgefahr heute noch verharmlost werde. So habe beispielsweise Ralph Eichler, der damalige Direktor des PSI, in einem Brief an ihn behauptet, »Asbest sei im Körper biologisch abbaubar«. Zudem habe das PSI Nachmessungen der Asbestwerte in Auftrag gegeben, die nicht den Vorschriften der SUVA entsprachen. Die SUVA selbst habe aber diese Messtechnik nicht beanstandet. Erst auf Verlangen des Anwaltes seien neue Messungen durchgeführt worden.

Als im April 2006 die Resultate des unabhängigen Gutachtens vorlagen, welche die Überschreitung der Grenzwerte dokumentierten, nahm das eidgenössische Forschungsinstitut zum Vorfall öffentlich Stellung: »Beim Abbau des Forschungsreaktors Diorit waren einige der eingesetzten Mitarbeiter kurzzeitig einer erhöhten Asbestbelastung ausgesetzt. [...] Die Verantwortlichen des Paul-Scherrer-Instituts bedauern sehr, dass die Rückbauer diesem Risiko ausgeliefert wurden und so verständlicherweise besorgt sind. Die exponierten Personen hat man über die Asbestbelastung informiert und allen die arbeitsmedizinische Vorsorge angeboten. Um eine Wiederholung zu vermeiden, wurden auch personelle Maßnahmen getroffen.« Im selben Communiqué sprach auch Institutsdirektor Ralph Eichler sein persönliches Bedauern aus: »Es tut mir Leid. Den Betroffenen gebührt Anerkennung. Mit ihrem Verhalten trugen sie dazu bei, größeren Schaden zu vermeiden.«

Seit Klauser und Lechner den Vorfall aufgedeckt haben, hat das PSI laut eigenen Angaben bei den weiteren Rückbauarbeiten des Reaktors »Asbestschutzmaßnahmen eingeführt«. Zudem werden periodische Raumluftmessungen im Arbeitsbereich durchgeführt. Eine auf Asbestentsorgung spezialisierte Firma stellt außerdem sicher, dass das Material fachgerecht abgebaut und entsorgt wird.

Auch die SUVA hat zum Vorfall am PSI und zu den Vorwürfen des Opferanwalts Stellung genommen. Die Schweizerische Unfallversicherung wies in ihrem Communiqué darauf hin, dass in der Schweiz bisher eine gesetzliche Grundlage fehle, die eine generelle Ermittlungspflicht für Asbest vor Umbau-, Revisions- oder Abbrucharbeiten regeln würde. Eine Abklärungspflicht gebe es seit dem 1. Januar 2006 in der neuen Bauarbeitenverordnung einzig für Abbruch- und Rückbauarbeiten. »So wie die gesetzliche Lage ist, kann es also immer wieder zu Vorfällen mit Asbest auf Baustellen kommen, was wir außerordentlich bedauern«, hielt die Versicherungsanstalt fest. Die SUVA habe deswegen über die Eidgenössische Koordinationskommission für Arbeitssicherheit (EKAS) einen Antrag an den Bundesrat gestellt, in dem unter anderem eine entsprechende Ermittlungspflicht gefordert werde.

Die Geschichte der beiden Temporärarbeiter, die den Mut hatten, die Missstände in der eidgenössischen Forschungsanstalt aufzudecken, und deshalb dann auch noch auf die Straße gestellt wurden, sorgte in der Schweiz für großes mediales Aufsehen: Im Herbst 2006 erhielten Lukas Klauser und Philip Lechner für ihren Mut den mit 25 000 Franken dotierten *Beobachter*-Preis »Prix Courage«.

Der Fall Sulzer-Hochhaus: Niemand ist schuld

Im Mai 2005 stießen Bauarbeiter einer Abbruchfirma bei Umbauarbeiten im Winterthurer Sulzer-Hochhaus auf Asbest, doch die zuständigen Behörden wurden erst Monate später eingeschaltet. Die Arbeiter der Abbruchfirma meinten, die Trennwände, die abgerissen werden mussten, seien aus Gips. Deshalb haben sie sie mit einem Kleinbagger eingeschlagen und anschließend mit einer Kreissäge zerfräst, um den Schutt mit dem Lift hinunterzutransportieren. Wie viele der Trennwände im Gebäude effektiv Asbest enthielten und wie viele Wochen die 13 betroffenen Bauarbeiter in den kontaminierten Räumen der Baustelle arbeiten mussten, wurde nie geklärt. Der Bausekretär der Stadt Winterthur gab sich anfänglich über den Vorfall konsterniert. Obwohl Asbestfunde meldepflichtig seien, sei die zuständige Behörde von der Bauherrschaft erst im September informiert worden – und dies erst, nachdem der Winterthurer *Landbote* den Skandal publik gemacht habe. Doch als der Vorfall für weitere Schlagzeilen sorgte, distanzierte sich der Bausekretär von seinen anfänglichen Äußerungen.

Wie es überhaupt zum Vorfall im Sulzer-Hochhaus kommen konnte, ist unklar. Alle beteiligten Parteien versuchten sich anschließend aus der Verantwortung zu stehlen. Als man gemerkt habe, dass es sich bei den Trennwänden um Asbest handle, seien die Arbeiten sofort eingestellt und eine Spezialfirma eingeschaltet worden, hieß es in einer Stellungnahme.

Die Bauherrschaft Wintower AG schob den Schwarzen Peter dem einstigen Besitzer Sulzer zu. Als das Winterthurer Immobilien-Unternehmen das Hochhaus von der Sulzer erwarb, sei ihr vertraglich zugesicherte worden, es sei asbestfrei. Doch die Sulzer wies jede Schuld weit von sich: Das Gebäude sei vor dem Verkauf für einen siebenstelligen Betrag saniert und von der kantonalen Baudirektion aus dem Altlastenkataster gestrichen worden. Bei dieser ersten Sanierung sei insbesondere der besonders gefährliche Spritzasbest entfernt worden.

Doch die Sanierung war offensichtlich nicht vollständig, denn bei der Nachsanierung, die nach dem Vorfall im Mai 2005 erforderlich wurde, sind noch immer über 100 Tonnen Asbestmaterialien im Gebäude gefunden worden.

Die betroffenen Bauarbeiter seien nie ernsthafter Gefahr ausgesetzt worden, sagten die betroffenen Parteien weiter. Im Gebäude seien nur Werte von 1700 Asbestfasern pro Kubikmeter Luft gemessen worden.

Keine Gefahr? Das ist immerhin fasst doppelt so viel wie der Emissionsrichtwert, der vom BUWAL festgelegt ist: Ab 1000 Fasern pro Kubikmeter Luft müssen zwingend Schutzmaßnahmen für die Bevölkerung getroffen werden. Doch die Behörden spielten den Vorfall herunter, der Emissionsrichtwert gelte nur für die Bevölkerung; am Arbeitsplatz gelte hingegen die sogenannte maximale Arbeitplatzkonzentration (MAK), und der MAK-Wert für Arbeitnehmende liege bei 10 000 Fasern pro Kubikmeter Luft.

Eine Erklärung, für welche Lungenarzt Karl Klingler von der Zürcher Hirslandenklinik absolut kein Verständnis hat: »Asbest ist ein krebserregender Stoff, jede eingeatmete Faser ist eine zu viel, deshalb gilt das gesetzlich festgelegte Minimierungsgebot.« Jeder Arbeitgeber müsse seine Arbeitnehmenden daher schützen und dafür sorgen, dass sie möglichst gar keiner Asbestgefährdung ausgesetzt seien. Alles andere sei ein makabres Spiel mit dem Tod.

Auch der Winterthurer Unia-Sekretär Benno Krüsi war über den Vorfall erzürnt: Das Vorgehen der Bauherrschaft sei ein Paradebeispiel dafür, wie wenig ernst die Baufirmen den Gesundheitsschutz ihrer Mitarbeiter nehmen würden.

Der Fall Mund: Alarm im Gotteshaus

Das Safrandorf Mund liegt oberhalb von Brig auf einer Sonnenterrasse mit wunderbarem Ausblick auf die Walliser Alpen. Es ist der einzige Ort in der Schweiz, wo heute noch nach jahrhundertelanger Tradition Safran angepflanzt wird. Die Kirche hat in dem kleinen Bergdorf noch eine große Bedeutung. Doch ebendiese Kirche wurde plötzlich zum großen Problem. Analysen des Institutes für Arbeitsmedizin in Lausanne hatten 2003 ergeben, dass die Kirche »unverzüglich saniert« werden müsse. Das Betonfaltdach aus den 60er-Jahren war undicht geworden, und das eindringende Wasser löste die Spritzasbestschicht von der Decke des Kirchenschiffs. Die freigesetzten Asbestfasern bedrohten die Gesundheit der Kirchgänger. Kostenpunkt der Asbestsanierung: rund zwei Millionen Franken. Die Kirchgemeinde hatte dieses Geld aber nicht.

Die tragische Geschichte der Sankt-Jakobus-Kirche ist gut dokumentiert: Erbaut wurde sie im Jahr 1721. Zwei Erdbeben hat das Gotteshaus einigermaßen überstanden. Doch heute stehen von der ursprünglichen Kirche nur noch der Kirchturm und der barocke Hochaltar. Das von den Erdbeben lädierte Kirchenschiff wich 1962 einem billigen Neubau. Der gefährliche Spritzasbest wurde damals aus »schalltechnischen Gründen« eingesetzt, damit die Akustik der Orgel besser zur Geltung kam. Bereits wenige Jahre später traten erste gravierende Wasserschäden auf. Diese verursachten mit der Zeit die Zerflockung des krebserregenden Spritzasbests. »Besonders bei voller Kirche im Winter kann es vorkommen, dass vermehrt Asbestfasern in der Luft sind«, erklärte Charly Schnydrig von der Baukommission des Kirchenrates anlässlich unseres Besuchs im Februar 2005. Denn die vielen Menschen und die spezielle Luftwärmeheizung bewirken eine starke Luftzirkulation, die zusätzliche Asbestpartikel von der Decke löst.

Gleich nach dem Bescheid aus Lausanne hatte der Kirchenrat eine Kommission zur Beschaffung der für die Sanierung benötigten Finanzen eingesetzt. Erfolglos. Die Gemeinde und das Bistum winkten ab. Gemeindepräsident Leo Albert lancierte zu Weihnachten 2004 einen Spendenaufruf: »Der gefährliche Asbest bedroht alle, die unsere Kirche besuchen, vom Täufling bis zur Großmutter. Helfen Sie unserem kleinen Bergdorf, damit wir unsere Kirche wieder ohne Gefahr betreten können.«

Die Spendenaufrufe führten am Ende doch zum Erfolg. Aus Sicherheitsgründen hatten die Behörden die Kirche im Sommer 2006 geschlossen. Der Gottesdienst musste in einen Messesaal der Gemeinde verlegt werden. Schließlich kamen genügend Spendengelder zusammen, sodass im Februar 2007 endlich mit der Asbestsanierung begonnen werden konnte.

Die Munder Dorfgemeinde fühlte sich aber über Jahre mit ihrem Asbestproblem sehr allein gelassen. Dabei ist sie ganz und gar nicht die einzige mit diesem Problem. Auch andere Kirchen sind mit Asbest gebaut bzw. renoviert worden, ganz zu schweigen von all den anderen öffentlichen und privaten Gebäuden. Exponenten der Gemeinde fordern deshalb »einen nationalen Fonds für die Sanierung von Asbestaltlasten und ein Register mit Eintrag sämtlicher Bauten, bei denen Asbest zur Anwendung gekommen ist«. Finanzieren müssten das der Bund und jene Unternehmen, die sich bis Mitte der 90er-Jahre eine goldene Nase mit dem tödlichen Staub verdient haben.

In den nächsten Jahren sind die Boombauten der 70er-Jahre sanierungsbedürftig. Experten schätzen, dass Asbestsanierungen in der Schweiz noch mindestens zwanzig Jahre lang dauern werden.

Vorstöße im Parlament: »Kein Handlungsbedarf«

Alarmiert durch diese und viele andere öffentlich gewordene Vorfälle haben in den letzten Jahren verschiedene National- und Ständeräte Vorstöße eingereicht, doch bei der heutigen Zusammensetzung des Bundesrates und den Mehrheitsverhältnissen in den eidgenössischen Räten ist es um deren Annahme schlecht bestellt. Alle bisher behandelten Eingaben wurden denn auch abgelehnt. »Ich bin wirklich erstaunt, mit welcher Gleichgültigkeit in der Schweiz auf die Asbestkatastrophe reagiert wird«, sagt die Genfer SP-Ständerätin Christiane Brunner, die selbst im Rat verschiedene Eingaben gemacht hat. Als erste Politikerin sprach die ehemalige Gewerkschaftlerin im Frühjahr 2005 zur Asbesttragödie öffentlich Klartext: Das Thema werde in der Schweiz von allen Seiten inklusive SUVA heruntergespielt und die Asbestopfer würden in ihrem Leiden allein gelassen. Der Bundesrat müsse sich nun endlich einschalten und Verantwortung übernehmen. Konkret: Das Haftpflichtrecht müsse dringend angepasst und die absurd kurzen Verjährungsfristen korrigiert werden. In einer Interpellation forderte sie deshalb eine Erweiterung des Haftpflichtrechts und der dort festgelegten Verjährungsfristen. Zudem verlangte die Ständerätin, dass alle potenziellen Asbestopfer, unabhängig von ihrem jetzigen Wohnort, zentral erfasst, medizinisch behandelt und gegebenenfalls entschädigt würden.

Doch der Bundesrat, in dem bekanntlich auch Hans-Rudolf Merz, einstiger VR-Präsident von Stephan Schmidheinys Anova Holding AG, sitzt, wollte von Verantwortung nichts wissen. In seiner Antwort auf Brunners parlamentarischen Vorstoß vom 4. März 2005 stellte er kurz und bündig fest, dass in Sachen Asbest »kein Handlungsbedarf« bestehe. Weder sei eine zentrale Registrierung aller potenziellen Asbestopfer nötig noch eine Anpassung des Haftpflichtrechts. »Zurzeit existiert kein spezielles Asbestschutzgesetz. Ein solches ist auch nicht geplant.« Punkt. Schluss.

Keinerlei Handlungsbedarf sah die Schweizer Regierung auch bei der SUVA: Zur dubiosen Rolle der Unfallversicherung im Asbestdebakel hatte die grüne Nationalrätin Franziska Teuscher 2004 eine Interpellation eingereicht. Teuscher wollte überprüfen lassen, ob die SUVA beim Schutz der Asbest-Arbeiterinnen und Asbest-Arbeiter tatsächlich ihren gesetzlichen Aufgaben mit der nötigen Sorgfalt und gemäß arbeitsmedizinischem Wissensstand nachgekommen sei. Zudem sollten die Asbestopfer in der Frage der Integritätsentschädigung nicht länger diskriminiert und ein öffentliches Register mit allen asbesthaltigen Gebäuden geführt werden. Doch der Bundesrat ließ die grüne Nationalrätin wissen, eine solche Untersuchung »sei nicht angezeigt«.

Bei seiner Beurteilung stützte er sich auf einen Entscheid des Bundesgerichts aus dem Jahr 2001. Die Witwe eines Asbestopfers hatte die SUVA auf Schadenersatz verklagt, weil die Unfallversicherung ihren Aufsichts- und Kontrollpflichten gegenüber dem Arbeitgeber ihres Mannes nicht nachgekommen sei. Doch ihre Klage wurde abgewiesen. Das Bundesgericht befand, es sei in erster Linie Sache des Arbeitgebers, für den Schutz der Angestellten zu sorgen. Obwohl die SUVA für die Aufsicht im Bereich der Berufskrankheiten allein zuständig sei, könne von ihr keine flächendeckende Kontrolle verlangt werden.

Die ablehnende Haltung der Regierung löste bei beiden Parlamentarierinnen nur Kopfschütteln aus. Teuscher und Brunner ließen sich mit dieser Antwort jedoch nicht abspeisen und doppelten mit weiteren Vorstößen nach. Franziska Teuscher verlangte unter anderem gemeinsam mit SP-Nationalrat und Unia-Gewerkschaftler André Daguet die Einrichtung eines Fonds für die Entschädigung der Opfer. Dieser hätte von den einstigen Asbestbetrieben, dem Bund, den Kantonen und der SUVA finanziert werden sollen. Angesichts der absurden Verjährungsfristen und der Tatsache, dass ein Großteil der einstigen Asbestbetriebe gar nicht mehr existieren und somit nicht belangt werden können, wäre ein solcher Fonds die einzige Möglichkeit gewesen, um Asbestopfer für ihr Leid zu entschädigen. Doch der Nationalrat verwarf die Initiative mit 116 zu 65 Stimmen. Die Finanzierung sei unrealistisch, befand die Ratsmehrheit und bodigte einmal mehr die Hoffnung der Asbestopfer und ihrer Angehörigen auf Gerechtigkeit.

Ein einziger Asbest-Vorstoß erhielt bisher die Zustimmung des Bundesrates, ist dann aber vom Ständerat abgelehnt worden. Christiane Brunner verlangte in einer Motion den Schutz vor einer passiven Asbestexposition am Arbeitsplatz, die Inventarisierung und Kennzeichnung sämtlicher mit Asbest belasteten Gebäude und das Verbot, asbestverschmutzte Arbeitskleidung mit nach Hause zu nehmen. Mit diesen drei Forderungen hatte die Ständerätin dieselben Anliegen aufgenommen, die die Eidgenössische Kommission für Arbeitssicherheit (EKAS) kurz zuvor dem Bundesrat bereits unterbreitet hatte. Maßnahmen, die absolut dringend sind, um die Bewohner von belasteten Gebäuden und die heute noch exponierten Arbeiter und ihre Familien effektiv zu schützen. Doch trotz der bundesrätlichen Unterstützung scheitert die Motion im Rat kläglich mit 25 zu 10 Stimmen. Nicht der Schutz der Menschen stand in der ständerätlichen Diskussion im Vordergrund, sondern einmal mehr einzig die Kosten der zu ergreifenden Maßnahmen. Um die Motion zu bodigen, griffen die Lobbyisten der Unternehmer und der Baubranche auf absurde Hochrechnungen zurück. Exemplarisch für diese verantwortungslose Zahlenjongliererei war das Votum des Glarner Ständerats und Bauunternehmers This Jenny: »Als Baumeister müsste ich diese Motion unterstützen. Nur schon die Untersuchungen und die Aufnahmen würden Kosten von 7,3 Milliarden Franken verursachen. Ich müsste also sofort ein Büro gründen, um danach auch von den ganzen Renovationen im Umfang von 20 bis 30 Milliarden Franken zu profitieren. Aber die Motion bringt nichts.« Sie schieße übers Ziel hinaus und sei deshalb dringend abzulehnen, forderte der Lobbyist des Baumeisterverbandes. Dass der Vorstoß der Genfer Sozialdemokratin nicht nur die Inventarisierung der Gebäude verlangte, sondern auch den Schutz vor passiver Asbestexposition und das absolut dringende Verbot, verschmutzte Arbeitskleidung mit nach Hause zu nehmen, ging im Rat auf sträfliche Weise unter – offensichtlich wird in der Schweiz die Gefährlichkeit von Asbest noch immer verkannt.

Diese wenigen, aber durchaus gewichtigen Beispiele zeigen: Um die Rechte der einstigen, aber auch der heutigen asbestexponierten Arbeiterinnen und Arbeiter ist es in der Schweiz düster bestellt. Im Bundesrat und im Parlament fehlt der politische Wille, die Asbestproblematik endlich ernsthaft anzugehen und nicht länger einzig die Interessen der Unternehmen zu berücksichtigen. Zu groß ist die Befürchtung, dass durch die Schaffung eines Fonds oder durch die Einführung neuer Verjährungsfristen die verantwortlichen Asbestunternehmen und die zuständigen Behörden zur Kasse gebeten und strafrechtlich belangt werden könnten.

Ob den Asbestopfern in der Schweiz je Gerechtigkeit widerfahren wird, ist fraglich – doch die letzte Seite dieses skandalösen Kapitels der Industriegeschichte ist noch nicht geschrieben.

Epilog

Asbest und kein Ende

Asbest ist leider noch lange nicht Geschichte. Eigentlich hätte man meinen können, dass die schreckliche Opferbilanz in den Industrieländern Grund genug gewesen wäre, um die tödliche Faser weltweit aus dem Verkehr zu ziehen. Doch das Gegenteil ist der Fall. Jahrzehnte nachdem für sämtliche Asbesterzeugnisse Ersatzfasern auf dem Markt sind, ist ein exponentieller Anstieg des Asbestkonsums in verschiedenen Entwicklungs-, Transitions- und Schwellenländern zu verzeichnen. Man nutzt dort gewissermassen den Wettbewerbsvorteil, der durch die Asbestverbote in den westlichen Ländern entstanden ist. Doch es ist auch eine Frage des Preises: Asbest ist deutlich billiger als die Ersatzstoffe! Und in Ländern wie China, die einen gewaltigen Baubedarf haben, erachtet man die Gefährlichkeit des praktischen und günstigen Baustoffes offenbar als ein Neben- bzw. Luxusproblem.

Bisher haben nur 23 Prozent der Mitgliedstaaten der Weltgesundheitsorganisation WHO ein Asbestverbot ausgesprochen; in 77 Prozent sind Verarbeitung und Förderung von Asbest noch immer erlaubt und werden in 36 Prozent der WHO-Staaten auch aktiv betrieben.

Laut der WHO arbeiten heute noch weltweit an die 125 Millionen Menschen an asbestexponierten Arbeitsplätzen. Der dafür zu bezahlende Tribut an Menschenleben ist enorm: Die Weltgesundheitsorganisation schätzt, dass auch in Zukunft jährlich zwischen 90 000 und 100 000 Menschen an asbestbedingten Leiden sterben werden. Ein Großteil dieser Männer und Frauen arbeitet heute in einem asiatischen Land oder in Russland. Nicht nur der Abbau (wie wir in Kapitel I gesehen haben), sondern auch der Asbestkonsum konzentriert sich immer mehr auf diese Weltgegend. Gemäß den Zahlen, die anfangs 2007 veröffentlicht worden sind, liegen 90 Prozent der Länder, in denen der Asbestkonsum in den letzten Jahren am stärksten gestiegen ist, im asiatischen Raum. Im Jahr 2003 konsumierten die asiatischen Staaten nahezu 50 Prozent des weltweit geförderten Rohstoffes: China (491 945 Tonnen), Indien

(199 033 Tonnen), Vietnam (39 382 Tonnen) und Indonesien (32 284 Tonnen) waren dabei die größten Abnehmer.[96] Japan hat als einziges asiatisches Land ein Asbestverbot durchgesetzt, nachdem Tausende von Opfern zu beklagen waren. Ab 2009 soll die Produktion auch in Südkorea aufgegeben werden.

Schuld an der Asbesttragödie in diesen Ländern tragen – nebst den skrupellosen Unternehmen, die wider besseres Wissen Sicherheit vortäuschen, wo es keine geben kann – auch die großen internationalen Organisationen, die lange nachdem die ersten Industriestaaten bereits Asbestverbote ausgesprochen hatten, sich über Jahre von der Propaganda der Asbestmultis haben blenden lassen. Heute noch greift die Asbestlobby in den Entwicklungs- und Schwellenländern auf dieselben »Tricks« zurück, mit denen sie hierzulande vor dreißig oder vierzig Jahren in die politischen Prozesse eingegriffen hat, um Lösungen zu verhindern: Noch immer werden bei konzerneigenen oder wirtschaftsnahen »wissenschaftlichen« Instituten Studien in Auftrag gegeben, die die Ungefährlichkeit des Weißasbests untermauern sollen. An gesteuerten und von den Asbestunternehmen organisierten wissenschaftlichen Symposien spielen dann Pseudoexperten die Gefahren des Weißasbests herunter. Ein solches wissenschaftliches Symposium fand etwa noch im Sommer 2007 in der taiwanesischen Hauptstadt Taipeh statt – organisiert von der kanadischen Wirtschaftskammer.

So ist es möglich, dass die Lüge vom »Controlled-use« – des risikofreien Asbestgebrauchs – noch immer von den nationalen Regierungen als wissenschaftliche Wahrheit geschluckt wird. Und auch die Mär vom vermeintlich sicheren Asbestzement – die seinerzeit schon von den Schweizer Asbestunternehmern verbreitet wurde – hält sich hartnäckig und wird in den nächsten Jahren voraussichtlich weitere Hunderttausende ahnungslose Opfer fordern. Denn nach wie vor ist der Asbestzement das meistverbreitete Asbesterzeugnis.

Eine so unerklärliche wie dubiose Rolle spielen in diesem neuen Akt der Asbesttragödie die lokalen »Gewerkschaften« der Asbestzement-Arbeiter. Dafür nur ein Beispiel: Als im Jahr 2006 die Weltgesundheitsorganisation (WHO) und die Internationale Arbeitsorganisation (ILO) ihren Support an der weltweiten Kampagne für ein Asbestverbot intensivierten, gründeten die Gewerkschaften der Asbestzement-Werke in Russland, Weißrussland, Aserbaidschan, Kasachstan, Kirgistan, Ukraine und Tadschikistan eine Dachorganisation der Asbestzementarbeiter, die Chrysotile International Alliance of Trade Unions.[97] Diese Organisation soll laut Angaben der »Gewerkschaftler« die Asbestzement-Unternehmen vor »wissenschaftlich unbegründeten Attacken schützen« und das vielerorts drohende Asbestverbot stoppen. Kürzlich schrieb die Dachorganisation der Asbestzement-Arbeiter in einem Brief an den Generaldirektor der WHO, Jacques Dunnigan: Die vorangetriebene Verteufelung des Weißasbests sei »unfair« und basiere auf einem »wissenschaftlichen Irrtum«. Ähnliche Post erhielt auch die Leitung der ILO. Der Absender war in diesem Fall das Canadian Chrysotile Institute, das Sprachrohr der kanadischen Asbestlobby. Das »Weißasbest-Institut« machte sich genauso wie die »Gewerkschaftler« gegen ein Asbestverbot stark: Heutzutage werde Weißasbest auf verantwortungsvolle Weise unter rigorosen Sicherheitsmaßnahmen angewendet, schrieb die kanadische Asbestlobby in ihrem Brief.

Taschentücher zum Schutz vor Asbest

Doch wenn der »Controlled-use« selbst in den Industriestaaten mit den besten arbeitssicherheitlichen Voraussetzungen nicht durchsetzbar ist, wie soll er je in einem Entwicklungsland funktionieren? In vielen Entwicklungsländern fehlen Grenzwerte für gefährliche Substanzen, und dort, wo es welche gibt, sind sie um ein Mehrfaches höher als in den Industrienationen. Bekannt ist auch, dass die Asbestmultis, wie auch wir es kennen, auf die Festlegung der Grenzwerte Einfluss nehmen und Werte verankern lassen, die in ihren Werken ohnehin eingehalten werden können. Heute noch wird in den meisten Ländern Asiens Asbest ohne jegliche Schutzvorkehrung verarbeitet: In China sortieren Heimarbeiter, zumeist Bauern und Bäuerinnen, zu Hause in ihren Wohnräumen die Asbestfibern nach ihrer Länge und bringen diese dann zur Verarbeitung in die Fabrik zurück. Arbeiter in den Fabriken in Indien schlitzen die Asbestsäcke von Hand mit Messern auf und schlagen mit einem Holzhammer die kompakten Fasern in Stücke, um sie aufzulockern, bevor sie sie dem Zement beimengen. An vielen Arbeitsplätzen werden zudem Ventilatoren statt Aufsaugvorrichtungen montiert; der einzige Schutz für Hunderttausende von Asbest-Arbeitern in den Entwicklungsländern sind Taschentücher, die sie sich vor Mund und Nase binden, um nicht so viel »Staub« zu schlucken.

Arbeiter einer Asbestzement-Fabrik in Indien. *(Foto: P Madhavan)*

Unter den Schwellenländern ist China, angetrieben durch den wirtschaftlichen Aufschwung der letzten Jahre, der bedeutendste Asbestkonsument. Obwohl dieses Land seit Jahren zu den fünf größten Förderländern gehört, reicht der inländische Asbest längst nicht mehr. Heute importiert das bevölkerungsreichste Land der Welt 150-mal mehr Asbest als noch vor wenigen Jahren. Laut der in London domizilierten Dachorganisation für ein weltweites Asbestverbot (IBAS – International Ban Asbestos Secretariat) ist in China allein zwischen 2000 und 2004 der Konsum um mehr als 40 Prozent gestiegen. Rund 24 000 Minenarbeiter fördern einen Teil des Minerals in 17 staatlich betriebenen Minen und in 102 von Arbeiterkollektiven geführten Bergwerken. Der Großteil dieses todbringenden Materials wird von über 46 000 Arbeiterinnen und Arbeitern in 1200 Werken zu Asbestzement verarbeitet. Über die chinesischen Asbestopfer gibt es nur spärliche Daten. Erst seit 1990 werden Mesotheliome und asbestbedingter Lungenkrebs erfasst. Bekannt ist lediglich, dass Ende 2003 rund 7900 Asbestosefälle registriert worden sind, 923 davon mit tödlichem Ausgang.

Die zehn größten Asbestbetriebe Chinas

Name des Unternehmens	Standort
Hangcheng Friction Materials (Reibstoffe z. B. für Bremsen	Hangzhou
Liuhe Asbestos Products (Asbestprodukte)	Heilongjiang
Changchun Asbestos Products (Asbestprodukte)	Changchun
Beijing Brake & Sealing Materials (Bremsen und Dichtungen)	Beijing
Nanjing Friction Materials (Reibstoffe)	Nanjing
Hubei Friction & Sealing Materials (Reibstoffe und Dichtungen)	Wuhan
Chongqing Asbestos Products (Asbestprodukte)	Chongqing
Qingdao Asbestos Products (Asbestprodukte)	Qingdao
Shenyang Friction Materials (Reibstoffe)	Liaoning
Shanghai Asbestos Products (Asbestprodukte)	Shanghai

Quelle: Kazan-Allen, 2007

Im boomenden Indien, mit einer jährlichen Wachstumsrate von 7 bis 8 Prozent, ist der Asbestkonsum in den letzten Jahren um rund 30 Prozent gestiegen. In diesem Schwellenland sind 49 Asbestzement-Werke angesiedelt, die jährlich insgesamt 2,4 Millionen Tonnen Fertigprodukte auf den Markt bringen und an die 200 Millionen US-Dollar umsetzen. Eines der wohl bekanntesten indischen Asbestzement-Unternehmen ist die Visaka Industries Ltd.[98] Dieses florierende Unternehmen hat sich in den abgelegenen Landzügen Indiens eine millionenschwere neue Strategie gegeben. Das Unternehmen will die traditionellen Holzbedachungen der Landhäuser durch Asbestzement-Wellplatten ersetzen. Ein ökologischer Unsinn erster Güte, der der Firma aber ein noch nie da gewesenes Umsatzwachstum verspricht: So verzeichnete die Visaka Industries Ltd. bereits in letzten Jahren eine Steigerung des Gewinns zwischen 16 und 22 Prozent.[99] Laut Schätzungen arbeiten in den indischen Asbestbetrieben an die 100 000 Frauen und Männer. Die Arbeitsbedingungen werden als katastrophal bezeichnet.

In Thailand schaut die Asbestproduktion auf eine über 30-jährige Tradition zurück. Laut Angaben der thailändischen Regierung sind allein zwischen 1997 und 2004 durchschnittlich rund 116 500 Tonnen Asbest eingeführt und zu gut 90 Prozent zu Asbestzement-Röhren verarbeitet worden. Über die Anzahl der verstorbenen und erkrankten Arbeiter sind aus diesem asiatischen Land keine Angaben erhältlich. Auch in Vietnam scheint die Regierung hin- und hergerissen zu sein zwischen dem wirtschaftlichem Nutzen des Materials und dem Schaden für die öffentliche Gesundheit. Sie löst das Dilemma mit Untätigkeit: Obwohl die Regierung im Jahr 2004 ein Asbestverbot für Asbestzement-Bedachungen angekündigt hat, ist die Übergangsperiode erst kürzlich wieder um Jahre hinausgeschoben worden. Derselbe Interessenkonflikt widerspiegelt sich auch in der Haltung der indonesischen Regierung. Noch im Februar 2006 hat in Jakarta ein von der lokalen Asbestzement-Industrie und der kanadischen Botschaft gesponsortes wissenschaftliches Symposium stattgefunden: Einmal mehr propagierte die Industrie bei dieser Gelegenheit mit viel Überzeugungskraft die Mär vom »Controlled-use«.

Auf eine fast 50-jährige Asbesttradition kann auch Südkorea zurückblicken. In diesem Land siedelten sich schon Anfang der 60er-Jahre bis Mitte der 80er-Jahre insbesondere deutsche und japanische Asbestunternehmen an, die in ihren Ländern zunehmend unter Kritik standen und somit die gesundheitsschädigenden Produktionstechniken in weniger reglementierte Länder abschoben.

Ein Kapitel für sich im jüngsten Akt der Asbesttragödie ist die Verschrottung ausgedienter Schiffe, zumeist aus Europa. Während kaum eine Werft in Europa zu dieser hochgefährlichen Arbeit bereit ist, werden in asiatischen Abwrack-Werften seit Jahren Tausende asbestverseuchte Schiffe in ihre Bestandteile zerlegt. Wahrgenommen hat die große Öffentlichkeit dieses Phänomen aber erst im Dezember 2005, als der französische Flugzeugträger Clemenceau, gebaut Mitte der 50er-Jahre, zu seinem Verschrottungsplatz, dem indischen Alang, aufbrach. Das Schiff enthielt nach offiziellen Angaben nebst anderen Giftstoffen 45 Tonnen, nach inoffiziellen Angaben 100 Tonnen Asbest. Nach wochenlangen Protesten verschiedener Umweltorganisationen gegen den Giftmüllexport wurde das Schiff aus dem Indischen Ozean wieder nach Frankreich zurückbeordert.

Die Menschen in der Bucht von Alang leben seit Jahren von diesem todbringenden Geschäft: Allein zwischen 2001 und 2002 haben in diesen Abwrack-Werften an die 25 000 bis 40 000 Arbeiter, zumeist Jugendliche, 264 Schiffe verschrottet. Der Lohn – weniger als zwei US-Dollar pro Tag – und die Arbeitsbedingungen sind katastrophal: Barfuß und ohne jegliche Schutzmaßnahme, außer einem über den Mund gebundenen Schal, kratzen die Werftarbeiterinnen und -arbeiter den Spritzasbest von den Wänden und Leitungsrohren. Und nicht nur das: Oft legen sie das gewonnene Material zum Trocknen an die Sonne, um es zu verkaufen und so ihren Lohn aufzubessern.

Während sich in Europa nach der Rückkehr der Clemenceau das mediale Interesse am perfiden Giftmülltourismus schon bald legte, gingen die Geschäfte in den Werften von Alang ungestört weiter. Wie verschiedene Umweltorganisationen dokumentierten, sind zwischen November 2006 und Januar 2007 in der Along Bay weitere 47 Schiffe zur Verschrottung angeliefert worden.

Hoffen auf die Rotterdam-Konvention

Doch was kann getan werden, um den Asbestirrsinn in den Entwicklungsländern zu stoppen? Ein wichtiger Schritt im Kampf gegen das unauslöschliche Gestein wäre die Auflistung von Weißasbest in der

1998 stipulierten Rotterdam-Konvention, meint etwa Laurie Kazan-Allen, Galionsfigur im Kampf gegen Asbest und langjährige IBAS-Koordinatorin. Die Rotterdam-Konvention regelt den Export und Import von gefährlichen Chemikalien und Pestiziden. Gemäß dieser Konvention erfordert der Export der aufgelisteten toxischen Chemikalien die Bewilligung des importierenden Landes. Dies gibt den Entwicklungsländern die Möglichkeit zu entscheiden, welche gefährlichen Stoffe sie tatsächlich einführen wollen. Somit können sie jene Produkte von ihrem Land fernhalten, die sie nicht sicher handhaben können. Die Auflistung von Weißasbest in der Rotterdam-Konvention, in der bereits die fünf anderen als gefährlicher geltenden Asbestsorten aufgeführt sind, würde vor allem für die Asbest-Industrie in Kanada das Aus bedeuten. Denn dieses sonst so zivilisierte Land exportiert rund 97 Prozent des in seinen Minen abgebauten Minerals.

Wozu Kanada im verzweifelten Bemühen, an der Asbestförderung festzuhalten, fähig ist, hat es schon Mitte der 90er-Jahre gezeigt, als es wegen der Asbestfrage einen Streit mit Frankreich ausfocht. Eine vom französischen Staat in Auftrag gegeben Studie hatte ein erschreckendes Bild von den gesundheitlichen Problemen der französischen Asbest-Arbeiter ans Licht gebracht. Aufgeschreckt durch den medialen Skandal entschieden Frankreichs Politiker, Asbest praktisch über Nacht zu verbieten. Das französische Verbot werteten die Kanadier als Verrat, denn über Jahrzehnte war Frankreich ein wichtiger Abnehmer und der engste Verbündete der Kanadier. Mit dem Wechsel der Franzosen ins Lager der Asbestgegner stand nicht nur der französische Markt auf dem Spiel. Es zeichnete sich ab, dass die Vehemenz, mit der die Franzosen sich jetzt gegen den Giftstoff einsetzten, schon bald auf die gesamte EU abfärben und zu einem europaweiten Verbot führen könnte. Kanada griff deshalb zu einem damals in Mode kommenden Mittel: Die Asbesthochburg erklärte, sie sehe im französischen Verbot eine »ungerechtfertigte Handelsbeschränkung« und beantragte ein sogenanntes Streitbeilegungsverfahren vor der Welthandelsorganisation (WTO).

Dieser gewagte Schritt brachte den kanadischen Asbestproduzenten anfänglich den erwünschten Abschreckungseffekt: Tony Blair, der, vor seinem Amtsantritt als britischer Regierungschef 1997, ein Asbestverbot angekündigt hatte, entschied nach der »Kriegserklärung« Kanadas, mit einem Verbot zuzuwarten, bis es von der EU verabschiedet werde, was erst 1999 der Fall war. Im Jahr 2000 schloss die WTO dann das Verfahren zugunsten Frankreichs ab. Die Welthandelorganisation hielt in ihrem Entscheid fest, das französische Gesetz verstoße nicht gegen das WTO-Recht und stelle eine notwendige Maßnahme zum Schutz des Lebens und der Gesundheit von Menschen, Tieren und Pflanzen dar. Doch Kanada wollte den WTO-Entscheid noch immer nicht akzeptieren und legte Berufung ein. Allerdings erfolglos.

Somit bleibt der Asbestlobby Kanadas nur noch ein Mittel, um das krebserregende Mineral weiterhin ungehindert in ahnungslose Entwicklungsländer exportieren zu können: Die Auflistung von Weißasbest in der Rotterdam-Konvention muss um jeden Preis verhindert werden. Schon drei Mal hat sich Kanada durchsetzten können. Zum letzten Mal im Herbst 2006, als sich die rund 110 Mitgliedstaaten der Konvention mit dem Ziel in Genf versammelt hatten, Weißasbest auf die Liste der toxischen Substanzen zu setzen. »Mit einer ungeheuren Arroganz hat schon zu Beginn der Versammlung der kanadische Landesvertreter als Erster das Wort ergriffen und ohne jegliche Begründung erklärt, sein Land werde die Auflistung nicht annehmen und dagegen das Veto einreichen«, erzählt Laurie Kazan-Allen, die der Versammlung beiwohnte. Das Votum der Kanadier hat bei den andern Teilnehmern blanke Wut und Entsetzen ausgelöst. In der Schlussabstimmung bekam Kanada aber Unterstützung durch Iran, Kirgistan, Peru, Indien und die Ukraine. Die sechs Stimmen reichten für das Veto.

Im Jahr 2008 wollen die Mitgliedstaaten der Rotterdam-Konvention einen erneuten Versuch unternehmen, Weißasbest endlich als das zu deklarieren, was es ist, nämlich eine toxische Substanz. Doch die Vorzeichen stehen auf Sturm. Abgesehen von der kanadischen Asbestlobby will beispielsweise auch die indische im Vorfeld des nächsten Treffens aufgrund einer neuen Landesstudie über ihre Position befinden; finanziert wird diese Studie einmal mehr mit Beiträgen der Asbest-Industrie.

Die Asbestlüge hält sich hartnäckig am Leben – in eternum, unzerstörbar, unvergänglich.

Anmerkungen

1 GUE, NGL/Vereinte Europäische Linke/Nordische Grüne/Parlamentsfraktion – Europäisches Parlament: *Asbest: wie die Profitgier der Konzerne Menschenleben fordert,* 2005, und www.bafu.admin.ch/dukumentation/fokus/00140/01273/index.html?lang=de; »Heimtückischer Asbest«

2 Ein Mikrometer (µm) entspricht dem Millionstel eines Meters.

3 T. Kraus/H. J. Raithel, *Frühdiagnostik asbeststaubverursachter Erkrankungen,* Hauptverband der gewerblichen Berufsgenossenschaften, Sankt Augustin 1998

4 EuroGIP, *Les maladies professionnelles liées à l'amiante en Europe,* März 2006

5 T. Kraus/H. J. Raithel, *Frühdiagnostik asbeststaubverursachter Erkrankungen,* a. a. O.

6 Verein für Asbestopfer und Angehörige Schweiz

7 Sabine Vogel, »Geschichte des Asbests«, in: Bönisch/Gößwald/Jacob (Hrsg.), *z. B. Asbest,* Berlin 1990

8 Zitiert nach Vogel, »Geschichte des Asbests«, a. a. O.

9 Gerd Albracht/Oswald A. Schwerdtfeger, *Herausforderung Asbest,* Universum Verlag, Wiesbaden 1991

10 U.S. Department of the Interior, *U.S. Geological Survey,* Mai 2006

11 James E. Alleman/Broke T. Mossman, »Asbest: Aufstieg und Fall eines Wunderwerkstoffes«, in: *Spektrum der Wissenschaft,* November 1997

12 Integritätsentschädigung: Eine Integritätsentschädigung steht Asbestopfern zu, wenn sie infolge der Berufskrankheit dauernd und erheblich in ihrer körperlichen oder geistigen Integrität eingeschränkt sind.

13 Stand 2006, »Kassensturz«, *Schweizer Fernsehen DRS,* 28. November 2006

14 Volker Lange, »Asbest in der Schifffahrt«, in: Bönisch/Gößwald/Jacob, *z. B. Asbest,* a. a. O.

15 Paolo Forcellini, »Veleno Eternit per l'eternità«, in: *L'espresso,* Dezember 2006

16 Vogel, »Geschichte des Asbests«, a. a. O.

17 Robert Lochhead (Hrsg.), *Eternit: Asbest und Profit. Ein Konzern verseucht die Umwelt,* SAP/Veritas-Verlag, Zürich 1983

18 Die gesamte Liste der damals erfassten Spritzasbest-Gebäude liegt der Autorin vor. Es ist heute im Einzelnen nicht bekannt, welche und wie viele dieser Gebäude ganz oder teilweise saniert wurden.

19 Alle vier Firmen sind aufgeführt in: Lochhead (Hrsg.), *Eternit: Asbest und Profit,* a. a. O.

20 G. Blachère, *Les matériaux de construction,* Eyrolles/Gauthier-Villars, Paris 1972

21 Lochhead (Hrsg.), *Eternit: Asbest und Profit,* a. a. O.

22 Lochhead (Hrsg.), *Eternit: Asbest und Profit,* a. a. O.

23 *Eternit,* Nr. 42, 1954

24 *Eternit,* Nr. 46, 1957

25 *Annual Report of the Chief Inspector of Factories and Workshops for the Year 1899*
26 L. Scarpa, *Industria dell'amianto e tubercolosi,* Congresso nazionale della società italiana di medicina interna, Rom 1908
27 Jan Ulrich Büttner, *Asbest in der Vormoderne. Vom Mythos zur Wissenschaft,* Waxmann Verlag, Münster/New York/München/Berlin 2004
28 Albracht/Schwerdtfeger (Hrsg.), *Herausforderung Asbest,* a. a. O.
29 Werner Catrina, *Der Eternit-Report. Stephan Schmidheinys schweres Erbe,* Orell Füssli Verlag, Zürich 1985
30 Zit. nach: Michèle Sauvain, »Asbest, Tod in Zeitlupe – Von der Euphorie zur Katastrophe«, »Spuren der Zeit«, *Schweizer Fernsehen DRS,* 3.9.2005
31 Sauvain, »Asbest, Tod in Zeitlupe«, a. a. O.
32 Christian Heierli (Eternit AG)/Rudolf Weber (Buwal), *Messungen von Asbestfasern bei Asbestzementdächern,* Umwelt-Materialien Nr. 203 – Luft, Buwal, Bern 2005
33 Catrina, *Der Eternit-Report,* a. a. O.
34 Laurie Flynn, »South Africa blacks out blue asbestos risk«, in : *New Scientist,* 22. April 1982
35 Urs P. Gasche, »Asbest-Industrie boykottierte Krebsaufklärung«, in: *Tages-Anzeiger,* 20. Juli 1982
36 Ivo Knill, »Asbestfolgen – Bauen am Abschied«, in: *Männerzeitung,* 3/2006
37 Knill, »Asbestfolgen«, a. a. O.
38 Knill, »Asbestfolgen«, a. a. O.
39 Roland Schwarzmann ist einige Monate später ebenfalls an Asbestkrebs gestorben.
40 Catrina, *Der Eternit-Report,* a. a. O.
41 Catrina, *Der Eternit-Report,* a. a. O.
42 Jakob Boesch/Hans Rudolf Schmid/Benedikt Fehr, *Drei Schmidheiny. Schweizer Pioniere der Wirtschaft und Technik,* Verein für Wirtschaftshistorische Studien, Zürich 1979.
43 Boesch/Schmid/Fehr, *Drei Schmidheiny,* a. a. O.
44 Boesch/Schmid/Fehr, *Drei Schmidheiny,* a. a. O.
45 Boesch/Schmid/Fehr, *Drei Schmidheiny,* a. a. O.
46 Jörg Becher, »Gewinne ohne Gewissen«, *Bilanz,* Mai 2003
47 Jörg Becher, a. a. O.
48 In den 80er-Jahren wurde die SAIAC in Amiantus umbenannt und war noch immer fest in den Händen der Schweizer Asbestmagnaten.
49 GUE, NGL/Vereinte Europäische Linke/Nordische Grüne/Parlamentsfraktion – Europäisches Parlament, *Asbest: wie die Profitgier der Konzerne Menschenleben fordert,* a. a. O.
50 Henrick Stahr, »Eternit: Vom Aufstieg zum Ausstieg. Die Eternit AG in Berlin Rudow 1929–1979«, in: *z. B. Asbest. Ein Stein des Anstoßes,* a. a. O.
51 Laut Eintrag im Handbuch der Deutschen Aktiengesellschaften von 1932
52 Stahr, »Eternit: Vom Aufstieg zum Ausstieg«, a. a. O.
53 *Neues Werken,* März 1936

54 Zit. aus einer Eternit Festschrift von 1985, die im Heimatmuseum Neukölln Berlin aufliegt.
55 Zit. aus einer Eternit Festschrift von 1985, a. a. O.
56 Catrina, *Der Eternit-Report,* a. a. O.: »Obwohl klar war, auf welcher Seite die Heerbrugger standen, nutzten sie dennoch ihre Vorteile: so kauften sie Kohle von den verhassten Nazis, ›saubillig‹, wie sich Sir Max erinnert, und betrieben gar mit den Deutschen eine Asbestmine in Jugoslawien, um den Nachschub der kostbaren Faser möglichst lange sicherzustellen.«
57 Peter Hug, *Schweizer Rüstungsindustrie und Kriegsmaterialhandel zur Zeit des Nationalsozialismus: Unternehmensstrategien – Marktentwicklung – politische Überwachung,* Reihe: UEK Schweiz-Zweiter Weltkrieg, Chronos Verlag, Zürich 2002
58 Berliner Geschichtswerkstatt, *Zwangsarbeit in Berlin 1940–1945, Erinnerungsberichte aus Polen, der Ukraine und Weißrussland,* Sutton Verlag, Erfurt 2000
59 Stahr, »Eternit: Vom Aufstieg zum Ausstieg«, a. a. O.
60 Stahr, »Eternit: Vom Aufstieg zum Ausstieg«, a. a. O.
61 Fotografen besuchten die Zwangsarbeiterlager und machten zu Propagandazwecken Fotos. Zudem sollten die Zwangsarbeiter und Zwangsarbeiterinnen diese Fotos nach Hause senden, um die Angehörigen zu beruhigen.
62 Das war in der UdSSR üblich. Die Zwangsarbeiterinnen und Zwangsarbeiter, die in deutschen Werken arbeiteten, galten nach Kriegsende als Verräter und wurden oft auch in Umerziehungslager gesteckt. Erst im Jahr 2000 haben die Behörden anerkannt, dass alle ab 1942 deportierten Sowjetbürger zur Arbeit in deutschen Unternehmen gezwungen waren.
63 Bernhard Bremberger: »Haben wir nicht! oder: Die schwierige Suche nach Firmenunterlagen zu Zwangsarbeit«, in: Bernhard Bremberger/Cord Pagenstecher/Gisela Wenzel (Hrsg.), *Quellen der NS-Zwangsarbeit – Nachweissuche und Entschädigung in Berlin 2001–2006* (Arbeitstitel), in Vorbereitung
64 Brief von Udo Sommerer an Maria Roselli, 8. Mai 2007
65 Henrick Stahr, »Eternit: Vom Aufstieg zum Ausstieg, a. a. O.
66 Maria Roselli, »Mit Asbest von der Apartheid profitiert«, in: *work,* 22. März 2002
67 Jörg Becher, »Gewinne ohne Gewissen«, in: *Bilanz,* Mai 2003
68 Maria Roselli, »Sie behandelten uns wie dumme Kinder«, in: *work,* 22. März 2002
69 Maria Roselli, »Asbest: Schmidheiny will sich billig freikaufen«, in: *work,* 19. März 2004
70 Brief von Hans-Rudolf Merz an die Autorin, 22. November 2002
71 asbestostrust.co.za
72 Laurie Kazan-Allen, *Newsletter Ban-Asbestos,* November 2005
73 Pirmin Bosshard, »Über Asbest spricht man nicht, man stirbt daran«, in *work,* 22. März 2002
74 Die Zitate von Franco Bacciani stammen aus verschiedenen Artikeln von *work* aus dem Jahre 2004.

75 Maria Roselli, »Sie suchten Arbeit und fanden den Tod«, in: *work,* 25. Februar 2005
76 EuroGIP, *Les maladies professionnelles liées à l'amiante en Europe,* März 2006
77 EuroGIP, a. a. O.
78 Medienseminar der SUVA zu Asbest, 3. November 2005 in Zürich, Referat von Martin Rüegger, Arbeitsmediziner der SUVA
79 Dieser Artikel des Rechtshilfegesetzes bezieht sich auf die Begrenzung der Zusammenarbeit: Bei der Anwendung dieses Gesetzes ist den Hoheitsrechten, der Sicherheit, der öffentlichen Ordnung oder anderen wesentlichen Interessen der Schweiz Rechnung zu tragen.
80 Res Strehle, »Gewissensfrage«, in: *Das Magazin, (Tages-Anzeiger),* 23. Juli 2004
81 Werner Catrina, »Schöne Bescherung«, in: *Bilanz,* Januar 2004
82 Die Zitate von Peter Fuchs stammen von der Homepage der ETH (Center for Security Studies): www.bpn.ethz.ch/partner/viva.cfm?nav1=4
83 *Le Monde,* 11. Dezember 1978
84 Robert Lochhead (Hrsg.), *Eternit: Asbest und Profit,* a. a. O.
85 Albracht/Schwerdtfeger, *Herausforderung Asbest,* a. a. O.
86 Catrina, *Der Eternit-Report,* a. a. O.
87 Beide Zitate des Wirtschaftsverbandes aus: Albrecht/Schwerdtfeger (Hrsg.), *Herausforderung Asbest,* a. a. O.
88 Albracht/Schwerdtfeger, *Herausforderung Asbest,* a. a. O.
89 Albracht/Schwerdtfeger, *Herausforderung Asbest,* a. a. O.
90 Die Namen der ersten Vorstandsmitglieder des Arbeitskreises Asbest sind der Autorin bekannt.
91 Sämtliche Zitate stammen aus Protokollen von drei Sitzungen des Arbeitskreises Asbest: Es handelt sich um die Protokolle der 1. Vorstandssitzung, der Gründungsversammlung und der 14. Generalversammlung vom 20. April 1994, an welcher sich der Verein auflöst.
92 Auf die Anfrage von Fritz Ganz folgten bis 1989 acht weitere Vorstösse in den eidgenössischen Räten: Interpellation Longet, 7.6.1983, betr. Seveso und die Gefahren der Chemie; Postulat Longet, 23.6.1983, betr. Luftverschmutzung. Überwachung; Anfrage Mascarin, 20.3.1984, betr. Asbest bei Hochbauten. Verbot; Anfrage Clivaz, 11.6.1985, betr. Sanierung von Asbestbauten. Ausbildungsseminar; Interpellation Ziegler, 20.6.1985, betr. Asbestbauten. Inventar; Interpellation der Grünen Fraktion, 20.3.1988, betr. Asbestbelastung aus Bremsbelägen; Interpellation Béguelin, 15.3.1989, Ratifizierung des Abkommens der Internationalen Arbeitskonferenz über die Verwendung von Asbest.
93 Arbeitsgruppe des SGB, Asbest und Gesundheit am Arbeitsplatz, 1985
94 Beitrag vom 11. April 2006
95 Zitat aus dem Gutachten von Basler & Hofmann, Ingenieure und Planer, Zürich, die vom PSI mit der Messung beauftragt wurden: »Bei Rückbau des Forschungsreaktors Diorit sind Asbestfasern unbeabsichtigt und unkontrolliert freigesetzt worden. Die daraus resultierenden Asbestfaserkonzentrationen in der Raumluft

lagen zeitweise über dem von der SUVA festgelegten Grenzwert für Asbestkonzentrationen am Arbeitsplatz. Die Abschätzung der wirksamen Belastung der Bauarbeiter berücksichtigt nebst den Konzentrationen die Einwirkzeit. Unter ungünstigen Annahmen resultiert daraus für die am stärksten exponierten Arbeiter eine Belastung von 0,14 Faserjahren, bei einem Streubereich zwischen 0,03 und 0,27 Faserjahren.«

96 Laurie Kazan-Allen, *Killing the Future – Asbestos in Asia,* IBAS, London 2007

97 Laurie Kazan-Allen, *Rotterdam Treaty Killed by Chrysotile,* IBAS, London 2006

98 Laurie Kazan-Allen, *Killing the Future,* a. a. O.

99 Laurie Kazan-Allen, *Killing the Future,* a. a. O.

Literaturverzeichnis

Gerd Albracht/Oswald A. Schwerdtfeger (Hrsg.), *Herausforderung Asbest,* Universum Verlag, Wiesbaden 1991

James E. Alleman/Broke T. Mossman, »Asbest: Aufstieg und Fall eines Wunderwerkstoffes«, in: *Spektrum der Wissenschaft,* November 1997

Jörg Becher, »Tödliche Milliarden«, in: *Bilanz,* April 2003

Jörg Becher, »Gewinne ohne Gewissen«, in: *Bilanz,* Mai 2003

Jörg Becher, »Die Schmidheiligen«, in: *Bilanz,* Juli 2003

Berliner Geschichtswerkstatt, *Zwangsarbeit in Berlin 1940–1945, Erinnerungsberichte aus Polen, der Ukraine und Weißrussland,* Sutton Verlag, Erfurt 2000

Monika Bönisch/Udo Gößwald/Brigitte Jacob (Hrsg.), *z. B. Asbest. Ein Stein des Anstoßes. Kulturelle und soziale Dimensionen eines Umweltproblems,* Begleitband zur Ausstellung im Museum Neukölln, Berlin, 1990

Jakob Boesch/Hans Rudolf Schmid/Benedikt Fehr, *Drei Schmidheiny. Schweizer Pioniere der Wirtschaft und Technik,* Verein für Wirtschaftshistorische Studien Zürich, 1979

Pirmin Bosshart, »Über Asbest spricht man nicht, man stirbt daran«, in: *work,* 22. März 2002

Bernhard Bremberger, »Haben wir nicht! oder: Die schwierige Suche nach Firmenunterlagen zu Zwangsarbeit«, in: Bernhard Bremberger/Cord Pagenstecher/Gisela Wenzel (Hrsg.), *Quellen der NS-Zwangsarbeit – Nachweissuche und Entschädigung in Berlin 2001–2006* (Arbeitstitel), in Vorbereitung

Jan Ulrich Büttner, *Asbest in der Vormoderne. Vom Mythos zur Wissenschaft,* Waxmann Verlag, Münster/New York/München/Berlin 2004

Werner Catrina, *Der Eternit-Report. Stephan Schmidheinys schweres Erbe,* Orell Füssli Verlag, Zürich 1985

Werner Catrina, »Schöne Bescherung«, in: *Bilanz,* Januar 2004

Eternit, Nr. 42, 1954

Eternit, Nr. 46, 1957

EuroGIP, *Les maladies professionnelles liées à l'amiante en Europe,* März 2006

Laurie Flynn, »South Africa blacks out blue asbestos risk«, in : *New Scientist,* 22. April 1982

Paolo Forcellini, »Veleno Eternit per l'eternità«, in: *L'espresso,* Dezember 2006

Urs P. Gasche, »Asbest-Industrie boykottierte Krebsaufklärung«, in: *Tages-Anzeiger,* 20.7.1982

GUE, NGL/Vereinte Europäische Linke/Nordische Grüne/Parlamentsfraktion – Europäisches Parlament, *Asbest: wie die Profitgier der Konzerne Menschenleben fordert,* 2005

Christian Heierli (Eternit AG)/ Rudolf Weber (Buwal), *Messungen von Asbestfasern bei Asbestzementdächern,* Umwelt-Materialien Nr. 203 – Luft, Buwal, Bern, 2005

HESA Newsletter, Nr. 27, Juni 2005

Peter Hug, *Schweizer Rüstungsindustrie und Kriegsmaterialhandel zur Zeit des Nationalsozialismus: Unternehmensstrategien – Marktentwicklung – politische Überwachung*, Reihe: UEK Schweiz-Zweiter Weltkrieg, Chronos Verlag, Zürich 2002

Institut für gewerbliche Wasserwirtschaft und Luftreinhaltung, *Asbest: Gefahren, rechtliche Anforderungen, Entsorgung*, IWL Forum 1992 Köln

Laurie Kazan-Allen, *Newsletter Ban-Asbestos*, November 2005

Laurie Kazan-Allen, *Killing the Future – Asbestos in Asia*, IBAS, London 2007

Laurie Kazan-Allen, *Rotterdam Treaty Killed by Chrysotile*, IBAS, London 2006

Ivo Knill, »Asbestfolgen – Bauen am Abschied«, in: *Männerzeitung* 3/2006

T. Kraus/H. J. Raithel, *Frühdiagnostik asbeststaubverursachter Erkrankungen*, Hauptverband der gewerblichen Berufsgenossenschaften, Sankt Augustin 1998

Volker Lange, »Asbest in der Schifffahrt«, in: Bönisch/Gößwald/Jacob (Hrsg.), *z. B. Asbest*, Berlin 1990

Robert Lochhead (Hrsg.), *Eternit: Asbest und Profit. Ein Konzern verseucht die Umwelt*, SAP/Veritas-Verlag, Zürich 1983

R. F. Reurs/N. Schouten, *The tragedy of asbestos – Eternit and the consequences of a hundred years of asbestos cement*, Socialistische Partij Netherlands, 2. Aufl., Mai 2006

Maria Roselli, »Mit Asbest von der Apartheid profitiert«, in: *work*, 22. März 2002

Maria Roselli, »Sie behandelten uns wie dumme Kinder«, in: *work*, 22. März 2002

Maria Roselli, »Asbest: Schmidheiny will sich billig freikaufen«, in: *work*, 19. März 2004

Maria Roselli, »Sie suchten Arbeit und fanden den Tod«, in: *work*, 25. Februar 2005

L. Scarpa, *Industria dell'amianto e tubercolosi*, Congresso nazionale della società italiana di medicina interna, Rom 1908

Henrick Stahr, »Eternit: Vom Aufstieg zum Ausstieg. Die Eternit AG in Berlin Rudow 1929–1979«, in: Bönisch/Gößwald/Jacob (Hrsg.), *z. B. Asbest*, Berlin 1990

Res Strehle, »Gewissensfrage«, in: *Das Magazin (Tages-Anzeiger)*, 23.7.2004

Sabine Vogel, »Geschichte des Asbests«, in: Bönisch/Gößwald/Jacob (Hrsg.), *z. B. Asbest*, Berlin 1990

Mirco Volpedo/Davide Leporati, *Morire d'amianto – L'Eternit di Casale Monferrato: dall'emergenza alla bonifica*, La Clessidra Editrice, 1997

TV-Sendungen:

Gaetano Agueci/Dinorah Herz, »Polvere, bugie e omertà«, *Falò*, TSI, 12.5.2005

Gaetano Agueci/Dinorah Herz, »La polvere del passato«, *Falò*, TSI, 16.12.2004

Dinorah Herz/Mariano Snider, »L'amianto del cincillà«, *Falò*, TSI, 21.7.2004

Antoine Plantevin/Marcel Mione, »Mourir d'amiante en silence«, Temps present, TSR, 28.8.2006

Michèle Sauvain, »Asbest, Tod in Zeitlupe – Von der Euphorie zur Katastrophe«, Spuren der Zeit, SF DRS, 24.10.2005

Adressen von Asbestopfervereinen

Schweiz

Verein für Asbestopfer und Angehörige
Untermüli 6
Postfach 2555
CH-6302 Zug
Tel: +41 41 766 47 77
Fax: +41 41 766 47 78
E-Mail: sekretariat@asbestopfer.ch
Web: www.asbestopfer.ch

CAOVA (Comité d'Aide et d'Orientation des Victimes de l'Amiante)
Case postale 5708
CH-1002 Lausanne
Tel: +41 21 784 48 35
E-Mail: info@caova.ch
iselin@worldcom.ch
Web: www.caova.ch

Frankreich

Ban Asbestos (Association de lutte contre l'amiante)
Patrick Herman
Algues
F-12230 NANT
E-Mail: banasbestos@ban-asbestos-france.com

Andeva (Association Nationale de Défense des Victimes de l'Amiante)
22, rue des Vignerons
F-94686 Vincennes
Tel: +33 14 193 73 87
Fax: +33 14 193 70 06
E-Mail: andeva@infonie.fr
Web: http://andeva.fr